중국과 일본의 대립

이 도서의 국립중앙도서관 출판시도서목록(CIP)은 서지정보유통지원시스템 홈페이지(http://seoji.nl.go.kr)와 국가
자료공동목록시스템(http://www.nl.go.kr/kolisnet)에서 이용하실 수 있습니다.(CIP제어번호: CIP2014016336)

시진핑 시대의 중국 읽기

중국과
일본의
대립

—

아마코 사토시 지음
이용빈 옮김

한울
아카데미

추천의 글 I

이 책은 일본을 대표하는 '현대 중국연구자'인 아마코 사토시(天兒慧) 교수가 집필한 것으로, 그 내용은 학술적으로 새로운 형태의 중일관계론 연구가 시작되었음을 알리는 매우 중요한 의미를 지니고 있다.

저자에 의하면 중일관계가 새로운 단계에 들어간 것은 2010년 무렵이다. 그 직접적인 계기는 센카쿠 열도(尖閣諸島)/댜오위다오(釣魚島) 문제가 심각해진 것이었는데, 당시 후진타오(胡錦濤)에서 현재 시진핑(習近平)으로 중국의 최고지도자가 바뀐 이후에도 그러한 흐름은 계속되고 있다. 중국은 '동아시아공동체 구상'으로부터 이탈하여 대중화권(大中華圈) 구상으로 방침을 전환했다.

센카쿠 열도 문제의 해결을 위한 돌파구가 보이지 않는 상태에서, 중일관계가 군사적 대립으로 발전할 가능성마저 배제할 수 없다는 것이 저자의 생각이다. 또한 만일 중일 간에 군사적 대립이 일어나더라도 미국은 개입하지 않을 것이며, 군사력과 대량의 민간인 선박을 활용할 수 있는 중국이 궁극적으로 유리할 것으로 보고 있다. 물론 이는 어디까지나 저자의 추론에 불과하지만, 그 분석에는 상당한 설득력이 있다.

이 책은 이와 같이 중일관계가 '협조'에서 '대립'으로 전환되고 있다는 사실을 보여주고 있다. 그런데 이와 동시에 중일관계가 대립하는 상태로 유지되는 것이 과연 좋은 것인가 하는 질문을 독자들에게 던지는 또 하나의 중요한 의미를 지니고 있기도 하다.

중일관계는 중국과 일본 간의 문제뿐만이 아니라 한국의 정치·외교·경제와 대단히 긴밀하게 관련되어 있는 전략적인 문제이기도 하다. 물론 이는 동시에 한국뿐만 아니라 지금은 미국을 아우르는 세계적인 문제로 발전하고 있다. 이러한 측면을 놓고 보더라도, 이 책은 한국의 독자들께서 전환하고 있는 중일관계의 실태와 그 의미를 간결하면서도 핵심적으로 이해하는 데에 좋은 기회를 제공해줄 것이다.

마지막으로 이 책의 옮긴이는 중일관계에 대해서 학문적으로 조예가 깊을 뿐만 아니라, 일본어와 중국어를 모두 능통하게 구사하는 연구자이다. 따라서 이 책을 한국어로 옮겨서 소개하는 데 매우 적합할 것으로 확신하며, 한반도의 평화와 미래에 중요한 변수가 될 중일관계에 대한 포괄적인 이해를 위해서 한국의 독자들에게 이 책의 일독을 강력하게 추천하는 바이다.

2014년 4월

일본 아이치대학(愛知大學)

국제중국학연구센터(ICCS) 소장

다카하시 고로(高橋五郎)

추천의 글 II

　필자의 '오랜 친구[老朋友]'인 이 책의 옮긴이가 중일관계와 관련된 중요한 한국어판 역서(譯書)를 출간하는 것에 즈음하여, 중일관계가 갈수록 악화되고 있는 근본적인 이유와 해결 방안에 대해 간략하게 논해보도록 하겠다. 표면적으로 보면 중국과 일본 양국 간의 충돌은 영토 및 영해를 둘러싼 분쟁으로부터 기인하는 것처럼 보이지만, 실제로는 아래와 같은 더욱 심층적인 원인이 존재한다.

　첫째, '경제 세계화'가 가져온 부작용의 결과라는 측면이다. 경제 세계화는 생산 요소가 국경선을 넘어 움직이는 것은 물론 지역과 국가 간의 협력을 진작시켰지만, 또한 경제적 혼돈, 빈부격차의 심화 등과 같은 문제를 만들어냈다. '경제 세계화'의 과정 중에서 각국에서는 이익을 얻은 자와 실패한 자가 출현하게 되었고, 실패자는 불행한 운명을 외국의 탓으로 돌리는 경향을 보이고 있는데, 특히 경제적으로 혼돈스러운 시기에 초초감과 배외적인 정서는 전체 국가를 쉽사리 좌우하게 된다.

　중국이 일본을 제치고 세계 제2위 경제 실체가 되면서 일본 사회는 이를 일시적으로 받아들이기 어렵게 되었고, 중국을 위협으로 보는 경향이 강해졌다. 중국은 갈수록 심각한 빈부격차로 인해서 수많은 실의에 빠진 사람들이 (일본의 자본과 생산품을 포함하는) 외국의 자본과 생산품에 대해서 증오를 하도록 만들고 있다. 이로 인해 중일 양국의 민족주의가 발전하는 토양을 갖게 됨으로써 서로 객관적으로 상호 관계를 살펴보는 것을 방해하고 있다.

둘째, 국제정치의 변화에 의한 것이다. 제2차 세계대전 이후 수십 년 동안 미국은 줄곧 일본의 안보를 보호해주는 우산의 역할을 해왔고, 이를 통해 일본은 경제를 발전시키는 것에 집중할 수 있었다. 그러나 21세기 초에 이르러 미국의 국력은 쇠락해가는 경향이 나타나고 있으며, 이와 함께 중국의 아시아·태평양지역과 전 세계에서의 영향력은 끊임없이 증강되고 있고, 미국과 아시아·태평양지역을 함께 다스리는 국면이 출현할 가능성도 있다.

이는 일본 국내에 거대한 불안감을 유발하고 있는데, 한 가지 관점은 일본의 출구는 중국과 협력하여 동아시아 지역통합을 함께 추진하는 것이다. 또 하나의 관점은 미국이 멀지 않은 장래에 일본을 더 이상 보호할 수 없게 될 것이며, 중국은 일본의 강대국 지위에 대해 갈수록 심각한 도전을 하게 될 것이기 때문에 독립적인 국방능력을 발전시킴으로써 '정상국가'가 되어 미국과 아시아·태평양지역에서 중국의 부상을 염려하는 국가와 하나의 전선을 형성하여 중국의 부상을 견제할 수도 있다.

셋째, 중국과 일본 양국의 역사적인 원한 관계로부터 유발되고 있다. 중국은 일찍이 일본 군국주의에 의한 침략을 받았고, 중국 사회는 일본 군국주의 부활에 대해 마음속으로 시종일관 두려워하고 있다. 그런데 일본의 현재 집권자들은 과거 중국을 침략했던 일본 지도자들의 후손으로서, 마음속 깊은 곳에 전후 국제질서가 일본 제국주의에 대해 부정한 것에 반감을 지니고 있으며, 갈수록 강성해지고 있는 중국을 직면하면서 위기감을 갖게 되어, 그들로 하여금 대(大)일본제국을 부흥시킴으로써 국내 사회를 단결시키고 중국의 부상에 맞서고자 하고 있다.

중국과 일본 사이에 만약 충돌이 벌어진다면 이는 양국이 모두 타격을 입게 될 뿐만 아니라 전체 아시아·태평양지역의 번영과 안정에 치명적인 결과를 초래하게 될 것이다. 따라서 이러한 충돌을 피하고자 한다면 양국은 반드시 위에서 언급한 충돌을 유발하는 심각한 원인을 용감하게 직시하고 상호 존중과 합리적인 태도를 견지하는 토대 위에서 모순과 상호 불신을 불식시키는 방법을 모색해야 할 것이다. 이러한 맥락을 감안하면서 한국의 독자분들께서 이 책을 통해 중일관계의 과거, 현재, 미래를 복합적으로 살펴볼 수 있기를 바란다.

2014년 4월

중국 상하이사회과학원(SASS)

국제관계연구소(IIR)

왕청즈(王成至)

추천의 글 III

거대한 중국과 야심 찬 일본. 이 거북한 두 나라를 이웃으로 둔 우리는 '이들이 과연 누구일까?'라는 자문에서 자유로울 수 없다. 한반도의 평화와 통일전략은 본질적으로 한반도를 중심으로 한 동북아 지역에 대한 인식의 재구성이며, 현실 정치공간에 대한 실천전략과 맞물려 있다. 그렇기 때문에 중국과 일본 사이에 위치해 있는 한국은 이 양자 간의 관계에 민감하게 촉각을 곤두세울 수밖에 없다.

더욱이 북한의 불안정성이 증가하는 상황에서, 일본의 일급 중국전문가가 쉽고 간명하게 중일관계의 큰 흐름을 읽어내고 있는 이 책은 중요한 필독의 가치를 지닌다. 이와 함께 중국학자의 일본에 대한 논의도 함께 살펴보거나 '중국의 일본에 대한 인식은 무엇일까?'라는 문제의식을 가지고 이 책을 읽는다면, 국내 독자들은 균형 잡힌 중일관계론을 그려볼 수 있을 것이다.

이 책은 기본적으로 일본의 중국전문가가 시진핑 시대의 중일관계를 규모, 다양성, 복합성의 증대라는 시각에서 서술하고 있다. 저자는 중국이 안고 있는 보편과 특수, 국제협조와 대국주의, 권위주의와 민주주의의 긴장관계에 주목하면서, 양국의 이익과 전략이 치열하게 맞부딪히고 있는 센카쿠 열도/댜오위댜오 문제에 많은 지면을 할애했다. 센카쿠 열도/댜오위댜오의 시점을 독도로, 중일관계의 다이내미즘을 한반도로 옮겨보면 중국과 일본이 보는 한반도에 문제에 대한 책략과 사시(斜視)도 어렵지 않게 포착될 것이다.

저자는 중일 간에 필요한 것은 '상호 이해'를 증진하는 것보다 '상호 오해'를 어떻게 해결할 것인가가 중요하다고 하면서, 중일이 대립하면 논점이 '역사'로 비약된다고 주장한다. 과거와 현재가 단절되어 진실의 정보가 흐르지 않는다는 것이다. 이 점은 한일, 한중 관계의 경우에도 크게 다르지 않다. 역사는 과거이지만 또한 그것은 현재까지의 누적적 결과물이며, 그런 의미에서 현재는 항상 역사의 출발점이며 현장이기도 하다. 그런 의미에서 역사 갈등의 해소야말로 동아시아의 평화를 설계하는 가장 중요한 토대 중의 하나가 되는 것이다.

저자인 아마코 사토시 교수는 중일 쌍방 이니셔티브의 역사적 의의를 강조하면서 '양웅(兩雄) 병립'을 위한 이론 구축을 제안하고 있는데, 이른바 양웅 병립의 과정에서 한반도 문제가 어떻게 기각되고 있는지를 이 책은 또한 잘 보여주고 있다. 이미 1세기 전에 안중근 의사가 한중일 삼국이 함께하는 '동아시아 평화론'을 설파한 바 있으며, 쑹청유(宋成有) 베이징대 교수 등이 동아시아 삼국의 정립(鼎立)이 동아시아 평화의 요체임을 제기하고 있는 상황에서 일본 지식인이 보는 동아시아 질서에 대한 생각은 여전히 중일 간의 이항적 관계라는 지점에 머물고 있음을 보여주는 대목이다.

　그럼에도 중국과 일본이 동아시아를 관념하는 역사관을 통찰하고 여기에서 우러나는 현실정치의 '책략적 의미'를 해독하는 데 이 책은 많은 도움이 될 수 있을 것이다. 국제정치의 장(場)은 이상을 배양하는 토양이 되기도 하지만, 현실의 냉혹함을 보여주는 무대이기도 하다. 그런 측면에서 이 책은 우리가 중국과 일본이라는 두 이웃과 함께 현실의 삶을 같이 하면서도, 통일과 동아시아 평화라는 우리의 이상을 어떻게 지향해 나아갈 것인가, 그리고 이 과정에서 한국의 역할을 어떻게 자리매김해 나아가야 할 것인가에 대한 고민을 안겨주고 있기도 하다.

　현실과 유리된 역사는 날카로운 문제의식을 갖기 어려우며, 역사적 통찰 없이 현실에 매몰되면 우리가 지향해야 할 '가치 지향성'을 발굴하기 어렵다. 그렇기 때문에 현실문제에 대한 적실한 해법을 모색하기 위해서 역사에 대한 통찰력은 필수불가결한 전제조건이다. 저자는 중일관계를 전망하면서 미래를 역사적인 시각에서 볼 것을 강조하고, 일본이 새로운 '창조적인 빛'을 보여주지 않으면 안 된다고 지적하고 있다.

　위와 같은 맥락에서 "서울의 입장에서, 그리고 비판적이고 더 넓은 전략적 시야에서 한국의 역할과 비전을 고민해보자"는 것이 「추천의 글」을 통해서 필자가 국내 독자들에게 드리고자 하는, 이 책을 읽는 핵심 포인트이다. 현실의 국제정치가 권력의 자장(磁場)을 완전히 이탈할 수는 없지만, 한반도의 평화와 통일이라는 우리의 이상을 보듬고 차근차근 그 과정을 밟아가는 '실천적 노력'이 없이 미래 동아시아에서 우리의 역할을 논할 수 없기 때문이다.

마지막으로 오랫동안 필자와 깊은 인연을 가져온 이 책의 옮긴이가 날카로운 감식안(鑑識眼)으로 또 하나의 '지적 결과물'을 우리 사회에 시의적절하게 소개하게 된 것을 진심으로 축하하고자 한다.

2014년 4월

동북아역사재단 정책기획실장

홍면기(洪冕基)

한국어판 서문

　한국의 독자분들께서도 잘 아시고 계시는 바와 같이, 현재의 중일관계는 매우 냉각되어, 교류가 끊어져 버린 상태입니다. 이와 함께 한국과 일본의 관계도 양국 간의 정상회담이 지금까지 실현되지 못하고 있으며, 미디어에 의한 각종 여론조사 결과를 보아도 국민감정이 좋지 않은 것으로 나타나고 있습니다.

　한편 △ 중국의 지속적인 '경제 현대화'에 의한 급격한 발전, △ 한국의 경제 및 사회 영역에서의 선진국을 향한 눈부신 발전, △ 일본의 '잃어버린 20년'으로부터의 탈각(脫却) 등, 매우 긍정적인 흐름이 동아시아에서 나타나고 있기도 합니다. 그것은 실로 동아시아가 '역사적 대전환의 시대'를 맞이했다고 할 수도 있는 상황입니다.

　그럼에도 한국, 중국, 일본 세 나라 사이에는 심각한 상호 불신의 물결이 휘몰아치고 있고, 안전보장, 국민감정 등에서 심각한 대립이 발생하고 있습니다. 확실히 영토 문제나 역사인식 문제에서 한국, 중국, 일본에는 중대한 상호 차이가 존재하고 있습니다. 그렇지만 현재의 혐일(嫌日)·혐중(嫌中)·혐한(嫌韓) 감정은 실제상의 차이를 초월하여 과도한 오해를 부추기고 이로 인해 상호 불신을 심화시키며, 벗어날 수 없는 '악성(惡性) 순환'에 빠져 있는 것처럼 보입니다.

한국, 중국, 일본 세 나라 간의 대립이 깊어지는 것은 단기적이고 협소한 시각에서 본다면 누군가에게 부분적인 이익을 가져다줄 수도 있을 것입니다. 그렇지만 장기적이며 커다란 시각에서 살펴본다면, 이것은 결국 모두에게 이익이 되지 않는 것입니다. 따라서 꼬여 있는 오해의 실타래를 풀고, 신뢰 양성을 제고하며, 건전한 '양성(良性) 순환'의 고리를 창출하는 것 자체가 우리에게 부여된 시급한 과제라고 할 수 있습니다.

이번에 필자의 저서 『일중대립(日中對立)』이 한국에서 번역·출간되어, 이 책의 지은이로서 매우 기쁘게 생각합니다. 필자는 이 책의 집필을 통해서 '현대 중국연구자'로서 △ 어떻게 현재의 시진핑(習近平) 정권의 외교 및 내정(內政)을 분석할 것인가, △ 어떻게 중일 간의 대립을 생각할 것인가, △ '센카쿠 문제', '역사 문제'를 이해하는 시점(視點)은 무엇인가 등의 문제에 대해 계속 고민해왔습니다. 필자 자신의 생각은 일본 정부를 대변하는 것이 아니며, 때로는 명확하게 다른 입장(stance)에 서 있는 부분도 있습니다.

필자는 일본인으로서 중일 및 한일 간에 존재했던 과거의 문제를 직시하고 이를 정면에서 진지하게 바라보아야 한다고 생각합니다. 그렇지만 만일 중국에 대해서 주장해야 할 점이 있다면, 또한 이를 냉정하게 주장해야 한다는 입장을 계속 견지해왔습니다. 이러한 맥락에서 아마도 이 책은 한일관계를 고려하는 데에도 간접적으로 참고하실 수 있는 내용이 또한 일부 있을 것으로 생각합니다.

모쪼록 한 분이라도 더 많은 한국의 독자분들께서 이 책을 통해서 그러한 필자의 생각을 살펴보실 수 있기를 바랍니다. 또한 중일관계와 동시에 한일관계의 회복·발전을 계속해서 기원하고자 합니다.

2014년 6월

아마코 사토시

차 례

중일관계의 대전환

반일시위에 숨겨진 진정한 목적

1972년 국교정상화 이래 중일관계는 가장 어려운 국면을 맞이하고 있다. 계기는 2012년 9월 일본 정부의 '센카쿠 국유화' 선언이었다. 그 이후 중국의 100개가 넘는 도시에서 파괴·약탈을 포함한 격렬한 대규모 '반일시위'가 일어났고, 냉엄한 정치대립이 발생해도 기존에는 동요되지 않았던 경제 활동에마저 균열이 생겼다. 중국 현지에서 일본계 기업의 생산 활동은 혼미를 거듭하고 있고, 중일 무역은 대폭적으로 떨어져 대단히 심각한 상태에 빠졌다.

그뿐만이 아니라, 센카쿠 열도 근해에 대한 중국의 영해·영공 침범은 일상적인 것이 되었고 이에 대항하여 일본도 해상보안청·자위대(自衛隊)의 경비·방위체제를 강화하고 있다. 중국 언론사가 실시한 여론조사 가운데에는 '중일 무력충돌'의 가능성이 높아지고 있다는 의견도 여러 곳에

서 찾아볼 수 있게 되었다. 대외 강경 논조로 알려져 있는 중국의 ≪환구시보(環球時報)≫를 살펴보면, 예를 들어 대규모 반일시위 직후인 2012년 9월 24일에는 "댜오위다오(釣魚島)를 둘러싸고 중국 정부는 뒤로 물러설 수 없는 곳까지 와 있다. 이 상태로 일본 정부가 중국을 계속 도발한다면 군사충돌이 일어날 가능성이 대단히 높다"라고 주장했다. 12월 24일 자에서는 "일본이 중국 측의 항공기 추락을 초래한다면 반드시 그것에 상응하는 보복을 받게 될 것이다"라는 제목의 사설을 게재했다. 또한 2013년 1월 11일 사설에서는 "중국은 선제공격을 하지 않지만 중국의 군사 보복은 망설임 없이 실행되어야 한다. 전쟁의 규모를 적극적으로 확대하지 않지만 전쟁의 격화(escalate)를 두려워해서는 안 된다"라고 역설했다. 그 이후 1월 30일에는 동중국해에서 중국해군 소속의 프리깃함 '장웨이(江衛)'가 일본 해상자위대 제7호위대 '유다치(ゆうだち)'를 향해 무기 관제 레이더를 조준 사격했던 것을 오노데라 이쓰노리(小野寺五典) 방위상(防衛相: 국방장관)이 발표하면서 "한 발짝만 어긋났다면 엄청나게 위험한 행위였다고 인식하고 있다"라고 말했다(2월 5일). 이는 결코 과장된 표현이 아니며, 현재 직면하고 있는 것은 실로 '중일관계의 위기적 사태'인 것이다.

위기의 배경은 복잡하다. 그 요인을 단순하게 '일본 정부의 센카쿠 국유화' 선언에서 찾는 것은 적절하지 않다. 대규모 '반일시위'는 중국의 민중이 자연발생적 혹은 자발적으로 '참여'했던 결과이기도 할 것이다. 그렇지만 다양한 경로를 통해 수집된 정보에 기초하여 판단하면, '시위'에는 상당히 강한 '중국 당국'의 의도가 개입되었다는 것을 부정할 수 없다

(자세한 것은 제3장에서 논함).

2012년 하반기 이후 중국의 움직임과 주장을 분석한 결과, 이 시기 중국 당국의 일본에 대한 강경 자세의 진정한 의도는 중일관계와 대외 전략에서의 '두 가지의 돌파'와 국내문제에서의 '한 가지의 긴축', 즉 '국내에서 공산당 체제의 유지·강화'가 아닌가 여겨진다. 우선 후자부터 설명해보도록 하겠다.

중국 당국이 제시하고 있는 '조화로운 사회[和諧社會]의 실현'과는 반대로 계속 확대되고 있는 (빈부의) 격차, 부패의 만연, 권력의 남용, 언론·자유에 대한 용서 없는 탄압 등에 의해 사회적 불공평과 불만은 높아지고 있으며, 개혁·개방이 시작된 이래 가장 심각한 불안정화에 직면해 있다. 이러한 사회에 잠재되어 있는 광범위한 분노를 숨기기 위해서 중국 당국은, 우선 일본 정부가 발표한 '센카쿠 국유화'를 '중국 영토에 대한 침략'으로 치환시키고 '일본 군국주의의 부활'이라고 선동하며 민중의 불만의 분출구로서 반일시위에 나아가도록 했다. 물론 이전부터 실시되고 있던 '반일애국주의 교육' 등에 의한 반일의 국민적 토양이 시위를 가속시켰다.

그러나 동시에 시위의 창끝이 향했던 것은 중국인이기도 했다. 철저하게 파괴·약탈을 당했던 일본계 기업·상점은 실질적으로는 다수의 종업원이 중국인이며, 그 가운데에는 경영자가 중국인인 회사도 포함되어 있었다. 이러한 점은 이제는 일본 혹은 일본인을 타깃으로 하고 있을 뿐만 아니라 명확히 중국인마저도 타깃으로 한다는 것을 의미한다. 이러한 성격을 지닌 시위를 단순하게 우발적인 '지나친 행위'로서 파악하기에는 사태가 매우 심각한 것이다.

왜 이와 같은 상황이 되었을까? 그것은 중국인 종업원, 일본제품을 이용하고 있는 중국인을 끌어들임으로써 '일본에 호감을 갖는 것은 위험'하며, '공산당의 사고방식에 역행하면 위험'하다는 등의 공포감을 강하게 심기 위한 것이었다. 현재에도 '반일'은 체제를 유지하고 권력투쟁을 유리하게 전개하는 데에서 귀중한 카드인 것이다.

주도권을 지향하는 중국: '일본 이니셔티브'에서 '중국 이니셔티브'로

'센카쿠 국유화' 이후에 중국이 행한 일련의 대일 강경정책에 의해 중일관계와 대외전략에서 중대한 '두 가지의 돌파'가 실현되었다고 필자는 생각하고 있다.

첫 번째의 돌파는 '기존 중일의 기본적 관계상의 돌파'이다. 1972년 국교정상화 이래 때때로 역사인식, 야스쿠니(靖國) 참배 등을 둘러싼 마찰·대립이 표면화되었는데, 그럼에도 중일관계는 확대·발전·심화를 기본적인 흐름으로 해왔다. 이러한 관계의 기축에는 중국의 근대화, 개혁·개방을 최우선시하는 노선이 있었으며, 일본이 그것에 전면적으로 협력하는 방침이 있었다. 특히 대중(對中) ODA(Official Development Assistance, 엔 차관)는 단순한 자금상의 지원에 멈추지 않고 전국적인 근대화 추진을 위한 인프라 건설, 틀 만들기에 막대한 영향을 발휘했다. 이 점은 당시 중국 당국도 충분히 인식했던 것이며, 만약 대립이 발생하더라도 어느 정도의 단계에서 자체적으로 처리되는 메커니즘이 움직였다. 중일관계의 총괄은

제2장에서 하겠는데, 필자는 이러한 기본 관계에 입각하여 2000년 전후까지의 양국 관계를 '일본 이니셔티브'의 중일관계라고 표현한다.

그러나 1990년대 후반에 일본 경제는 버블이 붕괴하면서 '잃어버린 10년(혹은 20년)'의 방황이 시작되고, 다른 한편으로 중국의 고도성장은 특히 2001년의 세계무역기구(WTO) 가입 이후에 더욱 기세를 더했다. 일본이 경제 침체를 탈출하기 위해서는 중국에 대한 수출, 직접 투자 등의 확대가 필요했고, 경제의 상호의존이 진전되었다. 또한 국제정치적으로도 중국의 존재감(presence)이 비약적으로 높아지고, 중일은 이미 대등한 관계가 되었다. 환언하자면 중일관계는 '중일 쌍방향 이니셔티브'의 시대를 맞이했다.

이러한 관계가 이윽고 '중국이 일본을 능가'하게 됨으로써 '중국 이니셔티브'의 중일관계로 전환되어가는 것은 충분히 예상할 수 있는 일이었다. 그렇지만 필자는 '중일 쌍방향 이니셔티브'의 역사적인 의의를 대단히 중시하며, 이 관계를 지속하기 위해서 '양웅(兩雄) 병립'을 위한 이론 구축과 관계 조성 등을 제안하고, 미력하지만 그 실현을 위한 활동을 계속해왔다. 중국인들 가운데에서도 이 주장에 찬동하는 사람들이 적지 않게 증가했다.[1]

그러나 중국 당국 및 측근의 브레인들은 그와 같이 생각하지 않았다.

---

1 예를 들면, 아마코 사토시(天兒慧), 『중국·아시아·일본(中國·アジア·日本)』(ちくま新書, 2006)을 참조하기 바란다.

'추락하는 일본'에 압력을 넣어서 중국의 강대함을 과시하고 '쌍방향 이니셔티브'에서 '중국 이니셔티브'로 중일관계를 한꺼번에 전환하는 '돌파', 이것이 아마도 그들의 생각이었을 것이다.

덩샤오핑의 외교방침을 버리고 태평양 진출을 지향하다

물론 중국에서 대일 외교는 전반적인 외교의 일환이다. 종합국력의 증강에 따라 중국은 외교방침으로서 2009년 무렵부터 '핵심적 이익'을 제시하고 해양권익의 확대 등 적극적인 외교를 주장하는 목소리를 높였다. 그것은 중국 외교의 기본방침이 되었던 덩샤오핑의 '24문자 지시'의 전환을 의미한다. '24문자 지시'란 덩샤오핑이 냉전 종식 이후인 1991년에 중국의 당·군 지도자를 향해 발표한 중요한 외교방침을 말하는 것으로, 구체적으로는 다음과 같은 지시였다. "냉정관찰(冷靜觀察), 참온각근(站穩脚跟), 침착응부(沈着應付), 도광양회(韜光養晦), 선어수졸(善於守拙), 절부당두(節不當頭)"(냉정하게 관찰하고, 전선을 공고히 하고, 침착하게 대처하고, 능력을 숨기고, 드러내지 않으며, 결코 선두에 서지 않는다).

거의 같은 시기에 덩샤오핑은 "적진성하(敵進城下), 강적아약(强敵我弱), 이수위주(以守爲主)"(적이 성의 아래로 들어오고, 적이 강하고 아군이 약하면, 방어를 위주로 한다)라는 중요한 '12문자 지시'를 내렸다. 이 두 가지의 지시가 시사해주는 바는, 덩샤오핑은 "중국은 아직 약소국이다"라는 현실적인 자기인식을 갖고 있었다는 것이다.

냉전 직후부터 중국공산당은 덩샤오핑의 이러한 지시를 충실하게 실천해왔다. 그렇지만 현재 중국의 행동이 보여주는 것은 이러한 기본방침에 중대한 변경이 대두하고 있다는 것이다. 특히 그 핵심이기도 한 '도광양회'(표면에 드러내지 않고 힘을 축적한다)의 변경을 주장하는 의견이 당 지도자, 군·외교 관계자들로부터도 들리게 되었다. 2010년 9월에 센카쿠 근해에서 일어난 중국 어선과 일본 해상보안청 순시선의 충돌 사건과 그 직후 발생한 일본에 대한 격렬한 공격은 외교방침의 변경을 알리는 제1탄(第一彈)이었다. 그리고 2012년 9월 이래의 대공세는 그 제2탄이라고 할 수 있을 것이다(이러한 경위와 분석은 제2장 및 제3장에서 상술한다).

최근 저명한 강경파 현실주의자인 옌쉐퉁(閻學通) 칭화대학(淸華大學) 교수는 ≪마이니치신문(每日新聞)≫(2012년 12월 12일)에서 다음과 같이 적절하게 주장하고 있다. 즉, "미국이 아직 중국보다도 강대한 것에 비해서, 일본은 중국보다도 약하다. 시간이 걸릴지도 모르겠지만 일본은 이러한 상황에 익숙해지고 중국을 경쟁상대로 보아서는 안 될 것이다."

마치 일본에게 '중국은 저항할 수 없는 한 단계 위의 국가'로 인식시키고, 그러한 관계를 전제로 한다면 "중국은 대일 협조노선을 부활시켜도 좋다"라고 할 듯한 말투다. 일본이 인식을 새로이 하지 않는 한 중국은 공격의 손을 늦추지 않고, 센카쿠 일대의 일본 해역·공역(空域)의 빈번한 침범을 멈추지 않으며, 경제 방면에서도 용이하게 교류 회복으로 움직이지 않고, 일본계 기업에 대한 압박을 완화하지 않는 등 '일본 우위'라는 경제 관계를 강경하게 '돌파'하려는 것이다.

장즈쥔(張志軍) 외교부 상무부부장[商務副部長, 현재 국무원 타이완판공실

(臺灣辦公室) 주임은 2012년 12월 말에 2013년을 앞두고 '외교 관련 중요 강화'를 행했다. 중일관계에 관해서는 "과거 네 가지의 중일 역사문서와 '역사를 거울로 삼는다'라는 것에 입각하여 일본의 새로운 정부가 중일의 대립 문제에 잘 대처하고 실제 행동에서 관계 개선을 도모할 것을 희망한다"라며 일방적으로 일본 측이 양보할 것을 요구했을 뿐, 새로운 호혜 관계의 재구축을 지향하는 적극적인 호소는 전혀 들리지 않았다. 같은 '강화' 가운데에 미국에 대해서는 "상호 존중, 협력·윈윈(Win Win)의 신형 대국관계를 구축하자"라고 호소했던 것과 대조적이었다.

제해권의 '돌파'를 꾀하다

제2의 돌파는 센카쿠 일대의 자유항행을 통한 '아시아·태평양 지역에 대한 안전보장·경제자원 확보 등 세력권의 확대'이다. 중국이 태평양 진출을 고려하는 데에서 센카쿠의 지정학적 의미는 크다. 1982년 덩샤오핑의 충실한 부하 중 한 명으로 일컬어졌던 류화칭(劉華淸) 중앙군사위원회 부주석의 주도 아래 수년에 걸쳐서 '해군 건설 장기 계획'을 작성했다. 그것에 의하면 중국해군은 2010~2020년을 '약진 후기(後期)'로 위치지우고, '제2열도선(列島線: 도련)'을 완성시키며, 그 내부의 제해권 확보, 항공모함 건조를 실현하고 2040~2050년까지 서태평양, 인도양에서 미 해군에 대항할 수 있는 해군을 건설한다는 장대한 구상을 일찍부터 제기했다.[2] 마이클 멀린(Michael Mullen) 미국 합동참모본부 의장은 2009년 2월의 시점에서 "중국해군은 이미 제1열도선을 초월하는 능력을 보유하고

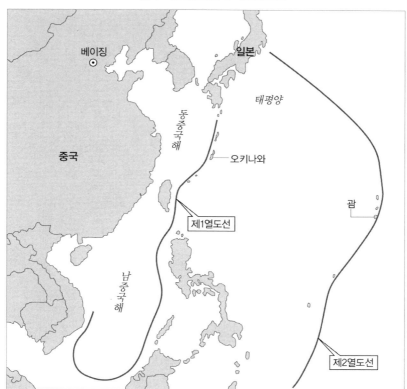

그림 1 **제1열도선과 제2열도선**

있다"라고 지적했다.

센카쿠 열도의 '돌파'는 제2열도선의 형성을 지향하는 전략의 제1단계
로서 결정적인 중요성을 갖고 있다. 즉, 센카쿠 열도를 실효 지배함에 따
라 제2열도선 내에서 해상 교통로(Sea Lane), 나아가서는 군사적으로 더

---

2 ≪人民日報≫, 1984.11.24. 관련 논문을 참조하기 바란다.

욱 자유로운 항해권의 확보를 실현하는 것은 아시아·태평양 지역에서의 제해권 확대라는 의미를 지닌다. 만일 센카쿠 열도로의 '돌파'가 완성된다면 태평양 진출을 향한 대미 전략적 관계는 이제까지와는 다른 중대한 변화가 시작될 것이다.

또한 이 '돌파'와 관련하여 지적할 것이 있다면, 제2열도선 내 및 그 연장에 해당하는 동남아시아 국가들을 대상으로 한 '대중화권(大中華圈)'의 형성이라는 장기 전략의 전개이다. 이러한 고려를 소급해보면 2002년 중국공산당 제16차 당대회 '정치보고'에서 중요하게 제시되었던 '중화민족의 위대한 부흥'이라는 주장에서 그 발단을 찾아볼 수 있다.

1990년대 후반 이후 동아시아 각국에서 활발히 논의되고 있던 것이 '동아시아 공동체' 구축론이었다. 물론 중국의 정계·학계에서도 활발히 논의되었다. 중일관계 심포지엄에서도 중국 측 학자로부터 '아시아 공동의 집[亞洲共同之家]'이 제기되었던 것을 기억하고 있다. 그것은 페레스트로이카의 기수 고르바초프가 제기했던 '유럽 공동의 집'을 상기시키는 아시아 공동체 구상이었다. 외교부장이 된 왕이(王毅)도 당시에는 동아시아 공동체 구상의 적극적인 추진자였다. 그러나 '중화민족의 위대한 부흥'은 이러한 동아시아 공동체 구상과는 미묘한 차이 및 균열을 느끼게 하는 것이었다.[3]

---

3 이에 관한 왕이의 논문으로 「새로운 아시아주의 사유(新亞洲主義思惟)」, ≪外交評論≫, 第6期(2006) 등이 있다. 왕이 이외에 중국에서 동아시아 공동체를 둘러싼 논의에 관해서는 아마코 사토시, 『아시아 연합을 향한 길(アジア連合への道)』(筑摩

오늘날과 같은 사태에 이르러서 필자의 직감 및 두려움이 맞았음을 재확인할 수 있다. 확실히 2005년 12월에 동아시아 공동체를 지향하기 위해서 쿠알라룸푸르에서 처음으로 개최된 동아시아 정상회의에서 일본은 중국의 영향력 증대를 우려하면서 동 정상회의에 미국을 참가시켜야 한다고 주장하여, 중국의 '미국 배제'에 입각한 동아시아 공동체 창설에 대항했다. 그 이후 중국은 사실상 동아시아 공동체 구상에 소극적이 되었다. 2009년 총리에 취임한 하토야마 유키오(鳩山由紀夫)가 중일의 연대를 축으로 '동아시아 공동체' 구상을 제창했을 때, 중국은 의외로 이 구상에 대해서 냉소적인 반응을 보였다. 이때 이미 중국은 명확하게 동아시아 공동체 구상과는 다른 길을 걷기 시작했던 것이다. 그것이 '중화민족의 위대한 부흥'으로 연결되는 '대중화권' 구상인 것이다.

　이러한 점으로부터 고려해볼 때, 2012년 중일 간에 발생한 유의할 만한 사건은 '센카쿠 사건' 외에도 있었다. 11월의 아세안(ASEAN) 정상회의에서 현안이었던 남중국해 공동행동 규범 만들기를 둘러싸고 의장국 캄보디아가 중국의 의향을 수용하여 "국제적인 장에서는 논의하지 않겠다"라고 갑자기 말을 꺼내 필리핀, 베트남 등이 맹반발하고 아세안의 결속이 붕괴된 사건이었다. 이것은 아세안 공동체를 지향하는 동남아시아 국가들에게 심각한 '바람구멍[風穴]'이 뚫렸음을 의미한다. 겨우 10년 전에 아세안을 드라이버로 하여 한국·중국·일본이 엔진이 된다는 중국 자신

書房, 2010)의 제2장 및 제5장에서 자세하게 다루고 있다.

의 강력한 주장을 생각한다면, 격세지감(隔世之感)이 있다.

아세안의 결속을 붕괴시키려는 중국의 노림수는 아마도 향후 중국의 강력한 영향력 아래에서 정치, 경제, 문화 공동체의 구축을 지향하는 것에 있을 것이다. 구체적으로는 중국, 홍콩, 타이완, 그리고 화인(華人)이 많은 동남아시아 국가들에 '화인(華人) 세력'을 더하고, 나아가 중앙아시아 국가들, 한국, 일본을 포함한다는 구상이다.

중국을 움직이는 원리는 어디에 있는가?

2012년 9월 이후 발생한 중국에 의한 '일본 때리기'의 배경에 중일관계를 근본적으로 전환시키고자 하는 중국 측의 의도가 움직이고 있다고 해석하면 지나친 생각일까? 만일 지나친 생각이라고 해도 적어도 그에 가까운 측면이 있으며, 일본 측도 진지하게 중일관계의 재구축을 생각할 필요가 있다는 점은 의심의 여지가 없다고 할 수 있다.

그러나 중국의 대외전략에 기초하여 중일관계를 파악하는 것만으로는 충분하지 않다. 당연하다면 당연한 일이지만 중일관계란 정부, 혹은 정치 수준의 관계뿐만이 아니다. 경제 관계는 물론이며 사회적으로도 상호 관계는 심화되고 있고 사람과 사람, 지역과 지역 사이에도 이미 복잡한 네트워크가 형성되어 있다.

2012년 가을, 중일 국교정상화 기념 연속 심포지엄 기획을 추진하여 도쿄(정치·역사·안전보장 등이 주제), 나고야(중국경제와 중일경제), 교토(문화와 여성), 후쿠오카(지방자치체와 민간 교류) 등 네 군데에서 대회를 실시했다. 마침 '반일시위'의 대폭발 직후였기 때문에 중국 측 참가자 가운데 수명의 사퇴가 있었고, 대회 실시 자체가 험난했지만 각 대회는 시민, 젊은이들의 높은 관심으로 대성황을 이뤘다. 그리고 각 대회에서는 중일관계와 관련한 현장으로부터의 목소리를 반영시키는 것도 중시되었는데 기업, 농업, 미디어 등 다양한 분야에서의 교류가 활발해져 커다란 파이프를 형성하고 있는 점, 또한 학생 교류 등도 활발해지고 있는 점 등 중일관계에는 이미 폭넓은 시야가 형성되고 있는 것을 실감했다. 인적인 네트워크의 존재는 만일 정치적으로는 긴장관계가 된다고 해도 중일관계를 건전한 방향으로 향하게 할 수 있는 중요한 요소(factor)의 한 가지가 될 것이다.[4]

주지하다시피, 중국은 눈부신 약진을 하면서도 내부에 심각한 문제와 모순을 안고 있으며, 그것이 일단은 국내의 규율을 만들어내기 시작하고 있다. 이 점은 중국이 고뇌하면서 모색하고 있는 정치사회 그 자체가 역사적이며 또한 구조적인 변동 시기, 새로운 체제 이행기에 접어들고 있다는 것을 의미한다. 그러한 가운데 지식인과 시민, 특히 젊은이들 사이에서 언론의 자유와 행동의 자유를 요구하는 움직임이 높아지고 있다. 이와 같은 움직임과 센카쿠 문제를 위시한 중일 간 균열의 진실을 알고자 하는 시민들의 움직임이 연동되고 있다.[5]

---

4   이에 관해서는 아마코 사토시, 『중일 '역사의 변하는 눈'을 전망한다: 중일관계 재고(日中「歷史の變わり目」を展望する: 日中關係再考)』(勁草書房, 2013)를 참조하기 바란다.

이러한 중국의 국내적인 변화와의 상관관계를 의식하면서 앞으로의 중일관계를 파악하는 시각이 중요하다. 여기에서 우선 중일관계를 본격적으로 논하기 전에, 시진핑 시대를 맞이한 현재의 중국을 어떻게 이해해야 할 것인가 하는 문제에 대해 필자 나름대로의 생각을 논해보도록 하겠다.

---

5 예를 들면 추이웨이핑(崔衛平)의 블로그 "중일관계에 이성을 되돌리자: 우리의 호소", 2012.10.5.

제 1 장

시진핑의 중국은
어디를 향해 가고 있는가?

1. 후진타오가 남긴 과제와 딜레마

시진핑이 직면한 네 가지의 딜레마

약진을 계속하고 있는 중국은 어디로 향하고 있는가? 이는 세계에서 가장 큰 관심을 불러일으키고 있는 문제이다. 21세기 세계 '무대'의 주역에 중국이 뛰어 들어온 것을 부정하는 이는 없을 것이다. 국민총생산(GDP) 규모로 '세계 제2위'가 되고, 군사력의 증강에도 여념이 없다. 유엔(UN), 아시아·태평양경제회의(APEC) 등 기존의 국제기구에서는 물론이고, G20, COP(유엔 기후변화협약 당사국총회) 등 새로운 국제회의에서도 그 존재감이 커지고 있다.

후진타오 정권 10년 동안, 중국은 국제적인 지위를 급속하게 높였고, 국내에서 사람들의 일정한 풍요로움을 실현했다. 2011년 1월 ≪요망(瞭

望)≫에서 저명한 경제학자 후안강(胡鞍鋼)은 "2020년에 미국을 추월한다"라는 의욕과 예측을 제시했다. 물론 이것은 후안강의 개인적인 견해에 불과하지만, 중국의 수많은 엘리트들이 공유하고 있는 강한 희망일지도 모른다. 그리고 그 실현을 담당하는 것이 2012년 11월 중국공산당 제18차 당대회에서 선출된 시진핑을 총서기로 하는 새로운 지도체제이다.

그런데 국제적인 존재감을 급격하게 증대시켜온 중국이 이 상태로 순조롭게 발전을 계속할 수 있을 것인가? 이와 같은 질문을 던지지 않을 수 없을 정도로 오늘날의 중국은 심각한 과제를 안고 있다.

이 장(章)에서는 우선 후진타오·원자바오(溫家寶) 시대가 떠안고 극복하지 못했던 과제를 발전의 딜레마라고 할 수도 있는 관점에서 파악하여 검토한다. 딜레마란 '두 개의 문제가 상호 간에 관련하면서 일방을 추진하면 다른 쪽이 정체 혹은 문제화되는' 관계이다. 필자의 견지에서 보면, 오늘날의 중국은 실로 '딜레마의 그물'에 빠져 있다.

이 책에서는 특히 아래의 네 가지 포인트를 딜레마의 문제로서 제기했다. 이를 기초로 이러한 딜레마에 맞서는 시진핑 지도체제의 특징을 규명하고, 그들이 채택하고자 하는 새로운 방침과 정책을 분석해본다. 나아가서는 이러한 네 가지 딜레마 극복의 가능성을 생각해보고자 한다.

첫째, 경제성장 우선노선과 그것이 만들어낸 경제 격차, 만연한 부패, 열악한 환경공해 등 다양한 분야에서의 불평등 사회 사이의 딜레마이다.

둘째, 중국이 이제까지 중시해왔던 국제협조 노선과 급격한 대두에 따라 발생하게 된 '대국주의'적 사고에 기초한 대외강경 노선 사이의 딜레마이다.

셋째, '중국적 특색', '중국 모델론' 등에 보이는 전통적 문화역사에 대한 고집을 강화하는 중국 특이론(特異論)과 세계의 리더로서 세계가 공유하는 가치와 국제공공재에 대한 적극적인 관여가 요구되는 보편주의 사이의 딜레마이다.

넷째, 중간층 및 시민의 대두, 각 계층의 이익의 다양화 등에서 보이는 다원사회·개방사회와, 통치에 관해서는 공산당 체제를 견지하고 정치의 다원화를 인정하고자 하지 않는 일당체제 사이의 딜레마이다.

물론 "이러한 관계는 단순한 모순이며, 딜레마는 아니다"라는 해석도 있을 수 있다. 그렇지만 실제로는 장기간에 걸쳐 이러한 모순을 방치하면서 중국의 존재감이 급격하게 증대함에 따라 한 쪽을 강조하면 다른 쪽이 불안정해진다(혹은 심각한 문제가 된다). 이와 같은 관계에 빠져 있기 때문에 중국 사회가 내포하고 있는 문제를 딜레마로서 해석했다.

불평등 사회의 딜레마

왜 딜레마가 될 수밖에 없는 것일까?

첫 번째 문제부터 검토해보겠다. '중국 근대화의 아버지'라고 할 수도 있는 덩샤오핑은 경제성장 노선을 추진하는 데에서 "먼저 풍요해질 수 있는 자가 풍요해지고, 그러고 나서 '공동 부유'를 지향하자"라는 유명한 '선부론(先富論)'을 제기했다. 이 방침이 발표되자, 이제까지 억지되었던 사람들의 욕망은 실로 치솟아 오르는 것처럼 세차게 넘쳐 나왔다. 그 결과, 덩샤오핑이 했던 "샹첸칸(向前看: 앞을 향해 보라)!"이라는 말은 같은 발음의 "샹첸칸(向錢看: 돈을 향해 보라)!"으로 야유 받을 정도로 배금주의가 만연해졌다.

그러나 후반부의 '공동 부유'는 현재에 이르는 개혁·개방 30년의 과정에서는 적어도 실현되지 못했다. 실제로는 자연환경의 악화와 빈부·지역·계급의 격차 확대 등 사회적으로 '부정적인 문제'가 심각해졌다.

덩샤오핑 이후의 지도자들은 '선부론'과 '공동 부유론'을 결부시키는 논리(logic)와 방법을 여전히 찾아내지 못하고 있다. 그렇기는커녕 1990년대 말부터 주요 산업의 국제경쟁력을 강화시키기 위해서 '조대방소(抓大放小: 대기업을 관리하고 중소기업은 자유화한다)' 정책을 채택하고 이에 의해 대형 국유기업, 기간산업 부문을 우대했다. 그 결과 그들을 중심으로 하는 방대한 '기득이익 집단'이 형성되어 중소 사영기업, 농민, 보통의 노동자들과의 격차는 확대되고, '부(富)의 분배'의 불공평은 높아지고 있다.

사회학자 로버트 머튼(R. Merton)은 어떤 사회가 만들어낸 욕망 달성을 향한 기대치와 그 사회가 제공할 수 있는 수단 간에 발생하는 중대한 불균형 상태에 주목했다. 어떤 사회에서 지배적인 이데올로기가 금전과 부유화를 과도하게 강조하나, 그럼에도 그 사회가 제공할 수 있는 이윤 획득의 수단이 부족한 경우에 그 사회는 일종의 '긴장 상태'가 되며, 사회적 모순이 격화된다. 머튼은 이것을 '구조적 긴장'이라고 표현했다.[1]

---

1   Robert K. Merton, *Social Theory and Social Structure*, Enlarged Edition(Free

1990년대에 미국으로 망명한 사회학자 허칭롄(何淸漣)은 "오늘날의 중국은 실로 이 상태(구조적 긴장: 인용자 주)에 있다. 그 원인은 중국이 추진하고 있는 것은 국가자본주의의 길이며, 정부가 국가의 모든 자원(일부 업종의 독점적 경영권을 포함한다)을 독점하고 분배하고 있다. …… 관료와 기업주(외자기업을 포함)가 결탁한 이익집단이 되는 것은 피할 수 없다"라고 지적하며 '구조적 긴장'의 심각함을 경고했다.[2]

국제협조와 대국주의화 사이의 딜레마

두 번째 이슈는 국제협조와 대국주의화 사이의 딜레마이다. 서장(序章)에서 언급한 바와 같이, 덩샤오핑은 냉전 붕괴 직후에 고급 간부에 대해서 '도광양회'라는 지시를 내렸다. 그리고 평화적 환경을 유지하고 강화하는 국제협조주의를 외교노선의 축으로 삼았다. 그렇지만 1990년대 후반 무렵부터 젊은 세대 작가들이 집필한 『노(NO)라고 말할 수 있는 중국』 등으로 대표되는 '대국의식'이 형성되며 강렬한 민족주의가 대두해 왔다.[3] 그러한 분위기 가운데에서 '군사력의 증강', '해양권익의 확대', '핵심적 이익의 확대' 등의 확장주의·강경노선이 급격하게 현저해지고, 국

Press, 1968), pp.201~203.

2 허칭롄(何淸漣), 『중국 고도성장의 구조 분석(中國高度成長の構造分析)』(2010), p.10.

3 『노(No)라고 말할 수 있는 중국(ノーと言える中國)』(日本經濟新聞出版社) 및 『그럼에도 노(No)라고 말할 수 있는 중국(それでもノーと言える中國)』(日本經濟新聞出版社) 등이 있다.

제사회에서 '중국위협론', '중국경계론'을 만들어냈다. 국제무대에서 때로는 미국에 대한 도전·대항 등의 상황도 발생하게 되었다.

경제·군사가 대국화되면, 그것에 따라 '대국의식', '대국적 정책', '자기주장'이 증대되는 것은 필연적인 것이다. 어느 면에서는 중국이 기존의 질서 확립자에 대해서 도전적인 강경노선을 취하는 것을 이해 못하는 것도 아니다. 그러나 작금의 이러한 강경노선과 중국 자신이 이제까지 계속 주장해왔던 '평화와 발전', '책임 있는 대국', '평화적 부상' 등의 국제협조론과의 사이에는 일정한 거리를 느끼지 않을 수 없다. 아무리 중국 당국이 '평화 발전', '평화적 부상', '소프트 파워(soft power)'를 중시한다고 주장하더라도 국제사회의 불신과 경계감은 감소하지 않는다. 군사비의 멈출 줄 모르는 급증 추세, 불투명성, 항공모함 건조, 사이버 공격, 해역에서의 충돌 사건의 다발, 나아가서 법치를 강조하면서도 권력·엘리트 자신이 법을 무시하는 수많은 불법행위의 발생, 인간의 자유에 대한 엄중한 억압 등, 중국은 행동하고 있는 것과 말하고 있는 것이 다르다. 속내로는 '패권 대국'을 지향하면서 '소프트'한 표현은 보여주기 위함에 불과하다. 국제사회에서는 실로 '옷 속에 갑옷'일 수밖에 없다는 인식이 강해지고 있다.

특수론과 보편주의 사이의 딜레마

세 번째의 논점은 보편주의와 중국 특이론 간의 딜레마이다. 어느 국가가 국제사회 가운데에서 '세계의 리더'로서 인정받기 위해서는 국제사회에서 공유되는 가치에 헌신하고 국제공공재의 보전에 대해 적극적으로 관여하는 것이 요구된다. 그렇지만 오늘날의 중국은 강대화되면 될수록 '중국의 특수', '중국 모델'이라는 주장이 역설되는 전통적인 중국 문화 역사를 결부시켜 논하는 경향이 강해지고 있다.

예를 들면 장웨이웨이(張維爲)는 "중국의 대두는 일반적인 국가의 대두가 아니라 5,000년의 연면(連綿)과 끊어지지 않고 연계되어 있는 위대한 문명의 부흥이며, 인류 역사상 들어본 적이 없을 정도의 초대형 '문명국가'의 대두인 것이다"[4]라고 역설하고 있다.

이러한 중국 특수론의 내부에는 인권을 원리로 하는 보편주의에 대한 뿌리 깊은 강력한 반론이 있다. 중국 특수론의 논리에 의하면 "보편주의 혹은 보편적 가치란 기본적으로 구미(歐美)의 가치관과 절차론에 의한 것이다. 다른 지역과 국가의 사정을 고려하지 않고 단순히 '보편적'이라는 표현으로 구미적인 가치와 방법을 강요해왔던 것에 불과하다. 이것은 불공평하다. 각각의 국정(國情)을 더욱 고려해야 한다"라는 것이 된다.

이러한 논리에는 일리가 있다. 확실히 기존의 국제질서는 구미 주도로 형성되었기 때문이다. 그러나 이는 일부에 결함과 문제를 내포하면서도 세계 각국의 사람들이 공유하는 가치로서 수용되고 국제사회를 통합하는 시스템과 규칙으로서 기능하고 있다. 따라서 이러한 기존의 보편주의에 대한 중국의 도전은 '구미, 특히 미국 패권'에 대한 도전과 반드시 같

---

4 ≪中國震撼≫, 2011年 1月, pp.1~2, 3.

은 뜻은 아니다.

즉, 중국 특수론, 중국 모델론에는 이미 인류가 수용하고 향유하고 있는 '국제공공재'에 대한 도전이라고 여겨지는 내용이 포함되어 있는 것이다. 이것은 우려할 만한 일이다.

일당체제의 딜레마

네 번째로 다원사회·개방사회와 일당체제 사이의 딜레마이다. 개혁·개방노선은 경제의 발전뿐만 아니라 국제사회와 중국사회를 연결시켰고, 또한 경제의 발전에 따라 사람들의 '이익(利益) 의식', 권리 의식을 발생시켰다. '공산당 지도'에 의한 경제발전은 수많은 사람들이 받아들여왔던 논리와 실천이다. 그 과정에서 동시에 다양한 계층, 다양한 이익·가치가 발생해왔다.

한편으로 통치의 안정을 가장 우선시하는 공산당은 사회적·정치적인 면에서의 개방에 강력한 브레이크를 걸고 있다. 또한 당 및 지도층의 이념가들은 '중화민족의 위대한 부흥', '중국 모델론' 등으로 일당체제 견지와 경제성장 우선노선을 정당화하고자 시도하며, 또한 중간층에 대해서 부분적인 '풍요로움'의 공급과 당 비판에 대한 위협을 통해 그들을 편입시키고자 시도해왔다.

그러나 여전히 분산적이기는 하지만 사실상 일당 지배를 부정하고자 하는 다양한 움직임이 확산되기 시작하고 있다. 예를 들면, △ 노벨평화상 수상자인 류샤오보(劉曉波) 등에 의한 정치·표현의 자유를 요구하는 세계의 보편적인 가치를 토대로 한 「08헌장」의 발표, △ 반체제 지식인의 '공산당 독재에 대한 항의', △ 각지에서의 다양한 대중적 항의행동의 빈발[광둥성 우칸촌(烏坎村)의 간부에 의한 토지 수탈 및 간부 오직 비판, '우칸촌에 배우자' 이래 계속성·확대성을 지님], △ 주민·시민의 착실한 권리 의식[유권(維權)]의 고조 등을 지적할 수 있다. 이러한 경향을 촉진하는 중요한 수단으로서 인터넷, 휴대전화, 트위터 등의 사적인 미디어가 급격하게 확산되고 있는 점이 중요하다. 이러한 것들은 이른바 공연화(公然化)한 비공식적 미디어(informal media)로서 일반 시민, 젊은이들의 '자유 공간'을 확대시키고 어느 정도 유사적인 '공공영역 = 공공권(公共圈)'을 형성하고 있다.

중국 당국은 이러한 동향 가운데 현 정치체제의 비판으로 연결되는(연결된다고 간주되는) 발언과 행동에 관해서는 대단히 엄격한 태도로 임하고 있으며, 철저하게 탄압하는 방법을 선택하고 있다. 그렇지만 현실적으로 완전히 억제하지는 못하고 있다. 그렇기는커녕 쌍방의 긴장은 높아지고 있는 것인 현실이라고 할 수 있다.

후진타오·원자바오 정권의 10년 동안은 기본적으로는 위에서 언급한 네 가지의 딜레마에 효과적으로 대처할 수 없었다. 이러한 딜레마는 시진핑·리커창(李克强) 체제로 미루어지게 되었다. 2013년 1월에는 인기가 높은 개명적인 신문 ≪남방주말(南方週末)≫ 특집호를 강압적으로 개찬(改竄)한 공산당에 대해 눈 깜짝할 사이에 항의가 확산되었다. 2013년 1월 3일 자 ≪남방주말≫ 신년호에 "중국의 꿈, 헌정의 꿈"이라는 주제의 사설이 게재될 예정되었는데, 표제의 '헌정' 이외에 정치의 민주화와 언론의 자유 등 사람들의 권리 향상을 요구하고 민주, 자유, 평등 등의 표현이 사용되었고, 또한 반일시위 참가자에 대해 이성적인 행동을 요구하는 문장 등이 포함되어 있었다. 1월 1일 저녁 광둥성 당위원회 선전부가 공산당을 찬미하는 내용의 "우리는 어느 시대보다도 민족 부흥의 위대한 꿈에 가장 가까이 접근하고 있다"라는 원고로 교체하도록 요구하고, 1월 2일에 억지로 지면 변경을 실시하여 선전부의 요구에 따라 신문이 발행되었다. 이에 대해 ≪남방주말≫의 기자 등 약 100여 명이 공동성명을 발표하고 항의의 의지를 표명하면서 일부 기자가 스트라이크에 돌입했다. 그 이후 당 선전부는 보도기관에 대해 당과 정부의 주장을 확산시키고자 각지의 선전 부문, 보도기관에 요구했다. 그렇지만 베이징의 유력지 ≪신경보(新京報)≫ 사장이 항의의 표시로 사임을 표명하는 등 현장의 매스미디어 관계자들이 '검열 제도'에 대한 저항의 의지를 숨이지 않고 있으며, 사태는 쉽게 수습되지 않았다.

새로운 지도부는 비교적 일찍 이러한 난제에 직면했다. 힘으로 봉쇄할 것인가, 약간의 양보를 하면서 해결의 실마리를 탐색할 것인가? 국내외 모두 역동적으로 요동치는 거대한 '중국선(中國船)'을 어떻게 지휘할 것인가? 아직 이렇다 할 만한 흐름은 충분히 보이지 않고 있다.

2. 시진핑의 지도체제

무엇을 지향하고 있는가?

국가 전체의 경제가 풍요해졌다고 해도 보통의 사람들은 충분히 그 은혜를 입지 못하고 있다. 언론의 자유도 없다. 한편으로 세계에 대해서는 자신의 우월성과 모델성(性)을 주장하며 강경한 태도로 나선다. 이러한 국가의 국민은 불행하며, 세계로부터 존경심을 결코 받을 수 없다. 실로 세계를 주도하는 국가가 될 수 있을 리 없을 것이다. 이러한 딜레마에 중국은 어떻게 대응하고 있을까? 이 과제의 중요성을 중국의 지도부가 이해하지 못하고 있지는 않을 것이다.

후진타오 시대는 '조화로운 사회의 실현', '부패의 일소' 등의 슬로건을 중요한 정책과제로서 내세웠는데, 적확하고 실효성이 있는 정책을 제시하지는 못했다. 오히려 국가의 약진이 초래한 부정적인 딜레마를 양성한 10년이었다고 말할 수도 있다.

그렇다면 네 가지의 딜레마를 해소하기 위해서는 어떻게 하면 좋을까? 논리적으로는 대단히 명백하다. 첫 번째 딜레마에 관해서는 경쟁원리 아래에서 부(富)의 공평한 분배를 보증하는 ① 틀(법치의 확립, 견제와 균형 메커니즘, 부패 등에 대한 권력 자제 메커니즘), ② 정책(조화로운 사회, '공동 부유' 실현의 구체적인 시나리오를 짜고 구체적인 정책을 작성)을 추진하는 것이다.

두 번째 딜레마의 해소를 위해서는, ① '중국의 급격한 발전'은 세계화(globalization)의 파도를 타고 시장화를 추진하며 국제협조주의 아래에서 국제상호의존을 강화한 결과이기 때문에, 국제협조, 국제상호의존의 노선 자체가 가장 중시되어야 한다. ② 대국화 전략의 방향은 'ⓐ 부강한 대국 → ⓑ 책임 있는 대국 → ⓒ 존경받는 대국'이 되어야 한다는 인식을 갖는 것이다. 특히 앞으로는 ⓑ과 ⓒ이 강하게 의문시된다.

세 번째의 딜레마에 대해서는 현실의 경제발전 프로세스를 확실히 분석하고 타국의 경험 등을 고려하면서 '중국 모델'이란 무엇인가를 냉정하게 고려하는 것이다. 그렇게 하면 중국 특수론과 중국 모델을 소리 높여 외칠 필요가 별로 없게 된다. 뒤에서 언급하는 바와 같이, 자국의 성장을 냉정하게 객관적으로 설명하고자 하는 중국의 학자도 적지 않다.

네 번째의 딜레마에 관해서는 극단적인 정치 불안정화를 피하면서 정치개혁을 점진적으로 실시하여 다원화·다양화한 사회의 요구(needs)에 대응할 수 있는 정치 시스템을 어떻게 실현할 것인가 하는 점밖에 없다. 이에 관해서도 수많은 정치사회학자들에 의해 그 시론이 제시되고 있다.

여기까지 분석을 진행해왔다면, 이 책이 다음에 독해해야 하는 것은 '시진핑 정권이 위에서 언급한 방향성을 강하게 인식하고 그것에 따라 구체적인 정책을 취하려고 하고 있는가 혹은 취할 수 있을 것인가'라는 점일 것이다. 아직 시진핑 지도체제의 전체적인 방향성은 분명하지 않으며, 시진핑 자신의 사고방식을 충분히 파악할 수 있는 구체적인 정보도 부족하지만 몇 가지의 주목할 만한 정보가 있다. 그러한 정보를 토대로 시진핑 지도체제가 무엇을 지향하고 있는가를 살펴보도록 하겠다.

첫째로 애매한 정보이지만 2011년의 어느 시기에 시진핑은 당내의 상급 간부에 대해서 '정층설계(頂層設計)'라는 중요한 강화(講話)를 한 것으로 알려져 있다. 자세한 것은 알 수가 없지만 그 취지는 '톱다운(top down)' 방식으로 철저한 제도개혁을 추진한다는 것으로 보인다. 2012년 봄에 베이징을 방문했을 때, 어느 학자로부터 "시진핑은 아무것도 할 수 없었던 후진타오보다는 확실히 실행력이 있는 지도자다"라는 말을 들었다.

시진핑이 사실상의 후계자가 된 것으로 간주되는 2010년 10월 제17기 공산당 중앙위원 제5차총회(이하 당 17기 5중전회로 약칭) 이후 그는 다양한 활동을 통해서 당 내부에서 '행동력 있는 지도자'라는 평가를 확고히 했는지도 모른다. 새로운 지도부가 진지하게 사회 모순의 해소에 나서고자 하고 있다는 것은 이해할 수 있다.

2013년 3월의 전국인민대표대회(전국인대)에서 국무원 총리가 된 리커창은 농촌에서 태어나 자랐고, 농민·농촌 문제에 정통한 것으로 알려져 있다. 국무원의 생활·사회복지 등의 중앙소조 조장도 담당해왔다. 빈부격차 해소, 주민의 생활 개선 등에 관한 중요 강화를 수차례에 걸쳐 행하고 있다. 이러한 경력을 고려해보면, 아마도 리커창은 국내경제·사회 문제의 극복이라는 중요한 과제를 짊어지게 될 것이다.

이러한 동향에 더하여, 2012년 11월 8일 '제18차 당대회'의 개막식에서의 후진타오의 '정치보고'(동 보고의 기초위원장은 시진핑)는 실로 이러한 문제가 오늘날 가일층 심각해지고 있으며 당의 입장에서 진지하게 노력해야 한다는 점을 역설했다.

의문시되는 것은 신념과 행동력

이와 같이 새로운 지도체제가 새로운 결의와 방향성을 갖고 제반 개혁과 중대한 국제정세에 과감하게 대처하고자 하는 것은 이해할 수 있다. 그렇지만 위에서 언급한 바와 같이, 오늘날의 중국은 몇 가지의 딜레마에 빠져 있고, 그로부터 탈각하여 문제 해결로 나아가는 것은 쉽지 않다.

거기에서 네 가지의 딜레마에 따라 시진핑 지도체제는 어떠한 대응책을 고려하고 있는가, 문제는 어디에 있는가를 다시 한 번 살펴보도록 하겠다.

첫 번째의 '불평등 사회의 딜레마'에 대해서는 제18차 당대회 '정치보고'에서 "2020년에 2010년에 비해서 개인 소득을 2배로 증가시킨다"라고 여전히 경제성장 노선을 취할 것을 강조했다. 그렇지만 노동임금의 상승 등에 의한 비교우위의 저하와 수출량의 감소 등으로 인해 경제성장 노선 그 자체는 낙관적이지 않다. 그러한 가운데 빈곤 대책·사회복지 대책 등에 주력하는 것은 한층 경제성장의 발목을 잡는 것이 될 수 있다. 그렇다고 사회문제에 진지하게 노력하지 않는 한, 사회의 불만은 더욱 팽창하고 정치적 안정을 동요시킬 수 있게 된다.

이 점에 관해서 제18차 당대회 전후의 보고에서 주목되었던 것은 성장과 공공복지 서비스를 양립시켜온 싱가포르 모델의 정책운영을 대단히 중시했다는 점이다. 그 특징은 ① 권력층에 대한 불공평한 부의 집중 개선 = 공평한 분배의 관철, ② 일반 서민의 생활 개선, 복지의 충실을 위한 제반 정책의 실시이다. 이 두 가지의 실현을 위해서는 법치의 강화를 축으로 한 철저한 부패방지, 누진 과세 등 풍요로운 계층으로부터의 세금 징수를 증대해 빈자 우대 정책으로의 전환, 지방의 각급(各級) 정부에서의 사회 서비스 기능의 확충 등이 필요하다.

그런데 현재의 중국에는 이러한 제도개혁을 가로막는 강력한 저항세력(기득권 집단)이 만들어지고 있다. 이 점에 관해서 저명한 자유주의 성향의 경제학자 우징롄(吳敬漣)은 《마이니치신문》 2012년 1월 16일 자 기사에서 다음과 같이 지적한 바 있다.

> 1990년대 이후 거액의 적자를 안고 있던 국유기업의 개혁에 국가 차원에서 노력했다. 어느 정도 잘 진행됨에 따라 기득권층이 만들어지고 개혁에 저항하기 시작했다. 거기에 미국의 금융 위기가 일어나 8% 성장을 어쨌든 유지하지 않으면 안 된다는 생각이 강해지고, 과점과 독점이 허가되는 국유기업에 공공사업을 점차 발주하고 더욱 그들에게 부가 집중되었다. …… 중국은 오늘날 매우 위험한 상황에 있다. 권력을 지닌 인물이 개혁을 저지하고, 권한을 악용하여 폭리를 취하고 있다.

시진핑 자신이 기득권 집단과 관계가 없지 않다. 전면적으로는 아니라고 해도 그에게 그것을 끊을 정도의 신념과 행동력이 있을까? 확실히 2013년 3월 국가지도자를 결정하는 인사에서 공청단(共青團)의 기대주 중 한 명으로 제1서기의 경력을 지닌 저우창(周强)이 최고인민법원장에 선출되었다. 법치를 추진하겠다는 강한 의사표현이라고 말할 수 있을지도 모른다. 그렇지만 새로운 정권이 어떻게 이 문제에 대처할 것인가는 이제부터의 일이다.

대국주의에 경도되는 외교자세

두 번째의 '국제협조와 대국주의화 사이의 딜레마'에 관해서 후진타오는 '정치보고'에서 다음과 같이 제기했다. "인류의 평화와 발전이라는 숭고한 사업을 계속 촉진하고 평등과 상호 신뢰, 포용과 상호 참고, 협력과 윈윈(win-win) 정신을 발양하고 국제공평·정의를 공동으로 지킨다." 이것에 따르면 국제협조주의를 전면적으로 제기하고 있는 것처럼 보인다. 그렇지만 동시에 "우리나라의 국제적 지위에 걸맞은 국방과 강력한 군대를 건설한다. …… 해양자원을 단호히 지키고 해양강국을 건설한다"라며 대국주의적인 강경노선을 주장하고 있다. 대국화를 우선하는 한, 실질적으로는 후자의 주장에 비중이 두어진다고 할 수밖에 없다. 사실상 최근 10년간 세계 제2위의 경제대국이 되고, 군사력도 막강해졌고, 올림픽과 만국박람회(萬國博覽會) 같은 대규모 행사를 성공시킴으로써 '중화민족의 위대한 부흥'을 실현했다고 선언했다. 이에 따라 덩샤오핑 외교의 돌파, 즉 '적극 유소위(有所爲)'의 주장, 남중국해·동중국해 등에서의 '핵심적 이익'론의 강조 등 강경론이 두드러지기 시작했다.

나아가서는 센카쿠 열도를 둘러싼 중일관계에서, 본래는 영토문제와는 관계가 없는 경제 교류가 단절되고, 일본계 기업·상점에 대한 과격한 폭력을 수반하는 공격 등이 행해져서 방대한 피해를 초래했다. 그럼에도 이를 방치하고 일방적으로 고자세를 견지하며 일본을 비방하고 사죄를 요구하는 주장은 현상(現象)으로서는 명백히 대국주의적인 강경론이다.

2012년 11월 6일, 라오스의 비엔티안(Vientiane)에서 아시아-유럽회의가 개최되었다. 그때 원자바오 총리가 노다(野田) 총리 앞을 악수도 하지 않고 얼굴도 쳐다보지 않은 채로 지나쳤다. 그 어떤 심각한 문제가 있다고 해도 국교(國交)를 맺고 있는 이웃나라들이 모여 수뇌가 얼굴을 함께 하는 국제회의에서의 이러한 행위는 국제사회의 상식을 벗어난 것이다. 센카쿠 문제에 대해서는 중국도 불만이 있겠지만 일본에도 불만은 있다. 자신이 강대해졌다는 것을 배경으로 국제적으로 예(禮)를 상실한 태도로 행동하면 이는 '대국주의적 행위'라고 불려도 어쩔 수 없다.

새로운 시진핑 정권이 중국을 진실로 국제사회 가운데에 존경받는 대국으로서 성장시키고자 한다면 '제로섬 게임'적인 군사 확장, 강경노선으로 나아가지 않도록 유의하지 않으면 안 될 것이다.

'중국 모델'의 실태

세 번째의 '보편주의와 특이론 사이의 딜레마'에 관해서 제18차 당대회 '정치보고'에서는 여전히 '중국적 특색'이라는 용어가 많이 언급되었다 (총 64회). 정치 개혁에 대해서는 "서방측의 다당제는 도입하지 않는다"고 역설했다. 여전히 '중국 특수론'의 강조이다. 그렇지만 자국의 발전을 고유한 모델로 파악하는 이론이 지배적이라고만은 할 수 없는 것 같다. 예를 들면, 위커핑(兪可平)은 "중국 모델 혹은 중국의 길은 완전한 정형(定型)

이 있는 것은 아니다. 우리의 근대화 임무는 아직 완성되지 않았고, 중국 모델도 모색의 과정에 있다. 중국 모델을 이미 성숙한 체계적인 근대화를 향한 길이라고 생각한다면, 이는 지나치게 낙관적인 것이며 직면하고 있는 각종의 엄중한 도전에 대해 해로움마저 있다"라고까지 지적했다.

후진타오 '정치보고'의 내용을 상세하게 살펴보면, '중국 모델'을 강조하는 용어는 어디에도 없다. 무엇보다 서민의 생활수준을 높이고, 의료 및 위생 등 공공 서비스를 기본적으로 실현하며, 환경·주택 보증 체계를 구축하기 위해 무엇을 해야만 할 것인가의 문제는 경제발전을 이룬 다음 단계에서의 국가적 과제로서 구상되고 논의되는 것이 일반적이다.

또한 중국의 발전 모델을 특수론이 아니라 보편주의적인 문맥 가운데 하나의 단계로서 파악하는 학자들도 있다. 그 대표적인 사람이 앞에서 인용한 우징롄이다. 그는 다음과 같이 말한다. "중국 모델은 장래 세계의 모범이 되지 못할 것이다. 중국 모델의 특징은 정부가 매우 강력한 권한을 지니고 있는 것인데, 선진국을 뒤쫓는 도상국이기 때문에 강함이 있다. 말하자면 과도기의 모델밖에 되지 않는 것이다."[5]

혹은 다음과 같은 방증(傍證)도 있다. 2012년 2월에 세계은행(World Bank)과 중국 국무원 경제발전연구센터의 공동 조사를 기초로 한 방대한 보고서 『2030년의 중국』이 발표되었다. 여기에서의 중심적인 과제로서 이른바 '중소득(中所得)의 그물'이 문제가 되었다. 이른바 염가의 노동력

---

5 ≪朝日新聞≫, 2012.1.6.

등의 비교우위를 무기로 하여 외국으로부터 자본·기술을 도입하여 급격하게 경제발전을 이룬 도상국이 중소득 국가로 성장하고 나아가 고소득 국가를 지향하는 때에 빠지게 된다는 '그물'이다. 또한 동 보고서는 현 단계의 중국이 중소득 국가가 되고 이 문제를 안게 되었다고 지적하며, 다양한 대책을 제언하고 있다. 그 가운데 기술혁신(innovation), 민간경제의 활성화, 수출과 설비 투자에 의한 성장 모델로부터 소비 중심의 내수 주도형 경제로의 전환, 사회보장제도의 확충, 기득권 집단에 대한 타격 등이 강조되었으며, 중국의 특수성과 특별한 발전 모델 등은 전혀 강조되지 않았다. 또한 매우 흥미로운 것은 중국 측의 사실상의 책임자가 국무원 발전연구센터의 당위원회 서기인 류허(劉鶴)[6]라는 사람인데, 제18차 당대회 직후 홍콩의 보도에서 그는 시진핑의 가장 중요한 브레인 중 한 사람으로서 소개되어 있는 점이다.

---

6 1952년 베이징에서 출생했다. 1976년 중국인민대학에서 수학했고, 1986년 동 대학에서 석사학위를 취득했다. 1994년부터 1995년까지 미국 하버드대학 케네디스쿨에 유학을 가서 공공관리 석사학위(MPA)를 취득했다. 1998년 6월에 '중국경제 50인 포럼(中國經濟50人論壇)'을 조직하여 주재하고 있다. 그 이후 국무원 정보화공작판공실(信息化工作辦公室) 부주임, 중앙재경영도소조판공실(中央財經領導小組辦公室) 부주임, 국무원 발전연구센터 당위원회 서기, 중국공산당 제18기 중앙위원을 역임했고, 2013년 3월부터 중앙재경영도소조판공실 주임 및 국가발전과개혁위원회(國家發展和改革委員會) 부주임을 맡고 있다. 주요 역서로『경제발전 이론의 10대 위인(經濟發展理論的十位大師)』(中國經濟出版社, 2013) 등이 있다. _ 옮긴이 주

싱가포르를 모델로 삼는다!?

또 한 가지 주목해야 할 것으로, 제18차 당대회를 앞둔 10월 22일, 시진핑의 직접적인 영향 아래에 있는 중앙당교의 기관지 ≪학습시보(學習時報)≫에 「싱가포르에서 구축된 서비스형 정부의 경험」이라는 논문이 발표되었다. 거기에는 싱가포르의 인민행동당에 대해 높이 평가하고 있는데, 그 이유로서 ① 개방적이며 선진적인 사회의 엘리트를 부단히 흡수하고 있는 점, ② 당내에 충분한 경쟁과 민주적인 선거가 있는 점, ③ 기층 당조직과 민중을 긴밀하게 결부시키는 메커니즘이 형성되어 있는 점을 들었다. 또한 싱가포르는 국가 가치관을 재형성하고 서비스형 정부의 건설·발전에 의한 문화적 기초를 확립하며, 신유교(新儒敎)의 '사회 제일(第一), 개인 제이(第二)'라는 핵심적인 공동가치와 민족화해를 제기하고, 사회 안정을 보증하고 있다고 높게 평가했다.[7] 이러한 논의만을 본다면, 마치 싱가포르의 통치 구조 및 방법 자체가 앞으로의 중국이 지향하는 모델로서 상정되고 있는 것처럼 보인다.

'국가자본주의'의 의의와 한계

이 점은 네 번째의 딜레마, 즉 '다원사회와 일당체제 사이의 딜레마'에 어떻게 대응하려고 하는가의 문제와도 연결된다. 경제발전이 지속되고 사람들의 생활수준이 향상되며, 국제상호의존이 심화되고 정보화가 진

---

7 ≪多維新聞≫, 2012.10.23.

전되어간다면 국민이 각각 고유의 가치관과 생활 스타일을 지니게 되며, 발언·행동의 자유를 요구하는 움직임이 늘어나는 것은 당연한 일이다. 빈곤층과 호적상의 이유로 차별을 받았던 사람들이 자신의 권리를 주장하고 정부에 개선을 요구하는 목소리가 높아지는 것도 당연할 것이다. 인터넷에 의한 정보의 보급·전달은 굉장하여 당국이 강력하게 권력을 행사하여 이러한 흐름을 저지하는 것은 어렵게 되었다.

그런데 이러한 움직임을 방치한다면 정치사회의 불안정이 반드시 일어날 것이며, 이는 공산당이 권력을 유지하는 데에도 결정적으로 불리하게 작용할 것이다. 이러한 상황을 회피하기 위해서는 정치안정을 절대적으로 확보하면서 사람들의 요구(needs)에 부응하는 틀을 지향하지 않으면 안 된다.

공산당은 무엇보다도 정치안정을 확보하고 경제발전에 적극적으로 나서는 것을 전제로 삼고 있다. 최근 중국의 논조를 살펴보아도, 시진핑은 경제적 발전을 높게 유지하면서 당을 청렴한 정당으로 만들고, 민중과 더욱 긴밀한 관계를 지니며, 사회적 불평등의 해소에 주력하고 있다는 것을 살펴볼 수 있다. 그렇지만 지향하고 있는 것은 이른바 민주주의적인 사회가 아니라 일당체제를 견지하고 정치안정을 중시한 '싱가포르형 정치체제'라고 볼 수 있다.

물론 싱가포르 모델을 중시하는 것 자체에 의의(疑義)가 제기되지 않는 것은 아니다. 싱가포르는 면적 710평방킬로미터, 인구는 518만 명 정도(참고로 도쿄도 23구의 면적은 621평방킬로미터, 인구는 약 901만 명)의 도시국가로서, 광대한 농촌과 다양한 경제·사회·문화를 포섭하고 있는 중국(면적 960만 평방킬로미터, 인구 13.5억 명)의 제도적인 모델이 될 수 있는가 하는 의문이 생겨나는 것은 당연할 것이다. 당 지도자도 그 점은 잘 알고 있다. 아마도 민주주의적인 틀을 지니면서도 사실상은 일당체제적인 정치체제를 견지하고, 정치사회의 안정을 확보하며 경제성장과 사회복지를 양립시킨다는 의미에서의 체제적인 모델로 고려하고 있음에 불과할 것이다.

앞에서 소개한 우징롄은 한두 걸음 더 나아간 논의를 전개하고 있다. 그는 향후 중국이 취해야 할 방향성에 대해서 "중국은 전지전능한 국가가 사회를 관리할 수 있다는 사고방식을 수십 년에 걸쳐 개혁하고 있는 과정에 있다. 시장의 힘을 조금씩 더하여 경제성장을 실현해왔던 것이다. 그러나 최근 그 걸음이 멈추고 퇴화하고 있는 것처럼 느껴진다. …… 우리가 지향해야 할 것은 국가자본주의가 아니다. 공정한 규칙에 기초한 시장경제를 더욱 도입해야 한다"라고 역설한다.

중국에서는 다음과 같은 논의도 이루어지고 있다. 중국 NGO론 및 시민사회론으로 유명한 왕밍(王名) 칭화대학 교수는 "미래 정치사회의 제도로서 국가가 전면적으로 관리하고 사회 서비스를 제공하는 싱가포르형을 중국에 적용하는 것은 곤란하다. 현재 급속하게 중요한 역할을 수행하게 된 사회·시민을 정책결정과정에 반영시킨 '국가·사회 연대 모델'이 앞으로 가장 중요해질 것이다"[8]라고 논했다.

---

8 2013년 1월 24일, 와세다대학(早稻田大學)에서 진행된 '중국 도시화 연구회'에서의

중국의 정치사회 분야 전문가가 표현해왔던 '강한 국가, 약한 사회'라는 중국의 체제적인 특징이 서서히, 하지만 근본적으로 중대한 변화의 징후를 보이기 시작하고 있다. 중국 당국은 이제까지 '대두하는 사회'를 힘으로 누르며 통제의 강화를 계속 시도해왔다. 그렇지만 그것을 언제까지 계속할 수 있을까? 사회의 대두는 시진핑 정권의 행방에 어떤 중대한 영향을 미칠 것임에 틀림이 없다. 향후 그것을 주의 깊게 살펴보지 않으면 안 될 것이다.

왕밍의 발언 내용.

제 2 장

현대 중일관계

1. 중일관계의 4단계

규모가 확대되고 다면적이 된 중일관계

시진핑 정권 아래에서 대외전략 및 동향을 고려할 때, 가장 중대한 이 슈가 되어온 것이 실제로는 중일관계이다. 왜 그와 같이 판단하는가? 뒤 에서도 살펴보게 될 대미(對美)관계의 기본적인 입장(stance)은 결정되어 있다. 혹은 동남아시아국가연합(ASEAN)을 위시한 주변 국가들, 유럽연 합(EU)과의 입장도 거의 굳어져 있다. 대두하는 중국이 의식적으로 관계 를 변화시키고자 하는 것이 중일관계이다. 센카쿠 사건을 이를 위한 '돌 파'로 삼고자 했던 것은 이미 논했다. 그렇지만 중국 당국이 생각하는 것 과 같은 관계는 아직 이루어지지 않고 있다. 그렇기는커녕 뒤틀려버리면 '외교의 불안정화', '대외관계의 가시(thorn)'가 되어버릴 가능성도 있다.

일본에게도 중국과의 관계를 어떠한 형태로 다시 구축해갈 것인가는 대단히 중요한 이슈이다. 아래에서 중일관계를 역사적으로 총괄하는 것을 시도해보도록 하겠다. 1972년 국교정상화 이래의 중일관계를 되돌아보면, 우호·협력·상호의존의 관계를 심화하는 한편으로 불신·대립의 역사를 반복해온 것을 간취할 수 있다.

특히 21세기에 들어서면서부터는 2001년 4월부터 2006년 9월까지의 고이즈미(小泉) 총리 재임 6년 동안 총리의 '야스쿠니 참배'를 둘러싸고 정상회담이 중단되는 등 이른바 '정냉경열(政冷經熱)'의 시대가 계속되었다. 그렇지만 '야스쿠니 참배 문제'로 중일관계가 교착상태에 빠져 있던 고이즈미 정권을 대신하여 2006년 9월에 아베(安倍) 내각이 탄생하고 10월 최초의 외국 방문지로서 중국을 방문했다. 이때 중국 측은 '쇄빙지여(碎氷之旅: 얼음을 깨기 위한 방문)'라고 높게 평가하고 중일 정상 쌍방에서 향후 '전략적 호혜관계'를 구축하는 것이 구가되었다. 이때 이후 중일 정상 간의 교류는 부활하고 이제까지 이상으로 활발해졌다.

예를 들면, 원자바오 총리의 일본 방문(2007년 4월), 후쿠다(福田) 총리의 방중(2007년 12월), 후진타오 국가주석의 방일(2008년 5월), 후진타오 주석의 재차 방일(2008년 7월), 후쿠다 총리의 방중(2008년 8월), 나아가서 민주당 정권하에서 하토야마(鳩山) 총리는 빈번하게 중일 정상회담을 실시했다. 또한 2009년 9월의 유엔 총회에서 하토야마 총리는 후진타오 주석과 회담했으며, 나아가 틈을 두지 않고 한·중·일 정상회담(베이징)을 실현하고, 12월 코펜하겐의 COP15에서는 원자바오 총리와 회담했다.

2010년 핵안보 정상회담(워싱턴)에서는 후진타오 주석과 다시 회담하고, 5월에는 원자바오 총리가 공식적으로 일본을 방문했다. 간 나오토(菅直人) 총리의 취임 이후 2010년 6월 G20 정상회담(토론토)에서 후진타오 주석과 회담했다.

특히 후쿠다 내각 시대인 2008년 5월 후진타오 방일을 맞아 중일 쌍방은「전략적 호혜관계의 포괄적 추진에 관한 중일 공동성명」에 서명했다. 이에 따라, 중일 간의 역사인식 문제는 중대 쟁점으로 다루어지지 않고 에너지 절약, 환경 대책, 경제 관계의 긴밀화 등이 추진되었다. 동중국해 해저 가스전 공동개발도 대체적으로 합의되었고, 종합적으로 중일관계는 한 단계 상승했던 느낌이 있었다. 나아가 하토야마 내각 시대에 들어서 외교 전략으로서 '동아시아 공동체의 구축'을 재차 제창하고 기존의 미국 일변도로부터 '아시아·중국 중시 외교'로의 전환을 명확하게 보였다. 기존에 상호불신의 상징이기도 했던 안전보장 대화도 2007년 8월의 중일 국방장관 회담의 실현으로 돌파하고 이후 크게 진전되고 있다. 그 이후 양국 함정의 상호방문, 고위급 교류(중국 국방부장의 방일, 일본 방위대신의 방중 등), 청년 간부의 상호 방문 등이 실시되었다. 또한 2009년에는 제11차 중일 안보대화가 행해져, 중일 쌍방의 안전보장 정책 등에 대해서 솔직하게 논의했다.

그렇지만 뒤에서 논의하는 바와 같이 2010년 9월의 '센카쿠 근해 중국 어선 충돌 사건' 이후 중일의 상대측에 대한 감정은 일본 측의 경우 극단적으로 악화되고, 중국 측도 일본과 같은 정도는 아니지만 악화되는 경향을 보이고 있다. 최근에는 중일관계의 규모가 확대하는 것과 동시에 질적인 측면도 변화하기 시작해 다면화된 것으로 보인다. 왜 그와 같이 말할 수 있는가? 왜 그러한 변화가 일어났는가? 이러한 문제의식을 토대로 하여 이 장(章)에서는 중일관계를 역사적으로 정리하면서, 현 단계 중일관계의 특징을 필자 나름대로 분석하고 미래를 전망해보고자 한다.

네 단계의 전환기를 거쳐 온 중일관계

1972년에 중일 국교정상화가 이루어졌다. 그 이후의 시대를 네 단계로 구분한다면 2000년대 10년간의 중일관계는 '제4단계'에 위치한다고 이해할 수 있다.

① 제1단계

제1단계는 1972년의 국교정상화로부터 거의 1970년대를 관통한 시기라고 볼 수 있다. 중국이 문화대혁명을 종결짓고 유엔에 등장한 후 닉슨 방중에 의해 미중 접근 등 국제사회와의 관계를 심화시키기 시작한 당초에, 중일의 국교가 회복되고 그 이후에는 이른바 '우호인사의 왕래'를 축으로 교류가 추진되었다. 일반인 수준의 폭넓은 교류는 아니었지만 장래의 중국 무역·교류를 내다본 중국어 학습에 대한 관심이 높아지고 '제1차 중국 붐'이 일어났다. 중국에서도 1970년대 말에 덩샤오핑이 실권을 장악하고 마오쩌둥의 혁명노선으로부터 근대화를 지향하는 개혁·개방노선으로의 방향성이 제기되고 일본의 대중(對中) 경제협력의 기초가 형성되어 중일관계가 전향적으로 파악되고 비교적 순조롭게 추이했던 단계였다.

② 제2단계

제2단계는 1980년대에 개혁·개방노선이 본격적으로 시작되고 일본도 대중 ODA의 제공 같은 본격적인 지원에 나서는 등 이념과 정치 우선의 교류에서 경제 중심의 교류가 추진되었다. 이 시기는 '역사교과서 문제', 나카소네(中曾根) 총리의 '야스쿠니 공식 참배 문제' 등 삐걱거리는 측면도 보였는데, 후야오방(胡耀邦) 총서기는 '일본 청년 2,000명 초대' 등 적극적인 '중일 우호 교류'를 추진했다. 나카소네 총리도 후야오방 총서기와의 특별한 관계를 중시하고 중국을 위시한 아시아 근린 국가들의 국민감정을 배려하여 '공식 참배'를 중지하는 것 등에 의해, 기본적으로 중일관계는 순조로운 발전을 보였다. 일본인의 중국에 대한 감정은 대단히 좋았고, 내각부[內閣府, 당시에는 총리부(總理府)]에 의해 매년 실시된 여론조사에서도 '중국에 친근감을 느낀다', '중일관계는 양호하다'라는 항목에 대해서 실제로 60~70%가 긍정적으로 대답했다. 제1단계 및 제2단계는 '양국 간 관계로서의 중일관계'가 기본틀이며, 더 자세히 보면 일본이 중국에 어떻게 할 것인가 하는 '일본으로부터의 중국'의 일방향 벡터가 주된 흐름이었다.

③ 제3단계

제3단계는 1990년대인데, 전년인 1989년에 일어난 천안문 사건은 일본인의 뜨거운 대중 감정에 찬물을 끼얹는 결과를 가져왔다. 그렇지만 그럼에도 천안문 사건 이후 가이후(海部) 총리가 주요 7개국(G7) 정상회담에서 제창한 '중국을 국제사회로부터 고립시키지 말자', '세계의 속의, 아시아 가운데의 중일관계'라는 인식이 확산되었다. 이른바 '국제사회 속의 중일관계'라는 인식이다.

이에 따라 서방측으로부터의 경제 제재를 받고 있었던 중국의 고립화에 제동이 걸렸다. 1992년에는 중일 국교정상화 20주년을 기념하고 일왕의 최초 방중이 실현되어 '중일 2,000년의 역사 가운데 가장 좋은 해'라고까지 언급될 정도였다. 그렇지만 그 이후 부상(浮上)하는 중국에 대한 경계감이 강화되는 것과 동시에, 일본은 '버블 붕괴'에 의한 경제 혼조라는 장기간의 방황이 시작되었다. 무엇보다도 중일 경제관계 자체는 순조롭게 발전했고, 중일 간의 무역총액은 매년 사상 최고를 경신하며 1999년에는 860억 달러로 1991년의 약 4배가 증가했다. 중일관계의 기본은 이 단계에서도 'ODA 원조를 어떻게 할 것인가', '역사 문제에서 일본이 어떻게 대응할 것인가' 등과 같이 '일본으로부터 중국'의 벡터가 주축이었다.

그러나 중국의 고성장이 시작되었던 1990년대 후반 무렵부터 중일관계에는 새로운 상황이 발생했다. 중국은 계속되는 경제성장에 더하여 군사력의 대폭적인 강화, 나아가서는 '대국의식'이 높아져 중국의 국제적 존재감은 대폭 증가되었다. 2003년부터 시작된 북한 핵문제 처리를 둘러싼 중국 이니셔티브의 '6개국 협의' 등은 그 전형적인 사례이다. 실로 중일관계는 '일본으로부터 중국', '중국으로부터 일본'이라는 쌍방향 벡터가 충분히 움직이게 되었던 것이다. 이를 제4단계라고 부를 수 있다.

제4단계에 해당하는 현재의 중일관계: 세 가지의 증대

그렇다면 제4단계의 중일관계의 특징은 어떠한 것일까?

여기에서는 '세 가지의 증대(增大)'로부터 특징을 부여하고 싶다. 즉 ① 규모의 증대, ② 다양성의 증대, ③ 복합성의 증대이다.

여기에서 감히 양해를 얻어두고 싶은 점이 있다. 고이즈미 총리 시대의 '정냉경열(政冷經熱)'의 중일관계는 확실히 냉랭해져 양국은 대립했다. 그렇지만 이 시대를 중일관계의 역사적인 문맥 가운데에서 파악하면 특별한 한 시대라고는 생각되지 않는다. 전체적인 변화의 흐름으로부터 본다면 1990년대 후반 이후의 큰 흐름에 정합적이기 때문이다.

나아가서 첨언하자면 그 이후의 아베 총리 방중 이래, 양국 정상의 상호방문도 거듭되고, '전략적 호혜관계'는 한 단계 추진되어 그러한 의미에서의 '정냉(政冷)'으로부터 '정열(政熱)'로의 큰 전환이 보였다. 한편으로 경제 교류에 눈을 돌려보면, 2008년의 '독약 혼입 만두 사건'을 계기로 한 식품을 위시한 중국제품에 대한 심각한 불신감이 일본 소비자 사이에서 확대된 부분적인 '경냉(經冷)' 상태가 발생해왔다.

2010년 가을의 센카쿠 사건 발생 전까지의 시기는 이른바 '정열경냉

(政熱經冷)'이라고 할 수도 있을 정도로 정치인의 교류가 왕성했던 시기이기도 했다. 그렇지만 다른 한편으로 중국에 대한 '대국화', '일당 독재' 등에 의한 정치 불신은 강하고 동시에 경제적 상호의존은 일단 추진되고 있다. 그런 의미에서는 '정냉경열(政冷經熱)'의 상태이기도 하다.

즉 단순하게 '정냉경열(政冷經熱)', '정열경냉(政熱經冷)'이라는 용어로 표현할 수 없을 정도로 중일관계는 복잡성을 더해가고 있다. 또한 제4단계는 긴밀화된 관계이기 때문에, 여태까지 논의의 대상이 되지 못했던 문제였다고 해도 지금은 대단히 폭발력 있는 심각한 문제로 비화된다. 감정 수준, 정치 수준, 혹은 경제 수준 등에서 여러 문제가 분출되고 있다. 필요한 것은, 논점을 하나로 정리하면서 동시에 그러한 것을 전체의 큰 틀 속에서 파악하는 것이다.

2. 경제관계의 다면화와 군사력의 증대: 규모의 증대

대두하는 중국, 동요하는 일본

제4단계 중일관계의 특징을 좀 더 구체적으로 살펴보도록 하겠다. 우리가 이 단계를 고려할 때에 우선 지적하지 않으면 안 되는 것은 대두하는 중국에 대해 일본의 입장이 동요하고 있다는 사실이다. 동요가 상징적으로 의미하고 있는 것은, 단순화하여 말하자면 '위협론'과 '특수(特需)·이익론'의 교착이다. 이러한 두 가지의 논의는 오늘날 무엇보다 늘어나고 있는 것처럼 보인다. 특히 '위협론' 가운데 포인트가 되는 것은 말할 필요도 없이 경제력과 군사력의 위협이다.

중국의 경제력 급증은 말할 필요도 없는 것이지만, 잠시 수치를 제시해보도록 하겠다. GDP에서 2000년에 처음으로 1조 달러를 넘어섰다. 당시 주룽지(朱鎔基) 총리는 10년 후에 GDP 규모를 2배 증가시킨다는 목표를 제시했다. 그런데 5년 후 GDP 2조 2,359억 달러(실질 성장률 10.4%), 무역 총액 1조 4,219억 달러, 외화준비고 8,215억 달러에 달해 주룽지의 목표를 겨우 5년도 채 되지 않아서 달성했다.

이러한 추세는 그 이후에도 쇠퇴하는 기미를 보이지 않고, 2007년에 GDP는 3조 2,800억 달러(전년 대비 11.4% 증가), 무역총액은 2조 1,738억 달러, 외화준비고는 세계 제1위로 1조 5,302.8억 달러, 무역 흑자는 2,622억 달러로 전년 대비 7.7% 증가했다. 이러한 추세로 인해 2002년 제16차 당대회 장쩌민 총서기의 '정치보고'에서 선언한 목표인 '2020년에 2000년의 4배 증가', 즉 4조 달러를 넘는다는 목표를 2008년에 가볍게 돌파하고 2010년에는 GDP가 무려 5조 9,300억 달러 정도가 되었다.

2020년에는 미국을 제친다?

2010년은 중일관계를 고려하는 데에 큰 전환점이 된 해였다. 경제 측면에서 5조 9,000억 달러라는 수치는 일본의 같은 해 GDP가 약 5조 4,742억 달러였다는 점과 비교할 때, 결국 중국이 세계 제2위의 경제대국으로 약진했음을 의미한다. 1968년에 서독을 제치고 GDP 세계 제2위가 되어 42년간 그 지위를 계속 유지해왔던 일본이, 예상치 못한 것은 아니지만 결국 그 자리를 중국에게 넘겨주었다. 그런데 한 걸음 더 나아가, 앞에서 다루었지만 후안강 칭화대학 교수는 2020년에 GDP에서 미국을 제친다는 강경한 예측을 발표했다.[1]

격차 확대, 환경 심각화 등 다양한 문제가 지적되지만, 중국에 대한 해외로부터의 직접투자는 여전히 높은 수준을 유지하고 있다. 또한 내륙 지역을 중심으로 고속철도와 고속도로, 공수(空輸) 등 유통 인프라의 정비도 급속하게 추진되고, '세계의 공장'으로서의 존재감은 더욱 증대되는 경향에 있다. 제조업뿐만 아니라 금융업에서도 약진은 현저하다. 2008년 여름의 '리먼 쇼크'로 발단된 세계 금융위기 이래 침체를 계속하고 있는 선진국 경제를 거들떠보지도 않으며, 중국은 착실하게 '세계의 시장'으로서 실적을 쌓아가고 있다.

중국의 구매력 급증 상황을 간략하게 살펴보도록 하겠다. 수입 총액은 2000년의 2,251억 달러에서 2011년에는 1조 7,434억 달러로 약 8배가 급증했다. 이미 미국에 이어서 세계 제2위의 수입 대국이다. 중국의 연간 수입액에서 1억 달러가 넘는 수입 상대 국가 및 지역의 수는 2000년의 65개에서 2011년에는 120개로 다양해지고 있다. 일본으로부터의 수입은 2000년의 415억 달러에서 2011년에는 1,946억 달러로 증가하여 중국 제1위의 수입 상대국이 되었고, 일본의 지속적인 성장을 위해 중국에 대

---

1 ≪中國內外動向(旬刊)≫, 2011.1.31., p.4ff.

한 수출은 불가결한 사항이 되었다. 한국, 아세안(ASEAN) 등 다른 아시아 국가들, 미국, 유럽연합(EU) 등도 모두 무역 상대국 제1위가 중국이다.

초강대국으로서 군림해왔던 미국도 저하되는 자국 경제의 회복을 위해 고전하고 있으며, 인민폐(RMB) 절상과 대폭적인 무역적자의 개선을 요구하는 등 중국과의 무역 불균형 시정을 최대의 경제 과제로 삼지 않을 수 없게 되었다.

중일 무역의 증대

일본의 대중(對中) 관계로 좁혀서 보면 어떨까? 대중 무역 특수(特需)·이익론이 그동안 흔히 제기되어왔는데, 이것도 실감나게 이해할 수 있다. 일본의 경기는 '버블 붕괴'에 의해 1990년대 후반 이래 혼조세가 현저해지고 '잃어버린 10년'이라고 일컬어지기도 하는 장기 불황이 계속되었는데, 결국 2003년 무렵부터 회복 기조로 전환되었다. 이것은 고이즈미·다케나카(竹中) 라인이 취해온 경제 자유화·구조개혁의 성과라는 견해도 있다. 그런데 대단히 알기 쉬운 것은 대중 수출이 상당한 추세로 늘어났고, 그것이 일본 경기 회복의 최대 요인이 되었다는 것이다. 이것은 부정할 수 없다.

위에서 기록한 '규모의 증대'의 전형은 중일 간의 경제 측면에서의 확대이다. 중일 무역 총액은 2011년까지 '리먼 쇼크' 직후인 2009년을 제외하고 사상 최고 기록을 계속 경신하고 있다. 또한 일본의 무역 총액에서 차지하는 중국의 비중도 비약적으로 계속 증대하고 있다. 잠시 구체적으

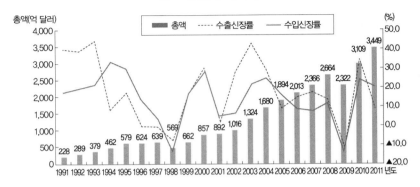

그림 2 **중일 무역의 추이**

로 살펴보면, 2003년에 1,300억 달러를 넘고, 나아가 중국·홍콩·타이완을 합친 이른바 '중화권'과의 무역이 처음으로 일본과 미국 간의 무역총액을 상회했다. 2004년에도 대중 무역은 대폭적으로 신장되고, 결국 중국·홍콩과의 무역만으로 일본의 무역 총액 가운데 20.1%를 차지하여 미일 간의 무역의 비중인 18.6%를 초월하는 데에까지 이르게 되었다.

이 경향은 가속되어 2005년의 중일 무역은 1,894억 달러로 7년 연속 사상 최고를 경신했고, 나아가 2006년에는 중일 무역 총액이 2,000억 달러를 돌파한 2,073억 달러, 2007년에는 2,366억 달러(전년 대비 12.0% 증가)가 되어, 처음으로 미국을 상회하여 중국이 제1위가 되었다. 2008년 후반의 '리먼 쇼크' 이후 위에서 살펴본 것처럼, 중일 간의 무역도 일정한 영향을 받았지만, 2010~2011년에 대폭적으로 회복 및 증가를 했다.[2]

---

2 일본무역진흥기구(JERTRO)의 최근 발표에 따르면, 중일 간의 무역 규모는 2012년에 3,337억 달러, 2013년에 3,119억 달러에 이르고 있다. _ 옮긴이 주

2008년 1월에 발표된 '독약 혼입 만두 사건'을 통해 중국 식품이 일본의 식탁에 얼마나 큰 영향을 미치고 있는지가 확인되었고, 양적으로뿐만 아니라 질적으로도 심각해졌다는 것을 알 수 있다. 그러한 의미에서 중일 경제의 상호의존적인 관계는 이미 분리할 수 없는 단계로까지 발전되고 있다고 판단해도 좋을 것이다.

급속도로 추진되고 있는 군사력의 증강

경제 교류에 이어서 주목되는 것은 말할 필요도 없이 군사력의 증대이다. 1990년 이후 일관되게 중국의 군사력은 대폭적으로 증강되어왔다. 1990년에서 2009년까지 공표된 군사비만으로도 전년 대비 연속 두 자릿수의 상승을 계속해오고 있으며, 인민해방군의 군사력은 급속도로 증강되어왔다.

공표된 국방비는 1991년에 62억 달러였는데, 그 이후 전년 대비 두 자릿수 증가를 연속하여 실현했다. 2007년에는 전년 대비 19.47% 증가한 약 600억 달러로 이미 일본의 약 450억 달러를 크게 초월했다. 2010년의 중국 국방비는 5,321억 위안(약 814억 달러), 그 신장률은 전년 대비 7.5%로 22년 만에 한 자릿수에 머물렀다. 그렇지만 2011년의 정부 예산에서는 다시 12.7%로 두 자릿수의 신장률로 회복했다. 또한 2009년의 군사 퍼레이드에서 드러난 최신예 대륙간 탄도미사일(ICBM)과 총액 2조 엔에 달한다고 알려져 있는 중국산 항공모함 건조 관련 비용 등은 들어가 있지 않다. 현대화를 추진하고 있는 중국군은 신형 전투기, 첨단기술 무기,

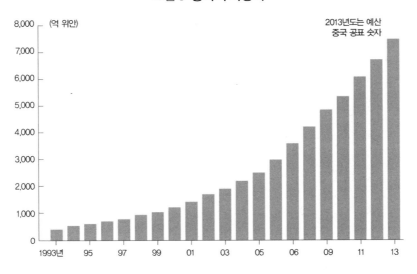

그림 3 **중국의 국방비**

대량파괴무기, 장·단거리 미사일의 개발에 주력해왔다. 이에 더하여 원자력 잠수함의 배치, 항공모함의 건조 등 해군력도 비약적으로 증강되어 왔으며, 지금은 군사력도 미국 다음으로 세계 제2위의 군사대국이 되었다는 평가가 이루어지고 있다.

2011년, 결국 국방비는 1,000억 달러를 넘었다. 또한 2013년 봄 전국인대에서 공표된 국방 예산은 전년 대비 10.7% 증가된 7,406억 위안 (1,196억 달러)이 되었다.[3] 서방측의 군사관계 전문기관 및 연구소는 중국의 수치는 불투명한 부분이 많다고 보며, 실제의 군사비는 공표된 수치의 2~3배라고 추계하는 경우가 많다. 또한 타이완의 대안(對岸)에 대량의

---

3   2014년 3월, 전국인대에서 공표된 2014년도 국방 예산은 전년 대비 12% 증가된 8,082억 위안이었다. _ 옮긴이 주

미사일 배치(단·중거리 미사일 1,000발 이상), 해군력 강화로 센카쿠 열도에 대한 영유권과 동중국해의 권익을 둘러싼 분쟁에 대한 대처능력의 향상, 장거리 미사일 ICBM의 개발이 추진되어 가까운 미래에 실전 배치될 것으로 서방측 전문가 소식통은 내다보고 있다.

위에서 살펴본 것처럼 군사적 능력은 미국 다음으로 세계 제2위의 규모라는 평가가 늘어나고 있고, 최근 수십 년 동안 중국의 경제력과 군사력의 급격한 신장 추세는 부정할 수 없는 사실이다.

중국의 국력 증강은 경제·군사 영역에 멈추지 않는다. 2009년 상반기에 한반도선진화재단[4]은 세계 주요 20개국 및 지역(G20)의 종합국력에 대해서 조사한 '보고서'를 발표했다. '보고서'는 기초 국력(국토·인구 등), 국방력, 경제력, 과학기술력, 교육력, 정보력, 환경관리력 등 하드 파워(hard power) 분야의 7개 항목 및 국정관리력, 정치력, 외교력, 문화력, 사회자본력, 거시 변화 대응력 등 6개 항목의 소프트 파워(soft power) 관련 총 13개 항목으로 조사가 이루어졌다. 제1위는 미국으로 69.15점이었다. 그다음으로 중국 54.73점, 일본 53.45점, 영국 53.05점, 독일 52.92점, 프랑스 52.16점이었고, 한국은 48.56점으로 13위였다. 여기에서 미국과 중국이 각각 제1위와 제2위를 차지하고 있는 것은 G2 시대의 도래를 인상지우는 것이었다.[5]

4　한반도선진화재단은 2006년에 설립된 비(非)정파적 민간 싱크탱크이다. _ 옮긴이 주
5　"대한민국의 종합국력 분석," ≪조선일보≫, 2009.8.1.

이러한 문맥을 감안해본다면, 실제로 중일관계는 개별 양국 간 관계로부터 보는 것이 아니라 폭 넓게 아시아 혹은 아시아·태평양이라는 지역 가운데에서 파악하는 것이 제일의(第一義)적으로 중요해졌다. 그 가운데에서 최대의 문제가 되는 것이 미국과의 관계이다. 겉으로는 '협조적으로 하며, 리더십 경쟁은 하지 않는다'라고 하면서도 실질적으로는 상호 간의 경계감은 매우 강하게 존재하고 있으며, 이것을 어떻게 재고할 것인가가 중대한 테마가 되고 있다.

3. 미국과 중국의 미묘한 관계

친밀해지는 미중관계

　　여기에서 2000년 이후의 미중관계를 잠시 되돌아보도록 하겠다.

　　2001년 클린턴(B. Clinton) 다음으로 대통령이 된 부시(G. W. Bush)는 당초 중국을 '전략적 동반자'로 간주했던 전임 클린턴 정권을 비판하고 '전략적 경쟁자'로서 중국에 고자세로 임했다. 2001년 4월 1일, 미국 정찰기 EP-3와 중국 전투기 J-8이 공중에서 충돌하는 사고가 발생하여 EP-3은 큰 손상을 입고 하이난다오(海南島)에 긴급 착륙했는데, 승조원 전원이 중국군에 의해 구속되었다. 이 사건은 양국이 냉정하면서도 서로 간에 체면을 세우면서 처리했기 때문에 '중대 사안'에 이르게 되지는 않았지만, 관계는 악화되었다.

그런데 2001년 9월 11일, 뉴욕의 세계무역센터와 워싱턴 DC 등에서 이슬람 과격파에 의한 '동시 다발 테러'가 발생했는데, 이에 대해서 중국은 미국에 적극적인 지원 및 공동투쟁의 의사를 보였다. 이를 통해 미중 관계는 일거에 개선되었다고 볼 수 있다. 이라크 전쟁의 진흙탕에서 고통스러워하고 있는 미국에 대해서 중국은 북한문제와 관련하여 '6개국 협의'의 주도권을 취했고, 미국과의 협조를 중시하게 되었다.

2005년에는 친중 성향의 로버트 죌릭(R. Zoellick) 미국 국무부 부장관이 취임하고, 같은 해 9월 미국은 중국이 기존의 국제 시스템의 수익자가 되었다는 것을 인식하고 "향후 미국은 중국을 '책임 있는 이익상관자(responsible stakeholder)'로 간주한다"라고 발언하여 융화적인 자세로 중국에 대해 자제와 대국으로서의 책임 있는 행동을 촉구했다. 이듬해 2006년 4월에는 중국의 국가주석으로서는 처음으로 후진타오가 미국을 방문하여 정재계의 요인과 교류를 심화했다.

2009년 1월, 오바마 정권이 발족하자 바로 신임 국무장관 힐러리 클린턴(H. Clinton)이 아시아를 방문했다. 우선 일본을 방문하고 인도네시아, 한국, 그리고 가장 나중에 중국을 방문했다. 클라이맥스는 방중이었는데, 그런 의의를 존스홉킨스대학의 데이비드 램턴(D. Lampton) 교수는 ① 전략적 상호신뢰의 심화, ② 경제의 안정 유지, ③ 호혜협력의 확대 등의 중대 임무가 있었다고 지적했다.[6] 여기에는 중국을 가장 중시하고 있는

---

6 ≪チャイナネット≫, 2009.2.17.

오바마 정권의 자세가 나타나 있으며, '미중 G2론'에 힘을 더했다.

같은 해 7월, 이제까지 미중 간에 경제 문제를 위한 전략 경제대화와 외교·안보 문제에 관한 대화는 별개로 실시되어왔는데, 이것을 통합하여 격상시킨 '미중 전략·경제대화(U.S.-China Strategic and Economic Dialogue)'의 최초 회동이 워싱턴에서 개최되었다. 미국 측은 클린턴 국무장관과 가이트너(T. Geithner) 재무장관, 중국 측은 거시경제를 담당하는 왕치산(王岐山) 부총리와 부총리급으로 외교 담당의 다이빙궈(戴秉國) 국무위원이 공동 의장이 되었다. 다수의 중요 각료와 중앙은행 총재를 포함한 출석자는 중국 측만 해도 150명에 달해, 양국 간 협의로서는 이례적인 규모였다. 이 최초 회합에서 오바마 대통령은 "미중관계는 21세기의 형태를 결정한다"라고 선언하여 실로 G2 시대의 개막을 연상시켰다. G2론이란 미중 양국이 협력하여 경제로부터 정치, 안전보장까지 글로벌한 중요 의제에 대처하고 세계를 주도해야 한다는 사고방식이다.

미국은 미중 접근을 더욱 확실한 것으로 해야 한다고 하며, 스타인버그(J. Steinberg) 국무부 부장관이 2009년 9월에 '전략적 재보장(strategic reassurance)'이라는 새로운 제안을 했다. 그것은 중국의 대두를 환영하지만 그 대신에 다른 나라의 '안전과 평화(국제 공공재)'를 인정하고 그것을 상호 간에 재확인하는 것이었다. 나아가 그는 중국에 대해서 군사적으로도 '제로섬'(라이벌 관계)으로부터 '윈윈(Win-Win, 플러스 섬)'의 관계가 될 것을 호소했다.

같은 해 11월, 오바마 대통령은 처음으로 중국을 방문하여 후진타오 국가주석과 회담하고 공동성명에서 미중 양국 간 전략적 상호신뢰의 구축과 강화를 강조해서 말했다. 체재 중에 오바마 대통령은 중국 국내의 인권문제와 티베트, 위구르 등 소수민족에 대한 탄압과 대량 학살 등에 대한 비판을 전혀 하지 않고, 중국 측에 대한 배려를 보였다. 그렇지만 그 이후 중국은 난사(南沙) 문제에서 주변 국가들에 군사적 위협을 가하고 구글(Google) 사건, 류샤오보(劉曉波) 노벨평화상 수여에 대한 방해 등 강경한 대외정책을 전개하여, 미국의 불만이 쌓였다.

대립하는 미중관계

미국 정부는 2010년 1~3월에 타이완에 대한 무기 매각을 결정하고, 달라이 라마 14세와 오바마 대통령의 면회, 인민폐(RMB) 절상 등을 요구하여 미중 간의 이해대립이 표면화되었다. 그런데 2011년 1월, 4년 9개월 만에 후진타오 국가주석의 미국 공식 방문이 실현되었다. 2010년에 현저하게 보였던 중국의 강경·적극외교에 대해서 서방측, 특히 미국의 반발이 두드러졌다. 그렇지만 이때의 후진타오 방미에서는 보잉을 포함한 450억 달러의 대형 구매, 대미 투자 32.4억 달러가 합의되었다. 이것은 미국에서 20만~30만 명의 고용 창출로 연결되는 것으로, 사실상 미국이 인권문제, 특히 류샤오보의 노벨평화상 수상 문제에서 적극적으로 비판하는 것을 봉쇄하기 위한 느낌이 있었다. 중국 측은 이러한 미중 정상회담에 대해 '대성공을 거두었다'라고 높게 평가했는데, 미국 측은 신중한 평가에 그쳤다.

같은 해 11월, 미국 국방부는 '에어 시 배틀(Air Sea Battle, 공·해전투)'이라고 불리는 특별 부서를 창설하여, 중국의 군비확장에 대한 새로운 대중 전략의 구축에 나섰다. 같은 시기, 미 의회 자문기구 '미중 경제 안보 검토위원회(USCC)'는 연차 보고서에서 중국이 동아시아에서 유사시에 기습공격과 선제공격으로 미군의 전력을 저하시키고, 일본 주변을 포함한 동중국해까지의 해양권익을 지배하는 전략을 갖고 있다고 지적했다. 또한 남중국해와 동중국해에서의 분쟁에서는 대함 탄도미사일과 순항 미사일에 의해 규슈(九州)-오키나와(沖繩)-타이완-필리핀을 잇는 제1열도선(〈그림 1〉 참조)을 기준으로 방위전선을 취하고 동시에 미군 등을 포함한 타국의 개입을 저지하는 작전이 있다고도 지적했다.

대중협조파인 저명한 중국 외교 전문가 로버트 로스(R. Ross)마저 이 사이의 미중관계를 엄중하게 보고 있다. 즉 신형 무기의 개발 등 급증하는 군사적 힘을 배경으로 중국은 이전보다도 훨씬 막강해졌으며, 새로운 외교 행태(behaviour)는 좀처럼 표현하기 어렵지만 군사력에 대한 의존을 강화하고 있는 것처럼 보인다고 말했다.

한편 미국도 2010년 7월 하노이에서 개최된 아세안지역안보포럼(ARF)에서 클린턴 국무장관이 남중국해에서 미국의 직접 이익, 관심을 강하게 보이고, 인도차이나와 관계 강화를 중시하는 대중 강경 발언을 했다. 또한 한국과의 관계에서도 황해에서 한미 합동연습을 실시하고 중국을 천천히 봉쇄(contain)하려는 움직임이 부상하는 등 이제까지의 30년간의 대중 정책에 역행하는 상황이 나타나고 있어, 미중 간의 미래를 낙

관적으로 전망할 수 없는 상황이다.[7]

적절하게 2011년 11월 중순, 오바마 대통령은 하와이에서의 아시아·태평양경제협력회의 및 인도네시아 발리 섬에서의 아세안(ASEAN) 10개국과 한중일 등 역외 8개국으로 구성된 동아시아 정상회의 등 연달아 중요한 아시아에서의 정상회의에 출석했다. 여기에서 '아시아·태평양 중시'의 국방·외교 전략을 향후 4년 동안 더욱 심화시킬 것을 밝혔다. 2013년 1월에 시작된 제2기 정권의 모두(冒頭)에서도 이러한 외교공세를 더욱 선명하게 하고, 2월에 방미한 아베(安倍) 총리와의 회담에서도 이제까지 이상으로 미일동맹의 강화를 중시하고 아시아·태평양을 전략적으로 중시하는 모습을 보였다.

4. '반일'의 진실

다양성의 증대: 가깝고 거대한 이웃, 중국

이상이 중국의 대두에 따라 발생한 중일관계 및 미중관계의 변화인데, 그것은 다음의 문제와 직접 관련되어 있다. 즉 중국은 통계의 수치상으로 거대함을 느끼게 하는 존재일 뿐만 아니라 혹은 막연하게 거대한 존

---

7 2011년 1월 31일, 와세다대학 현대중국연구소(現代中國硏究所)에서 개최된 '중국 외교 워크숍'에서의 발언 내용.

재감을 느끼게 되는 국가가 아니라, 가까우면서도 커다란 존재로서 급격하게 출현하고 있다는 점이다. 좀 더 단적으로 말하자면, 문자 그대로 '보이는 존재'가 되었기 때문에 다양한 문제가 나타난다. 그것은 기존의 이른바 '깊이 생각하는, 억측의 중일관계'로부터 '직접 서로 접촉하는, 현실의 중일관계'라는 형태로의 변화라고 할 수 있을지도 모르겠다. 아래에서 개인적인 사례를 소개해보도록 하겠다.

현재 필자가 소속되어 있는 와세다대학 대학원 아시아태평양연구과 세미나는 대학원이면서도 방대한 학생을 포괄하고 있으며, 박사 과정과 석사 과정 학생을 합쳐서 매년 45명 전후가 되는 대식구를 이루고 있다. 또한 그 가운데에 주류(majority)는 실제로 중국인이며, 여기에 홍콩, 타이완, 호주, 캐나다, 미국 등의 중국계 사람을 합치면 일본인과 비교해서 상당한 주류가 되어버린다. 일본 대학이면서도 중국인 쪽이 압도적으로 많은 것이 현실이며, 이렇게 되면 이미 '깊이 생각해봐야 하는 중국' 등이라고 말할 수 없다. 눈앞에 있는 '현실의 중국'에 어떻게 관여할 것인가 하는 문제에서 필자의 예는 다소 극단적일지도 모르겠지만, 일본 사회의 가까운 곳에 이러한 상황이 점차 확대되고 있는 것은 사실이다.

매우 흥미로운 것은 필자의 세미나에 참가하고 있는 중국인 유학생의 대다수는 '애니메이션, 만화 세대'라는 점이다. 그 가운데에는 거의 '오타쿠'라고 할 수 있는 학생도 있다. 일본인인 필자가 알지 못하는 유명 애니메이션, 만화와 히어로·히로인의 이름 등을 잘 알고 있다. 그들 중에는 이러한 것을 통해서 일본에 특별한 친근감을 느끼고 일본에 온 이들이 많다.

그러한 그들의 눈에 2010년, 2012년 가을의 '센카쿠를 둘러싼 중일 대립'이 어떻게 비쳤을까? 여름휴가 중에 귀국했던 어느 학생은 가을 신학기에 일본에 오는 것을 부모가 반대했다고 한다. 혹은 아르바이트 근무처에서의 분위기가 왠지 모르게 이상해진 것을 느꼈다는 학생도 있다. 그렇지만 어느 여학생은 2012년 가을의 대규모 '반일시위' 직후에 "선생님, 우리들이 사회에 나가게 된다면 반일의 분위기는 또한 변할 것입니다"라고 매우 당연하다는 듯이 말했다. 이러한 경험 속에서 필자는 새로운 세대의 대일관(對日觀)을 소중하게 여겨야 할 것이라고 생각했다.

중일이 대립하면 논점이 '역사'로 비약한다

이것은 필자가 흔히 강조하는 것인데, '중일 간에 필요한 것은 상호이해가 아니라 상호오해를 어떻게 해결할 것인가이다'라고 할 정도로 중일은 서로 간에 기본적인 부분을 알지 못하고 있다. 알지 못하고 있는 상태로 상당히 다양한 현상이 일어나고 있기 때문에 '오해에 오해를 거듭하는' 결과가 되어버린다.

중일 양국 간의 최대 문제는 상대국의 인식에 대해서 과거와 현재가 단절되어 있는 점, 혹은 정확한 정보가 흐르지 않는 점이다. 실태는 과거와 현재가 연결되어 있다. 그렇지만 일본인이 중국을 볼 때, 중국인이 일본을 볼 때에 과거와 현재가 연계되지 않는다. 현재밖에 보지 않고, 혹은 과거밖에 보지 않는다. 예를 들면, 중국이 일본을 말할 때에는 '전쟁'의 문제가 대부분을 차지하고, "일본은 증오스럽다"라는 결론이 도출되어 버린다.

그런데 현실의 일본에 접해보면, '과거의 일본'과 연계되지 않는다. 그 것을 무리하게 연계하게 되면 예를 들어 2012년의 '센카쿠 사건'과 같이 일본 정부의 '국유화 결정'을 중국 정부가 '일본이 다시 중국 영토에 침략했다', '일본의 군국주의가 부활했다' 등으로 비판하는 것이 된다. 이러한 논리가 자연스럽게 중국 국민들 가운데에서 받아들여져 반일시위로 표출되어진 것이다.

2012년 여름, '언론 NPO'와 ≪차이나 데일리≫의 합동 여론조사 결과 중국인은 '현재의 일본 사회를 어떻게 생각하는가?'라는 질문에 대한 대답에서 1위인 '자본주의 사회이다'(49%) 다음으로 '군국주의 사회로 향하고 있다'라는 대답이 46%를 차지하고 있는 것은 일본인으로서는 놀랄만한 일이었다(복수 회답 방식). 강경한 반(反)중국 발언이 있었다고 해도 혹은 자위대의 명칭을 '국방군'으로 변경하는 움직임과 '집단적 자위권' 승인의 주장이 있다고 해도, 그것이 도대체 어떻게 '군국주의화'가 되는가? 오해의 원인을 더욱 깊게 분석하고, 그 결과를 폭넓게 제기해야 한다고 통감했다. 요컨대 중일이 대립하는 현재의 문제가 단지 약 1세기 전의 '역사'로 비약되고 현재와 연계되는 가까운 과거는 모두 버려지고 있다는 점이다.

1972년의 중일 국교정상화는 일본에서는 광범위한 사람들의 '전쟁에 대한 통절한 반성'을 토대로 중국과 실제로 우호적인 관계를 구축하기를 바라는 사람들의 강한 의식이 반영된 것이었다. 그것은 1970년대 말에 개혁·개방의 근대화 노선으로 방향을 돌린 중국에 대해서 전면적인 협력을 아끼지 않았던 일본 각계 인사들의 자세에도 반영되어 있던 것이었다. 대다수의 일본인이 중국과의 관계를 더욱 우호적이며 긴밀히 하고 싶다고 바라고 있는 사실이 왜 전해지지 않는 것인가? '센카쿠'라는 작은 섬의 문제를 대국(大局)을 좌우하는 논점으로 삼지 않기 위한 '지혜'를 왜 서로 내놓을 수 없는 것인가? 필자로서는 정말 답답할 뿐이다.

'현재의 현실' 속에서 갑자기 '과거'가 분출한다든지 혹은 어떤 종류의 '정형화(스테레오타입)된 억측'이 감정으로서 분출된다. 그것은 일본인의 '중국은 무섭다'라는 억측 혹은 중국인의 '일본의 침략에 대한 감정적인 동요'로 연결되는 것이다.

다양화하는 중국인의 대일 감정

중국인의 대일 감정을 어떻게 해석할 것인가를 생각해보도록 하겠다. 여기에서도 위에서 언급한 '다양성의 증대'라는 핵심어(key word)를 통해서 논의를 전개하겠다.

그 전에 우선 조금 소급하여 중국인의 대일 인식을 정리하겠다. 중국의 대일 감정은 악화일로에 있는 것만은 아니다. 그 변천을 한마디로 표현한다면 아마도 감정의 다양화, 다른 표현으로 하자면 '대일 이미지의 유동화'라고 할 수 있을지도 모른다.

2004년 9월 말 '고이즈미 총리의 야스쿠니 참배 문제'를 둘러싼 TBS 〈뉴스 23〉이라는 프로그램에서 중일관계 특집을 방송했는데, 말미에 지쿠시 다쓰야(筑紫哲也) 씨와 대담을 했다. 거기에서 필자가 강조했던 것은 이 시기 중국에서는 반일 감정, 일본에서는 반중 감정이 폭발하고 있는 것처럼 보이지만, 우리는 그것만을 보아서는 안 된다. 중국의 정치인, 재계, 학계 수준에서의 대일 감정은 다양해지고 있다. 전략적인 것을 고려하는 사람, 감정론에 휩싸이는 사람, 중국을 둘러싼 국제사회를 경계하며 파악하는 사람, 협조적으로 파악하는 사람 등 다양한 입장이 존재한다. 이러한 중국 지식인의 상황을 도식적으로 설명한다면 '대일 강경·감정적 반발론'과 '대일 중시·협조, 중일연대론'이라는 두 개의 입장이 있으며, 이 양방이 팽창하고 있는 것이 오늘날의 상황이라고 생각해야 한다. 나아가 일반 수준에서는 무관심층이 다수파가 되고 있다. 이러한 3개의 벡터가 전체로서 팽창하고 있는 것이 대일 감정의 특징이라고 분석했다. 동 프로그램의 마지막에 TBS와 중국 측이 공동으로 실시한 설문조사의 결과가 제시되었는데(필자는 사전에 알지 못했다), 실제로 중국인의 대일 감정의 3그룹화 현상이 상당히 현저하게 나타났다.

중국사회과학원 일본연구소가 계속적으로 실시했던 대일 의식조사가 있다. 거기에서 2회째가 되는 조사는 2004년 9~10월간에 행해졌는데, 그 결과 전회인 2002년의 조사에 비해서 중국인은 '일본에 친밀감을 느끼지 않는다'라는 의식이 명백히 강해졌다. 예를 들면 '매우 친밀감을 느낀다', '친밀감을 느낀다'라고 답한 합계의 비중은 5.9%에서 6.3%로 약간 상승했을 뿐이며, 다른 한편으로 '전혀 친밀감을 느끼지 않는다', '친밀감을 느끼지 않는다'라는 답변은 43.3%에서 53.6%로 대폭 증가하여, 절반 이상의 중국인이 일본에 친밀감을 느끼지 않는 것으로 조사되었다. 같은 시기의 여론조사 결과를 보면 당시에도 전혀 다른 조사 결과가 나오고 있다.

예를 들면, 같은 중국사회과학원에 있는 '신문과전파연구소(新聞與傳播研究所) 조사센터(CRC)'·'베이징세연신식자순(北京世硏信息咨詢) 유한책임공사'의 합동 '대일 여론조사'(2004년 10월 실시, 샘플 수: 베이징 800개, 상하이 800개, 광저우 800개, 시안 600개, 선양 500개, 청두 500개 등 총계 4,000개) 결과는 반일 기운이 높았던 당시에도 반일은커녕 중일관계는 비교적 좋고 또한 '호전'되었다고 판단한 목소리가 다수를 점하고 있었다. '일본이 좋습니까, 싫습니까'라고 물었을 때, '중국인의 60%는 일본을 싫어하지 않는다'라는 수치가 결과로서 나왔다.

악화되는 대일 감정

2007~2008년의 다양한 교류를 통해서 중일관계는 크게 개선되었다. 중국인의 반일 감정 문제도 이 기간은 가라앉았다. 그렇지만 반일 감정은 어떤 의미에서 중일관계를 확실히 하기 위해 피할 수 없는 근본적인 문제이다. 2002~2005년에 빈발한 격렬한 반일 감정의 폭발, 나아가 2010년 가을 및 2012년 가을에는 이제까지의 규모를 대폭적으로 상회하는 기세로 대규모 반일시위가 전개되었다. 이러한 과정을 거친 중국인의 대일 감정은 확실히 다시 악화되는 경향에 있다.

그 방증으로서 앞에서 언급한 '언론 NPO'와 ≪차이나 데일리≫의

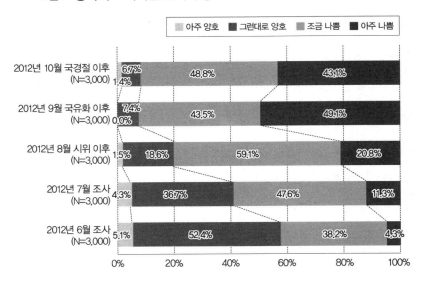

그림 4 중국의 소비자는 현재의 중일관계를 어떻게 평가하고 있는가

2012년 6월 공동 여론조사에 의하면, 일본인의 '중국에 대한 인상'은 대폭적으로 악화된 전년보다도 더욱 악화되었다. '좋지 않다'라는 회답이 전년의 78.3%에서 84.3%로 증가하고, 반일시위가 빈발한 2005년의 수준마저 상회하여, 과거 8회의 조사 가운데에서도 최악이었다. 또한 현재 상태의 중일관계에 대해서 '나쁘다'라는 회답은 일본에서 53.7%, 중국에서 41.0%에 달하여 양국 국민 모두 전년보다도 인식이 악화되고 있다. '센카쿠 열도 근해 중국 어선 충돌 사건'의 충격은 그 이후에도 꼬리를 물고 있다고 말하지 않을 수 없다.

그럼에도 중국 측도 관계 개선을 위한 움직임을 보이고 있으며, 일방적인 관계 악화가 출현하고 있는 것만은 아니다. 2011년 1월 중순, 필자가 참가했던 중국외교학회와의 중일관계 심포지엄에서도 '핵심적 이익'을 '타이완, 티베트, 신장(新疆) 문제'로 한정하여 사용하고, 그 이상으로 확대하지 않는다고 중국 외교부의 고관이 몇 차례나 걸쳐 강조했다. 같은 회의에서 중일관계와 관련해서 중국 측의 분위기는 9월 센카쿠 사건 이전의 상태로 돌아갔다고 명확하게 말하기도 했다.

이와 같은 외교, 대일 정책 측면에서의 유연한 노선이 두드러지게 되어, 일정한 기간 안정된 상태가 계속되었다. 그럼에도 중일 쌍방의 상대 측에 대한 감정은 2010년의 사건 이후 2011~2012년에 악화되고 있다. 〈그림 4〉는 그 일단을 보여준다.

그러나 2012년 11월 말~12월 초에 사치나종합연구소와 일본 리서치센터가 공동으로 행한 중일의 상대에 대한 감정 조사 결과에서는 중국인의 인식 가운데 71%는 '일본이 좋다', 31%는 '신뢰할 수 있다'라고 회답하여 감정적으로는 결코 최악의 사태가 아니라는 것을 살펴볼 수 있었다. 오히려 일본인 쪽이 '중국과의 관계 발전이 필요하다'고 보는 견해가 60%에 달했음에도 '중국이 좋다'는 6%, '중국은 신뢰할 수 있다'는 5%로 낮은 수준에 머물러 있음이 밝혀졌다.

반일의 심리구조

그렇다면 이러한 것을 통해 반일의 심리구조를 어떻게 생각해야 할까? 이에 대해서는 확실히 인식하지 않으면 안 된다. 여기에서는 기본적인 요인에 관한 해석을 제시해보도록 하겠다.

첫째, 장쩌민 시대에 강조된 반일 교육의 결과, 특히 각지에 세워진 항일기념관 등이 반일 감정을 선동했다고 보는 논조가 많다. 그렇지만 주의하지 않으면 안 되는 것은, 반일 교육은 줄곧 앞에서부터 행해져 왔던 것으로 1990년대에 처음으로 실시되었던 것이 아니라는 점이다. 반일 교육에는 정통 이념으로서 국민통합의 효력을 상실한 공산주의 사상을 대신하여, 적어도 일본제국주의의 침략에 저항하고 국가의 독립과 민족의 통합을 실현하고 중화민족을 구했던 것이 공산당이라는 정통성을 가르치는 것이 기본이 되고 있다. 민주주의 국가에서는 국민의 투표 행동을 통한 선거에 의해 다수를 쟁취한 정당에 정권을 위임한다. 이러한 절차가 권력의 정통성을 담보하지만, 중국에는 그러한 정통성을 담보하는 정치적인 회로가 존재하지 않는다.

중국공산당이 스스로 집정의 정통성을 주장할 때에 장기간의 혁명 투쟁 가운데 "열강·제국주의의 침략과 싸워서 중화민족을 해방시키고 중국의 독립을 성취했으며, 그 핵심 자체가 우리 공산당"이라는 '역사적 사실'을 반복하여 강조함으로써 정통성의 근거로 삼고 있다. 그 전형적인 구체적 사례 자체가 '항일전쟁에서의 승리'인 것이다.

오늘날 중국 젊은이들의 반일 감정 폭발을 고려할 때, 1995년의 항일전쟁 50주년 전후로 장쩌민이 애국주의 교육을 철저하게 행했던 것의 영향을 무시할 수 없으며, 그 이후에도 반일 애국주의 교육은 계속되고 있다. 일본에 거주하는 젊은 중국인들에게 그것을 물어보면, 끊임없이 반일 드라마와 영화가 방송되고, 학교에서부터 항일기념관 참관이 의무로

되어 있어서 일본인을 증오하는 감정이 발생하는 것은 어쩔 수 없다고 한다. 물론 그것만으로 설명할 수 있을 정도로 중국인의 대일 감정은 단순하지 않다. 당의 '정통성'이 흔들리고 있다는 그 자체가 역사 교육을 중시할 수밖에 없는 측면도 있다.

'반일 심리'의 두 번째 특징은 개혁·개방노선을 계속 추진하여 지속적으로 경제적 급성장을 하게 된 결과, 2000년대 초 무렵부터 중국이 세계의 경제대국, 나아가서는 군사대국으로 불리게 되어, 그것에 따라 민족주의적인 '대국주의적 감정'이 발생하고 팽창되고 있다는 점이다. 특히 19세기 후반부터 20세기에 걸친 근대사는 중국에서 '굴욕의 역사'라고도 불려왔다. 또한 민족 감정으로 말하자면, 중화의 문화를 향유하여 성장해왔던 일본이 가장 일찍 아시아에서 근대적인 '부강 대국'이 되고 중국을 또한 유린했다. 이러한 맥락에서 "바로 지금 중화민족으로서 그 굴욕을 씻어야 할 때이다"라는 내용의 반일 감정이 대두하고 있다.

체제에 대한 불만이 '반일시위'로서 나타난다

세 번째의 특징은 재차 뒤에서 다루게 되겠지만, 중국 국내의 사회 불안 혹은 체제 불만에 대한 울분이다. 이 문제는 최근 몇 년간 각지에서 민중의 항의 활동이 급증하고 있는 점으로부터 알 수 있듯이 점차 심각해지고 있다. 현재까지는 사회적 불만의 분출에 대해서 당근과 채찍으로 억제해왔지만 종래의 방법만으로는 어려워지고 있다.

민중이 불만을 표현하는 방법도 교묘해지고 있는데, 중국에서는 체제를 직접 비판할 경우에 당국에 의해 체포된다. 이에 따라 '일본 비판'이 자주 이용되었다. 예를 들면, 2003년 시안(西安)의 시베이대학(西北大學)에서 발생한 '일본 유학생의 지나친 장난 촌극 사건'을 계기로 순식간에 확산된 시내의 일본 요리점에 대한 습격은 심각한 실업, 격차 등에 대한 불만이 반일시위라는 형태로 나타난 것이기도 했다. 2010년 10월 중순 내륙 지역을 중심으로 한 반일시위도 사회적 불만의 폭발이라는 측면을 부정할 수 없다.

중국의 민중이나 정권 측 모두에게 '반일'이 자주 '불만 폭발'과 '가스 배출'의 미묘한 수단이 되어왔다. 그렇지만 후진타오 정권은 그것이 일본 측의 강한 불만과 비판을 유발하는 것으로 이해하고 있으며, '반일'이 중일관계를 손상시키고 나아가서는 중국의 이익을 손상시킨다는 강한 인식을 갖고 있었다.

그 증좌로서 들 수 있는 것이 2008년 1월에 일어난 허베이성(河北省)에서의 '독약 혼입 만두 사건'의 전말(顚末)이다. 종래라면 사건의 진상은 흐지부지된 채 은폐될 가능성이 높았지만, 베이징 올림픽 중에 이 문제의 새로운 사실관계가 중국 측으로부터 발표되어, 사태의 해결을 향한 움직임이 나타났다. 물론 이러한 냉정한 대응이 아직 미숙한 단계에 있다는 것은 그 후의 반일시위로부터도 부정할 수 없다. 그렇지만 이러한 접근(approach)에 의한 문제 해결의 모색 그 자체는 '반일', '반중'의 감정 문제에서 새로운 돌파구가 될 것이다.

전략적 반일론

네 번째로 전략적 반일론이라는 측면이다. 이 사고방식을 충분히 고려하지 않으면 안 된다. 전략적 반일론에는 ① 일본을 적대시하는 것으로부터 유도된 것, 그리고 ② 국내의 권력투쟁, 경제경쟁 등의 가운데에 '반일'을 수단으로 이용하는 것이 효과적이라는 인식에 기초한 것이다. 향후 아시아를 무대로 중국과 일본의 뿌리 깊은 마찰이 계속될 것이 예상되는 가운데, 중국의 국익을 제고시키기 위해 생각해야 할 것은 어떻게 일본의 존재감, 이니셔티브를 실질적으로 저하시킬 것인가 하는 점이다. 이는 그렇게 되면 중국에 이익이 된다는 사고방식이다.

중국인들 사이에서는 자국의 군사력이 급격하게 부각됨에 따라 주변 국가들이 경계감을 높이고 있는 것을 그렇게 심각하게 받아들이지 않는다. 그렇지만 일본에서는 중국이 강대해지면 해질수록, 또한 중국의 자세가 강경해지면 해질수록, 동아시아 안전보장의 균형(balance)이 무너지면 무너질수록 불안감은 증대되고 미국에 대한 의존도를 강화하게 된다. 2000년대 초부터 일본은 대미 의존을 강화하고 있다.

이러한 외교자세를 취하는 일본에 대해서 중국은 불만을 숨기지 않는다. 필자의 견지에서 말하자면, 그것은 중국 당국의 일본에 대한 서툰 대응의 결과이기도 하다. 중국으로부터 본다면, 미일동맹이 아시아·태평양 지역에서의 주도권(initiative)을 장악하고 있기 때문이다. 물론 중국은 미국에 대한 불만이 대전제지만, 그것에 영합하는 일본에 대한 불만도 증가하게 된다. 전형적인 사례는 고이즈미 시대에 적극적으로 추진했던 미일동맹의 격상, 이른바 '안전보장 협의 2+2 메커니즘'의 추진, 부시 정권의 이라크 전쟁에 대한 전면적 지지, 2005년 전후의 동아시아 공동체론을 둘러싼 ASEAN + 한중일을 주장하는 중국에 대해서 미국을 배려하기 위해 ASEAN + 한중일 + 호주·뉴질랜드·인도 등 16개국에 의한 동아시아 공동체를 주장한 일본에 대한 불만이 있다. 미일동맹의 강화 그 자체는 미국과 일본에서 중국에 대한 경계론이 뿌리 깊게 존재하고 있음을 보여주는 것이다.

전략적 호혜관계

다른 한편으로 '미국과 중국은 이익공유자(stakeholder)'라는 사고방식도 강해지고 있다. 정식으로는 2005년 12월의 '미중 전략대화'에서 로버트 졸릭 국무부 부장관이 표현한 것인데, 2001년의 9·11 이후 반(反)테러리즘 협력, 그 이후의 한반도 비핵화를 둘러싼 '6개국 협의'에서의 제휴, 미중 무역의 급증 등으로부터 미중관계의 실태를 살펴볼 수 있을 것이다. 이미 논한 바와 같이 상호의존이 심화되고 있는 것은 중일관계에서도 마찬가지이며, 2006년 10월의 아베 총리 방중 시에 중일 정상회담에서 구가되어진 '전략적 호혜관계'가 양국 관계의 핵심 개념(key concept)이 되고 있다.

중일 간에 초점을 두고 보아도, 그 저류에는 '전략적 호혜관계'의 추진 및 강화라는 사고방식이 있다. 만약 현 정권에 대한 국내의 불만이 이상할 정도로 높고 또한 중일관계를 강화하고자 한다면, 반일적(反日的)인 자세를 취하면서 정권을 흔드는 방법은 한 가지의 선택지로서 성립할 수 있을 것이다. 그렇지만 중일관계를 발전시키는 편이 이익이 크다고 생각하는 중국의 정치가 및 경제인은 중국에서도 결코 적지 않았다.

예를 들면, 2007년 4월 12일 방일한 원자바오 총리가 일본 국회에서 행한 연설은 중일 양국 국민이 한번 생각해보아야 할 중요한 내용을 담고 있다. 우선 일본의 과거 전쟁에 대한 문제에 관해서 "일본 정부와 지도자는 수차례에 걸쳐 역사문제에 대해서 태도를 표명하고, 침략을 공식적으로 인정하고, 피해국에 대해서 깊은 반성과 사죄를 표명했다. 이것을 중국 정부와 인민은 적극적으로 평가하고 있다"라고 말했다. 그리고 중국의 개혁·개방과 현대화 건설에 관해서는 "일본 정부와 국민으로부터 지지와 지원을 받았다. 이것을 중국 인민은 언제라도 잊지 않을 것이다"라고 그 사실을 솔직하게 평가하고, 나아가 향후의 중일관계에 대해서 "중일 양국의 경제는 강한 상호 보완관계에 있고, 협력의 잠재력은 크며, 그 장래성도 매우 높은 것이다. 장기간의 노력을 거듭하면서 양국 경제의 상호의존도는 갈수록 높아지고 있다. 중일 양국의 경제 방면에서의 협력은 호혜와 윈윈(win-win)의 관계에 있으며 양국 경제의 발전은 쌍방의 그 어느 쪽에도 위협이 아니라 기회(chance)이다"라고 대단히 전향적으로 미래를 논하고 있다.

확실히 오늘날에는 기본적으로 '전략적 반일론'이 효과적이라고 주장하는 그룹 쪽이 득세하고 있다. 그렇지만 객관적으로 냉정하게 중일관계를 본다면, 개선·발전을 시도하는 사람들도 적지 않다. 그들과의 조용한 제휴를 강화하고 '전략적 반일론'을 좁혀갈 필요가 있다.

요구되는 대중 인식의 전환

중국을 어떻게 인식해야 할 것인가? 이 문제를 고려할 때 유의하지 않으면 안 되는 점이 세 가지가 있다. 첫째, 종합국력의 증대라는 점이다. 중국의 종합국력은 다소 천천히 하강할 것으로 예상되지만, 향후에도 적어도 10년 정도는 계속해서 성장 경향이 멈추지 않을 것이라고 보아야 할 것이다. 이 점을 상정하여 일본은 어떻게 해야 할 것인가를 고려하지 않으면 안 된다.

두 번째로 중국 자신의 자기인식으로서 '대국의식'이 팽창되고 있다는 사실이다. 중국 자신이 스스로의 대국화를 어떻게 생각하고 있는가에 관해서는 제5장에서 살펴본다. 다만 여기에서 간단하게 언급한다면 이제까지 중국은 진정으로 대국이 아니었다고 해도 대국처럼 보이는 것을 매우 잘했다. 마오쩌둥 시대는 실로 그것으로 일관했다(그 실태에 대해서는 제5장에서 다룬다). 중국의 경제력, 군사력, 그로부터 사회적인 영향력 등을 고려한다면 마오쩌둥 시대의 중국은 결코 대국이 아니었다. 그렇지만 이미지로서 혹은 연기(performance)상으로는 대국이었다.

덩샤오핑은 1인자로서 실권을 장악하여 10년 정도 '대삼각론(大三角論)', 즉 미·소·중이 세계를 움직이는 최대의 트라이앵글이라고 소리 높여 주장했다. 그렇지만 내부에서는 "우리나라는 아직 소국이며 힘이 작다"라고 계속 말해왔다. 이것이 덩샤오핑의 속내였다. 덩샤오핑은 현실

인식이 대단히 날카로웠는데, 자국의 힘이 약하다는 전제에 입각하여 국제정치 무대에서 어떻게 행동해야 할 것인가를 주의 깊게 고려했다.

그런데 오늘날에는 중국의 자기인식이 크게 변했다. 중국인들은 이제 중국이 대국이라는 의식이 대단히 강해졌다. 그러한 가운데 덩샤오핑 시대와는 다른 외교 전략과 대외정책의 전환이 부각되고 있다.

셋째로 '비대화하는 중국' 그 자체를 어떻게 파악할 것인가 하는 문제이다. 이 점에 대해서는 필자가 예전부터 강조해왔던 점이 있다. 그것은 '약진하는 중국', '발전하는 중국'이라는 밝고 빛나는 부분만을 보고 중국의 전체상을 판단하는 것이 아니라, 그 과정에서 발생하는 그림자 혹은 잠재되어 있으며 방치된 상태의 심각한 사회모순이라는 어두운 부분을 또한 유의해야 한다는 것이다. 중국의 그림자 부분을 이해하기 시작할 때, 중일 협력이라는 중요한 명제에도 의미가 부여된다.

격차 문제, 부패 문제, 환경오염 문제 등 중국이 내포하고 있는 사회문제는 상당히 심각해지고 있다. 격차의 상태를 나타내는 지니 계수가 2012년 오래간만에 국가통계국에 의해 발표되었다. 사회 불안정화의 위험기준 수치 0.4를 상회하는 0.48이었다. 일부 전문가의 연구에 의하면 0.6에 달한다는 결과도 나오고 있다. 부패 현상도 심각해지고 있다. 중국 사회과학원의 『사회청서(社會靑書)』 등에서의 최근 설문조사 결과를 통해서 보아도 오늘날의 심각한 사회문제 중에 1순위는 부패인 사례가 많다. 최근 수년 간 각 지방, 특히 농촌에서의 항의 행동과 폭동 관련 보도가 두드러지고 있다. 공안부 발표로는 '군체성(群體性) 항의 행동'은 무려

2004년에 7만 4,000건, 2005년 8만 7,000건(매일 평균 약 240건)이 발생했다. 그 이후 한동안 수치가 공표되지 않았는데, 다양한 자료로부터 판단할 때 그 수는 계속 증가하고 있는 것으로 보인다(예를 들면, http://blog.livedoor.jp/sasa shanghai 참조).

이러한 정보를 종합해보면, 중국에 대해서 어떠한 이미지가 떠오르게 될까? '경제성장 최우선' 정책이 심각한 경제 및 사회 격차, 환경 파괴를 만들어내고, 거대한 부패와 사회적 불만이 만연하고 어떤 형태의 대응이 불가피해진 것을 읽어낼 수 있다. 과거에 1960년대부터 1970년대에 걸쳐 성장 일변도 노선에 매진했던 일본은 결국 안정 성장을 강조하고 사회 인프라의 충실에도 눈을 돌리게 되었다. 사회보장제도, 친환경 경제, 순환형 절약사회 등이 이러한 변화 속에서 형성되었던 것이다.

중국도 이러한 문제를 진지하게 고려하는 단계에 들어섰다. 사회적인 여러 문제에 대한 대처를 배제하고는 중국이 '존경받는 대국'이 되는 것은 먼 꿈이다. 그것에 대처하는 토대 위에서 중일 간에 새로운 협력의 존재방식이 중요한 포인트가 되는 것이다. 이 점에 관해서는 종장(終章)에서 재차 검토해보도록 하겠다.

제 3 장

중국 외교의 대전환

1. 센카쿠 문제의 핵심

전환점은 2009~2010년

필자는 제2장에서 2000년 무렵부터의 중일관계를 '세 가지의 중대'라는 표현으로 집약했다. '규모의 증대', '다양성의 증대', '복합성의 증대'이다. 중일관계의 양과 질의 증대에 수반된, 실질적인 관계의 긴밀화를 보여주는 것이었다.[1]

2007년 여름, 필자도 참가했던 일본경제단체연합회(경단련) 좌담회에서 왕이(王毅) 주일대사가 '중일 대교류의 시대'가 도래했다고 말했다. 당시의 중일관계에는 이러한 표현이 적절하다고 그 누구라도 생각할 정도

---

1   아마코 사토시, 「삐걱거리는 중일관계(きしむ日中關係)」, ≪論座≫, 2004. 10, p.67.

의 좋은 흐름이 있었다. 앞 장(章)에서 살펴본 것처럼, 중일 양국에서 상대측에 대한 국민감정의 개선 등의 현상이 현저하게 보이고 양국 간 관계는 순조롭고 안정된 단계에 들어선 것처럼 보였다.

실제로는 이러한 상황 자체가 '어선 충돌 사건'이 발발하기 직전의 중일관계였다. 2010년 9월, 센카쿠 열도 근해에서 중국 어선과 일본 해상보안청 순시선이 충돌했고, 이 사건 후에는 경제, 정치, 학술 면에서의 교류가 일정 기간 정지되었다. 또한 후지타 사원의 구속, 내륙 지역에서의 반일시위 등에 의해 양국 관계는 일거에 냉각되었다.

사건의 발발은 필자에게 우선 '왜?'라는 강렬한 의문을 갖게 만들었다. '순조'로운 것이 확실했던 양국 관계가 왜 이처럼 취약하게 무너져버렸는가? 일련의 사건의 특징을 어떻게 이해해야 할 것인가? 2010년 가을의 사태로부터 향후 중일관계를 어떻게 전망해야 할 것인가?

실제로는 2009년부터 2010년에 걸쳐서 중국 외교는 중요한 변화를 보였다. 경제력·군사력의 급격한 증강에 더하여 베이징 올림픽의 성공에 의해 중국공산당이 제시한 '중화민족의 위대한 부흥'이라는 적극적인 민족주의가 부상하고, 이를 적극화하는 외교행동의 기반이 물질적으로도 심리적으로도 강화된 것이 그 배경에 있었다.

2009년에는 국제관계 잡지에 '해양권익'을 적극적으로 주장하는 논문들이 빈번하게 게재되었다. 예를 들면, 천웨이수(陳偉恕)의 「중국 해외이익의 총체적 시각」(≪國際觀察≫, 2009.2.), 장양(張陽)의 「중국의 해양의식과 평화적 대두를 논함」(≪南昌大學報≫, 2009.2.), 장준(江準), 「난사군도:

중국은 다툴 여지가 없는 주권을 지니고 있다」(《世界知識》, 2009.5.), 마샤오쥔(馬小軍), 「중국은 해양국가인가?」(《世界知識》, 2009.8.), 쥐하이룽(鞠海龍), 「잃어버린 남해를 탈환하는 새로운 사고」(《南風窓》, 2009.8.) 등이 이에 해당한다.

중국이 중시하는 '핵심적 이익'

이와 같은 해양권익에 대한 급격한 관심의 제고와 함께 중국은 강경하며 적극적인 외교의 전개를 보였다. 그 가운데 가장 중요한 핵심어는 '핵심적 이익'이다. 2010년 3월에 중국 정부는 동북아시아와 인도양을 연결하는 군사·통상의 요충에서 아시아 각국에 의한 분쟁 지역을 포함하는 남중국해에 대해서 중국의 영토보전 등에 관계된 '핵심적 이익'에 속한다는 새로운 방침을 미국 정부의 고관에게 처음 정식으로 표명했다.[2] 중국은 이제까지 타이완, 티베트, 신장 위구르에 연계되는 문제 등을 '핵심적 이익'으로 위치 짓고 영토보전을 도모하는 가운데 사활적으로 중요한 지역으로 보았고, 타국에 대해 일절의 타협을 거부해왔다. 그렇지만 새롭게 남중국해를 핵심적 이익으로 위치 지음으로써 동 해역의 해양권익 획득을 강경하게 추진하겠다는 의사를 명확하게 보였다.

이 의사는 뒤에서 논하는 동중국해에서의 센카쿠 열도(중국명: 댜오위

---

2 교도통신(共同通信) 발송 기사, 《琉球新報》, 2010.7.3. 이와 같은 외교방침의 전환은 2009년 말 당중앙에서의 중요회의에서 결정되었다는 설이 있는데, 구체적인 자료는 없다.

다오) 해역 주변에서의 활동의 활성화와도 관련되어 있으며, 중국의 강경한 외교에 대한 우려를 주변 국가들에게 초래했다. 미국의 ≪워싱턴 포스트(Washington Post)≫에 의하면, 동남아시아 각국은 2005~2009년의 5년 동안에 군사비를 거의 2배 증가시켰다(말레이시아는 8배, 싱가포르는 2배, 인도네시아는 84% 증가). 파르셀[중국명: 시사(西沙)] 열도에서 중국과 대치하고 있는 베트남은 러시아제 전투기 수호이(Su)-30을 12대, 킬로급 잠수함을 6척 구입하는 것을 결정했다. 나아가 베트남은 미국과의 군사 및 경제협력을 급속하게 심화시키고 있다.

≪워싱턴 포스트≫에 의하면 중국 측은 "베트남은 교전도 불사할 심산으로 미국의 힘으로 중국을 견제하려는 생각이다"라고도 보도했다.[3]

'핵심적 이익'을 둘러싼 주장은 그 이후에도 격화되었다. 뒤에서 언급하는 센카쿠 열도 근해에서의 어선 충돌 사건 이후 대일 강경의 목소리가 높아졌다. 그것을 배경으로 10월 2일 홍콩의 영자 신문 ≪사우스 차이나 모닝 포스트(South China Morning Post)≫는 중국 외교 소식통의 말로서, 중국이 올해 센카쿠 열도가 있는 동중국해와 베트남 등과 영유권을 다투고 있는 남중국해를 국가의 영토보전에서 가장 중요한 '핵심적 이익'에 속하는 지역으로 삼는 방침을 새롭게 결정했다고 보도했다.[4] 다만 '핵심적 이익'의 범위에 관해서는 2010년 말의 중공중앙 중요회의에서 대단

3 ≪産經新聞≫, 2010.9.14.
4 Asahi.com, 2010.10.2.

히 억제적인 수정이 이루어진 것으로 보인다.[5]

당내에서 대외 강경파와 국제협조파 간의 마찰이 계속되고 있는데, 지도부의 권력투쟁도 일단락되었기 때문에 국제협조파의 의견이 다시 부상했다고 보아야 할 것이다. '핵심적 이익'의 확대는 영토, 영해, 해양 권익 등을 둘러싼 주변 국가들 등과의 대결도 불사한다는 강경한 외교를 보여주는 상징적인 핵심어의 한 가지이다.

'도광양회'의 전환

중국 외교의 적극화를 상징하는 한 가지의 핵심어는 '도광양회'의 전환이었다. 서장(序章)에서도 지적했지만, 기존 중국 외교의 기본자세는 과거 냉전 붕괴 직후에 덩샤오핑이 제창했던 '24문자 지시'였다. 그 핵심은 '도광양회(눈에 띄는 행동을 자제하고 힘을 축적한다)' 노선이다. 덩샤오핑은 같은 시기에 거의 마찬가지 취지로 중국 외교의 입장을 '수세(守勢)를 위주로 한다'라는 원칙으로 제시했다. 이것은 중국의 역량이 아직 '강대하지 않다'는 현실적인 인식 아래에서 개혁·개방노선의 추진에 따라 평화적인 국제환경의 견지가 대단히 중요하며, 외교 방면에서 최대한 풍파를 일으키지 않고 원만하게 행동하는 것을 중시한 사고방식이었다.

---

5 2011년 1월 중순 중국인민외교학회(中國人民外交學會)와 일본 세계평화연구소의 중일관계에 관한 정례 심포지엄이 개최되어 필자도 참가했다. 그 자리에서 일본 측 연구자로부터 수차례에 걸쳐 이 문제에 관한 질문이 이루어져 중국 측 외교 관계자는 외교에 연결된 '핵심적 이익'은 타이완, 티베트, 신장 위구르 문제에 한정되어 사용된다고 단언했다.

중국 지도부는 외교에 관한 이 덩샤오핑의 '도광양회' 노선을 기본적으로는 충실하게 견지해왔다. 1997년에 방미했던 당시 장쩌민 국가주석은 덩샤오핑이 제창한 대미(對美) '16문자 지시'[增加信任, 減少麻煩, 發展合作, 不搞敵對(신뢰를 증가시키고, 문제를 줄이며, 협력을 발전시키고, 적대행위를 하지 않는다)]를 더욱 발전시켜 새로운 '16문자 지시'[增進了解, 擴大共識, 發展合作, 共創未來(이해를 증진하고, 공감을 확대하며, 협력을 발전시키고, 미래를 함께 열어 나간다)]를 제창했다.

후진타오 시대가 되자, 그의 브레인으로 일컬어지는 정비젠(鄭必堅) 중앙당교 부교장은 2003년에 "중국의 국제사회에서의 부상(浮上)은 현존하는 국제질서에 도전하는 것이 결코 아니며, 위협이 되지 않는다"라는 취지의 이른바 '평화적 부상'을 제창했다. 이러한 주장은 '도광양회'의 논점에 따른 것이었다.

그러나 '핵심적 이익'이라는 주장이 현저해진 것과 거의 병행하여 '도광양회'론에 대한 재검토가 표면화되고 있다. 2009년 3월, 방일했던 베이징대학 국제관계학원 원장 왕지쓰(王緝思)는 인터뷰에 응하여 "기존의 국제 레짐은 중국의 국가이익이라는 측면에서 기본적으로 유리하게 움직이고 있다. …… 그러나 일부 불리한 부분이 있는 것도 사실이며, 거기에는 중국으로서 변경을 요구할 수밖에 없다"라고 말했다. 국제협조파의 외교 브레인이라고도 일컬어지는 왕지쓰마저도 기존의 국제 레짐을 맹목적으로 옹호하는 것이 아니라, 어디까지나 중국에 유리한 형태로 변화시켜야 한다는 의식을 갖고 있는데, 이를 통해 중국 지도부의 국제사

회에 대한 기본적인 사고를 읽어낼 수 있다.[6]

2009년 7월, 외국 주재 대사 등을 모아 회의하는 석상에서 후진타오 주석은 덩샤오핑의 주장을 더욱 선명하게 하는 의미에서 "도광양회를 견지하고, 유소작위(有所作爲)를 적극적으로 하라"는 외교방침을 제시했다.[7] 특히 후반부의 '유소작위를 적극적으로 하라'에 외교·군 관계자는 반응했다. 실로 '적극적으로 나서는' 외교노선으로 전환되어 남중국해 대부분의 해역을 자신의 영해, 센카쿠 열도 일대도 자신의 영토·영해 = '핵심적 이익'으로 삼는 목소리가 커져서, 동남아시아 주변 국가들, 그리고 일본과의 마찰이 단번에 부상하고 확대되었던 것이다.

중국의 강경외교는 아시아 주변 지역과의 관계에 멈추지 않고, 국제 사회 전체에 대해서도 눈에 띄게 되었다. 2009년 전후부터 구글(Google)을 위시하여 외국 미디어에 대한 규제는 더욱 강해졌다. '보도의 자유를 보장하지 않는 것'에 항의하는 뜻으로 구글은 2010년 3월에 결국 중국으로부터 철수를 결정했다.

또한 대외 강경의 상징적 사건으로서 '반체제 지식인 류사오보의 노벨 평화상 수상'을 둘러싼 중국 당국의 일련의 강경한 행동이 보였다. 우선 수상 결정과정에서 중국 정부는 류사오보의 수상을 취소시키기 위해서

---

6 "중국의 외교 브레인이 말하는 국제전략과 일본(中國外交ブレーンが語る國際戰略と日本)", ≪チャイナネット≫, 2009.3.30.

7 쓰가미 도시야(津上俊哉), 『기로에 선 중국: 초대국을 기다리고 있는 7가지의 벽(岐路に立つ中國: 超大國を待つ7つの壁)』(日本經濟新聞出版社, 2011), p.131.

푸(傳) 외교부 부부장(副部長: 차관)을 파견하여 노르웨이 정부에 강력한 압력을 가했다. 수상 결정 이후에는 수상식 불참가를 요구하며 관계 각 국에 대해 수면 아래에서 강한 압력을 가했다. 중국과의 관계를 대단히 중시하는 러시아, 사우디아라비아, 이라크, 이란, 베트남, 아프가니스탄, 필리핀, 이집트, 쿠바, 모로코 등 18개국은 중국의 요구에 응하여 불참가를 결정했다. 또한 중국은 류샤오보의 노벨평화상 수상에 대항하여 '공자(孔子)평화상'을 창설하고 해당자 본인이 알지 못하는 가운데 초대 수상자에 국민당의 전임 부총재 렌잔(連戰)을 선발했다.

강경파와 유연파의 마찰

그렇지만 이러한 중국 당국의 강경 자세가 반드시 효과를 거둔 것은 아니었다. 2010년 말, 당의 최고 지도부 내에서 중일관계의 악화를 포함해 대외 강경 노선의 전개에 대한 엄중한 재평가가 행해졌다는 비공식적인 정보가 있다. 확실히 2011년 1월 중순에 베이징에서 개최된 중일관계 정기 포럼에서, 중국 측의 '핵심적 이익' 등을 둘러싸고 이루어진 몇 가지의 발언 가운데 분명히 자신의 외교를 더욱 온건한 방향으로 궤도 수정하고자 하는 분위기가 있었다고 느꼈던 것은 필자뿐만이 아니었다.[8]

중국 지도부 내에서 대외정책을 둘러싼 강경파와 유연파 간의 불화는

---

8 시미즈 요시카즈(清水美和)·도쿄신문(東京新聞) 논설주간의 대화, ≪週刊現代≫, 2011.2.5., p.165.

항상 존재해왔다. 시진핑 지도부가 이러한 마찰을 어떻게 조정하면서 전체적으로 통일을 유지하는 외교를 전개할 것인가가 실로 문제가 되고 있는 것이다.

제18차 당대회와 제12기 전국인대를 종결하며 형성된 시진핑·리커창 체제는 강력해지고 있는 군사력, 증대하고 있는 민족주의를 배경으로 강경한 외교 자세를 무너뜨리지 않을 것인가? 양제츠(楊潔篪)를 외교 담당 국무위원으로, 왕이(王毅)를 외교부장(外交部長: 외교장관)으로, 추이텐카이(崔天凱)를 주미 대사로 임명한 것으로부터 강경 일변도가 아니라 적어도 일본과 미국에 대한 실질적인 협조 관계의 수복(修復)을 모색하기 시작했다고 볼 수 있을 것이다.

2. '반중'과 '반일': 2010년 '센카쿠 문제'의 진실

사건의 경위

2010년 9월 7일, 센카쿠 열도 근해에서 중국 어선이 일본 해상보안청 순시선에 충돌하는 사건이 발생했다. 수십 척 혹은 수백 척 정도의 중국 어선이 결집되어 있던 센카쿠 열도 근해에서 그중 한 척의 어선이 돌연 일본 해상보안청 순시선에 돌격한 사건이었다. 이에 대해서 일본 해상보안청은 선장을 위시한 선원을 체포했다. 선원은 조기에 석방되었지만, 마에하라(前原) 국토교통상(國土交通相: 국토교통부 장관)은 선장에 대해서는 "국내법에 따라 엄정하게 처리한다"라고 언명하고 구류 연장을 결정하여 나하(那覇) 지방검찰청 이시가키(石垣) 지부에 송검하고, 사법 처리를 추진했다.

일본 정부의 이러한 움직임에 대해서 중국 정부는 사건 발생 직후부터 '댜오위(釣魚) 열도는 중국 고유의 영토'라는 관점에서 네 차례에 걸쳐 강하게 항의했다. 처음에는 후정웨(胡正躍) 외교부장 조리(助理), 다음으로는 쑹타오(宋濤) 외교부 부부장, 그리고 양제츠 외교부장으로 급을 격상시켰고, 12일에는 외교담당 책임 국무위원(부총리급)인 다이빙궈가 외교적으로는 이례적이라고도 할 수 있고 예의에 어긋난다고도 할 수 있는 한밤중 시간대에 니와(丹羽) 주중 일본대사를 중국 외교부로 불러서 강렬한 분노와 항의의 뜻을 표명했다. 그렇지만 이후에 새어나온 유튜브의 화상과 녹음된 목소리로 미루어볼 때, 중국 어선이 해상보안청 순시선에 맹렬하게 부딪쳤다고 판단하는 것이 솔직한 이해일 것이다.

당시 중국 측은 어선이 순시선에 둘러싸여 있는 가운데 도주하고자 했기 때문에 순시선에 충돌했다는 우발성을 주장했는데, 실제로 그렇다면 해당 선장에게 해명시켜야 할 것이다. 그렇지만 선장은 석방·귀국 후에 즉각 가택연금 상태에 처해지고, 외부와의 접촉이 허가되지 않았다고 들었다. 또한 마에하라 국토교통상이 이 사건을 "영해 침범문제로서 생각하고 국내법에 따라 처리한다"고 판단하여, 중국 측을 격렬하게 자극하여 강경한 태도를 취하게 했다는 의견도 있다.

상식적으로 생각할 수 없는 중국의 강경조치

그렇지만 그것은 사후의 문제이며 이것만으로는 왜 어선이 충돌했는가에 대한 설명은 되지 않는다. 또한 가령 마에하라 국토교통상의 태도가 중국 측을 자극했다고 해도 이전의 좋은 관계에 입각한다면, 아래에 보이는 것처럼 일본 측에게 유무를 말하지 못하게 하는 수많은 강경조치를 일거에 전개하는 것은 상식적으로는 생각할 수 없다.

또한 중국 정부는 강경자세를 강화하고 당초 9월 9일에 예정되었던 동중국해 가스전 공동개발 문제에 대한 양국 정부 전문팀 간 교섭의 연기를 통고했다. 그리고 7일 농업부 어업국(漁業局)의 어업감시선 '어정(漁政)'의 파견에 이어서 국토자원부 해양국(海洋局)이 소관하는 해감총대(海監總隊)의 '해감(海監) 51' 등 2척을 주변 해역에 파견하여 11일부터 13일까지 일본 해상보안청의 측량선과 대치하며 측량선의 해양조사 활동을 방해했다.

이 사이, 일본 정부는 중국 외교부와의 회담을 요청했지만, 항의를 받았을 뿐이며 교섭에 들어가지는 못했다. 이에 대해서 9월 13일, 일본 지도부는 선장 이외의 선원을 귀국시키고 어선을 석방한다는 양보를 선택했다. 그렇지만 선장에 관해서는 조사를 하기 위해서 계속하여 구류하고 또한 19일에는 검찰에 의한 두 번째의 구류 연장이라는 결정을 내렸다.

이 직후부터 중국 정부는 신속하게 여러 개의 극단적으로 엄중한 보복조치를 취했다. 구류 결정이 난 당일에 '일본과의 각료급 왕래 정지', '항공 노선 증편의 교섭 중지', '석탄 관련 회의의 연기' 및 '일본에 대한 중국인 관광단의 규모 축소'를 결정했다. 이튿날인 20일에는 중국에서의 도요타자동차 판매 촉진을 위한 비용을 뇌물이라고 단정하여 벌금을 부과하는 결정을 내렸다. 21일부터 예정된 일본인 대학생의 '상하이 만국박람회' 초청 계획도 중지를 결정했다. 또한 같은 날, 스자좡시(石家庄市)에 있던 후지타의 사원 4명을 "허가 없이 군사 관리구역을 촬영했다"라고 하여 신병을 구속하고, 나아가서는 희토류(rare earth)의 일본에 대한 수출에 대해 복수의 세관에서의 통관 업무를 의도적으로 지연시킴으로써 사실상 멈추었다. 더 나아가 21일 방미 중이던 원자바오 총리는 "우리는 (일본에 대해서) 필요한 강제적 조치를 취하지 않을 수 없다"라며 이례적이라고 할 수도 있는 보복을 슬쩍 드러내 보이는 강경 발언을 했다. 지체 없는 행동이란 실로 이러한 일련의 사항을 말하는 것일 것이다.

일본 측은 나하 지방재판소의 독자적인 판단 아래 일방적으로 "우리나라 국민에 대한 영향과 향후의 중일관계를 고려하여 선장을 처분하는 것을 보류하여 석방한다"고 결정했다. 9월 25일, 중국 특별기로 귀환길에 오른 선장은 실로 '영웅' 취급을 받았다. '일본 외교의 패배, 중국 외교의 승리'라는 인상을 강하게 남기게 된 사건이었다.

센카쿠 충돌의 진정한 원인은 동중국해 자원의 공동개발

재차 확인해야 할 중요한 점은 어선 충돌 사건 직후인 9월 9일에 예정되어 있던, 동중국해 해저자원 공동개발 추진에 관한 정부 간 교섭이 완전히 중단된 것이다. 주지하다시피, 중일 간의 공동 자원개발에 관해서는 2008년 5월 후진타오 국가주석이 일본에 왔을 때 일본의 후쿠다 총리와의 사이에서 합의된 것으로, 그 이후 우여곡절을 거치면서 결국 본격적으로 처리하기 위한 시작에 들어가는 무렵이었다.

이 사건 이후에도 몇 차례 정상회담의 기회를 보아 일본 정부는 동중국해 해저자원의 공동개발을 위한 정부 간 교섭의 재개를 호소했다. 그 몇 가지의 것을 정리해보면, 10월 4~5일에 브뤼셀에서 개최된 아시아-유럽회의(ASEM) 정상회담에서 예정에도 없는 출석에까지 나섰던 간 나오토 총리의 결단을 기다리고 있었던 것은 겨우 25분간 원자바오 총리와 복도에서 이루어진 '교담(交談: 서서 하는 말)'뿐이었다. 10월 29일 하노이 동아시아 정상회의에서도 당초에는 중일 정부의 합의 아래에서 양국 정상회담이 예정되었는데, 이것도 돌연 일방적으로 취소되어 그 이후에 겨우 10분간의 '교담'이 행해졌을 뿐이었다.

그 원인을 찾아보면 여기에서도 공동개발을 둘러싼 문제가 부각되고 있다. 즉 '중일 교담' 전일에 마에하라 외상의 "중일 공동개발의 재개를 위한 회담이 합의되었다"라는 발언이 있었는데(이것은 후에 AFP의 '오보'였다는 것이 밝혀졌다), 이것이 원인이 되었던 것으로 알려져 있다.

요코하마에서의 APEC에서는 11월 13일에 결국 형태뿐이기는 하지만 23분간의 간 나오토·후진타오 정상회담이 개최되었다. 그렇지만 그 이튿날에 개최된 마에하라·양제츠 외상 회담에서도 마에하라의 '공동개발 재개'를 향한 호소에 양제츠는 '노코멘트(no comment)'를 했다.

센카쿠 문제를 둘러싼 중일 충돌의 뿌리에 이 문제가 있다는 것을 살펴볼 수 있다. 11월 22일 어느 잡지에 중일관계에 관한 '대담'이 수록되었는데, 거기에서 필자는 '센카쿠 사건'에 대해 이러한 해석을 언급했다. 대담 상대인 저널리스트로부터 뜻밖에도 필자의 생각에 전적으로 찬동한다는 발언이 있었다. 그리고 그는 어느 '보조(保釣) 그룹'(댜오위 열도를 일본으로부터 지키는 모임)의 9월 3일 자 인터넷 블로그 첫 페이지에 "동중국해에서 중일이 공동개발을 하자고 주장하는 자는 매국노이다"라는 기사가 대대적으로 걸려 있다는 것을 소개해주었다.

이 문제에 관한 필자의 분석은 이상이지만, 동중국해 해저자원의 중일 공동개발은 실질적인 이익의 문제에 멈추지 않으며, 향후 중일 간의 협력을 한 단계 강화시켜 양국의 평화와 협조의 존재형태를 생각하는 데에 대단히 상징적인 의미를 내포하고 있는 것이다. 그것만으로도 이 문제의 처리는 대단히 중요하다고 할 수 있다.[9]

센카쿠 소동의 배후에 내비치는 중국 지도부의 의사

사태 해결을 향한 수면 아래에서의 조정이 거의 없었던 것은 놀라운 일이며, 일본 측의 대응에도 치졸함을 느낄 수밖에 없다. 그렇지만 중국 측이 이 정도로까지 일거에 사태를 격화시켜 강경 조치를 취한 것을 종합적으로 생각해본다면, 필자는 이 사건이 중국 측의 의도적이며 계획적

---

9 이러한 일련의 움직임을 필자는, 중국에서 해저자원의 공동개발 그룹과 단독개발 그룹의 이른바 기득권 집단의 대립으로부터 해석을 시도하고 있다. 「중국문제라는 우울(中國問題という憂鬱)」, ≪公研≫, 2010. 12., 第568號 특집을 참조하기 바란다.

인 행동이라고 판단할 수밖에 없다.

상기의 이유에 더하여 다음의 두 가지 점도 근거로서 제시될 수 있다. ① 사건 발발 직전에 150척 전후의 대량의 중국 어선이 이 지역에 집결했다. 또한 2010년 들어 중국 어선의 영해 침범이 9월 시점에서 14건(2008년에 1건, 2009년에는 0건)으로 급증했다.[10] ② 앞에서 언급한 바와 같이, 이 시기 센카쿠 근해에서 중국의 영유권 주장과 해양권익 확대의 적극적인 행동이 나타나고 있었다.

중국 당국에 의한 강경한 조치의 배경을 고려해보면 아래와 같은 점들을 지적할 수 있다. 첫째, 지도부와 브레인 사이에 맹아가 싹터서 팽배하기 시작한 '대국의식'이다. 제2장에서도 언급했지만 국교정상화 이래 중일관계를 크게 묶는 표현의 한 가지로서 2000년 무렵까지를 양국 간에 '일본 이니셔티브'의 관계, 2000년 무렵부터 '중일 쌍방향 이니셔티브'의 관계로서 파악할 수 있다.[11]

'중일 쌍방향 이니셔티브'는 객관적으로도 어느 정도 설명할 수 있지만, 동시에 '양웅(兩雄) 병립론'을 주장하는 필자의 강한 바람을 포함하는 것이기도 했다. 이번 사건은 선장의 체포라는 사태로 인해 중국 지도부가 '압도적인 공세'를 가하여 일거에 쌍방향 이니셔티브에서 '중국 이니셔티브'의 관계로 전환시키고자 한 행동이었을지도 모른다.

---

10 2010년 9월 10일, 일본 중의원(衆議院) 국토교통위원회에서의 해상보안청 스즈키 히사야스(鈴木久泰) 장관의 보고.

11 예를 들면, 앞의 보고, p.67.

9월 25일, 일본 측이 '선장의 석방'을 결정한 직후에도 중국 외교부의 장(姜) 대변인은 고압적인 표정으로 '배상과 사죄를 청구'했는데, 중국의 '강함'을 알리기 위한 연출이었던 것으로 여겨진다. 이튿날인 26일에 장(姜) 대변인은 이번에는 '미소'를 머금으며 중일관계의 회복을 바라는 의향의 발언을 했다. 필자는 이 대변인의 변화를 보고 25일의 밤 전후에 중국 지도부 내에서 이번의 사건에 관한 어떤 형태의 '합의'가 형성되었다고 보았다.

9월 30일에는 구속되었던 후지타 사원 세 명이 석방되었다. 또한 10월 4일에 아시아-유럽회의(ASEM) 정상회담에서의 간 나오토·원자바오 총리의 회담이 실현되었다. 따라서 필자는 이후 문제는 신속하게 처리되고 관계 회복을 향하게 될 것이라고 예측했다. 후지타의 남은 한 명도 10월 9일에 결국 석방되었다. 그러나 사태는 쉽게 수습되지 못했다.

그것은 우선 광범위하게 걸쳐 있는 반일시위의 전개에서 나타났다. 공산당에서 당대회 다음가는 중요한 17기 5중전회가 10월 15~18일에 개최되었다. 이 와중에 돌연 젊은이들의 반일시위가 16일에 청두(成都), 시안(西安), 정저우(鄭州)에서 17일에 쓰촨성 몐양(綿陽)에서 18일에 우한(武漢)에서 등의 형태로 계속해서 발발했던 것이다.

반일시위의 정치적 의미

여기에서 의문이 생긴다. 우선 첫째는 당대회 다음가는 가장 중요한 회의인 공산당 중앙위원회 총회(5중전회) 중에는 돌발 사건이 일어나지 않도록 하기 위해서 공안, 무장경찰 등이 전국 각지에 배치되어 엄중한 경계 태세를 취하는 것이 보통이며, 그러한 가운데에서 당의 '동의 혹은 묵인' 없이는 이와 같은 대규모 시위는 불가능한 것이 확실한데, 왜 일어났는가? 둘째, 실제로 '반일'이라면 일본계 기업과 일본인이 많은 상하이(上海), 베이징(北京), 광저우(廣州), 선전(深圳) 등 연해 지역의 경제가 발전한 지역에서 일어나야 할 것인데, 유독 내륙 지역에 한정되어 연속적으로 일어났던 것은 왜인가?

중국 쓰촨성 청두에서 일어난 대규모의 반일시위에서는 젊은이들이 현수막을 내걸고 "소일본(小日本, 일본인에 대한 멸칭)은 댜오위다오(釣魚島, 일본명: 센카쿠 열도)로부터 나가라!", "일본을 멸망시키자!", "일본 제품을 보이콧하자!" 등의 구호를 외치면서 행진했다. 또한 시안에서는 "중국에 가장 중요한 일은 일본을 멸망시키는 것"이라고 쓰인 플래카드를 내걸고 젊은이들이 트럭에 타고 중국 깃발을 흔드는 광경이 보였다. 그렇지만 청두의 반일시위에 관해서 ≪평과일보(苹果日報)≫(홍콩)는 "시위에 참가했던 어느 대학생이 인터뷰를 통해 시위는 학생회가 조직했다는 것을 밝혔다"[12]라고 보도했다.

몐양(綿陽)은 소수민족이 많고 2008년 5월의 쓰촨성 대지진으로 누구보다 피해가 컸던 지역의 하나로서 재난을 당한 이후 복구가 늦어지는 바람에 빈곤에 허덕이는 지역 주민의 불만이 산적되어 있었다. 또한 핵

---

12 ≪苹果日報≫, 2010.10.17.

물리학센터 부근에는 핵무기, 미사일 개발 등과 관련된 군사 비밀시설이 즐비하게 늘어서 있어서 일본인이 거의 없는 지역으로 알려져 있다.

따라서 이러한 시위를 순수한 반일시위로 생각하기는 어렵다. 그 이후 10월 23일에 쓰촨성 더양(德陽), 24일에는 간쑤성(甘肅省) 란저우(蘭州)와 산시성(陝西省) 바오지(寶雞)에서도 반일시위가 일어났는데, 여기에서는 부정부패와 높은 주택 가격에 대한 불만 이외에 다당정치 제도를 요구하는 목소리 등 일부에서는 중국 정부에 대한 비판도 나왔다고 한다.

저우융캉(周永康) 당 정치국 상무위원은 이러한 시위에 대해서 25일 "법률을 지키고 이성적이며 질서 있는 방법"으로 행해야 한다고 시민에게 호소했다. 다른 한편, 젊은 인기작가 한한(韓寒)은 자신의 블로그에 민족주의적인 반일의 움직임을 차갑게 비판하고 "내정 문제에 대해서는 시위를 할 수 없는 민족이 외국에 항의하는 시위를 한다 해도 의미가 없다. 단순한 매스 게임이다"[13]라고 불타는 반일 여론과 선을 긋는 입장을 선명히 했다.

불타오르는 민족주의

이상과 같은 정보를 감안해보면, 이 사이 일련의 '반일 행동'에는 '센카쿠 사건'에 연동되면서도 또한 두 가지의 중요한 요인이 부각된다.

한 가지는 베이징 올림픽, 상하이 엑스포(EXPO), 그리고 GDP에서 일

---

13 로이터(北京電), 2010.10.26.; ≪人民日報≫, 2010.10.26.; asahi.com, 2010.10.16.

본을 제치고 세계 제2위로 약진한 자부심을 부추기는 일련의 사건을 배경으로 '부강대국', '중화민족의 위대한 부흥' 등의 우월 의식이 팽창되어 민족주의를 선동하고, 일반 민중 특히 젊은이들 사이에 '추락하는 일본'에 의한 중국 선장의 체포 등 '냉정하지만 강경한' 조치에 대해서 '철저하게 비난하라'라는 분위기가 만들어진 점이다.

또 한 가지는 중국에서의 격차의 확대, 빈곤의 체류(滯留), 부정부패 및 오직(汚職) 등의 심각해지고 있는 사회 모순, 산적한 사회적 불만이 '반일'의 이름을 빌려서 폭발한 현상이라는 점이다. 그것은 어떤 종류의 '가스 분출'과 같은 효과를 가져왔을지도 모른다.

3. 권력항쟁의 쟁점으로서의 '센카쿠'

수면 아래에서의 흥정: 중일 공동개발에 반대하는 중국 내부의 세력
필자는 문제를 더욱 추궁해가는 가운데 상당히 중대한 것으로 생각되는 어떤 것에 주목하게 되었다. 첫째는 동중국해 해저자원의 중일 공동개발을 둘러싼 문제이다.

9월 7일의 어선 충돌 사건이 예정되어 있던 중일 정부 간의 회의를 분쇄한 것, 마에하라·양제츠 외상 회담, 간 나오토·원자바오 총리 회담에서도 중일 공동개발 교섭에서 중국 측은 재개에 완전히 흥미를 보이지 않았던 점 등은 이미 살펴보았다.

이러한 점으로부터 동중국해 자원 개발을 둘러싸고 중국 지도부 가운데 중일 공동개발을 추진하고자 하는 그룹과 중국 단독개발로 가야 한다고 주장하는 그룹 간에 상당히 엄중한 대립이 있는 것은 아닌가 하고 생각하게 되었다. 무엇보다 중일 공동개발은 앞에서 논한 바와 같이 2008년 5월의 후진타오 방일 시기에 후쿠다 정권과의 사이에서 합의된 것이었는데, 당시 외교 관계자로부터 중국 내에 이것에 대한 강한 반대의견이 있어서 후진타오 주석이 상당히 강력한 리더십으로 단행했다는 말을 들은 적이 있었다.

해양 공작의 확대

또한 이미 논한 것이지만, 사건 발발 직전인 9월 3일에 댜오위 열도를 지키자고 주장하는 '중국 민간 보조(保釣) 연합회' 웹페이지에 "동중국해의 공동개발을 주장하는 자는 매국노이다"라는 슬로건이 실리고 외교부 앞에서 시위를 한 사진이 게재되었다.[14] 공동개발에 강하게 반대하는 세력의 움직임을 엿볼 수 있다.

필자는 중국 단독개발 주장을 뒷받침하고 있는 이들은 에너지 자원개발을 둘러싼 중국천연가스집단공사(CNPC), 중국석유화공집단공사(Sinopec), 중국해양석유총공사(CNOOC)와 해양권익의 확대를 적극적으로 추진하고자 하는 국무원 국가해양국(國家海洋局) 등 이른바 자원 개발에 관

---

14 「중국이라는 우울한 문제(中國という憂鬱な問題)」, ≪公研≫, 2010.12., p.37.

련된 기득권 집단이 아닌가 하고 추측하고 있다. 이러한 집단의 보유 자산은 최근 10년 동안 눈이 휘둥그레질 정도로 팽창했으며 세계적 대기업 가운데에서도 톱 10 이내를 점할 정도가 되었다.

해양권익 확대에 관해서 그들은 군과도 대단히 밀접한 관계를 갖게 되었다. 이러한 형태로 중국의 정책결정과정에 어떤 종류의 강한 영향력을 갖기 시작한 것은 아닌가 하고 추측한다. 이 점에 관해서 중국의 어느 국제정치학자는 "확실히 그러한 경향은 있다"라고 긍정했다. 중국 외교에서 해양권익을 더욱 중시하는 자세는 2010년 판『중국외교백서(中國外交白書)』가운데에 '중국 외교에서 국경과 해양 공작'이라는 주제의 새로운 장(章)이 설정되어 "중국 정부는 국경 및 해양문제를 고도로 중시하고 있으며 …… 영토주권과 해양권익을 옹호한다"라고 역설하고 있는 것에도 나타나 있다.[15]

그들이 실력을 쌓음에 따라 엘리트 내부에서의 발언력도 높아지는 것은 자연스러운 것이다.[16] 적절하게 2013년 3월 10일, 국무원은 전국인민대표대회(전국인대)에서 국가해양국의 권한 강화를 포함하는 기구 개혁을 제안하여 가결했다. 동 제안에서는 공안부와 농업부 등 복수의 정부

---

15 ≪中國內外動向(旬刊)≫, 2010.10.20., p.8.
16 필자의 견해는 단순한 추측이 아니라 기득권 집단의 정책결정과정에서의 영향력 증대를 다룬 아래와 같은 논문에도 보인다. Ericas Downs, "Business Interest in Chinese Politics: The Case of the Oil Companies," Cheng Li, ed., *China's Changing Political Landscape Prospect for Democracy*(Brookings Institute Press, 2008), pp.121~137.

부문에 걸친 해양권익 보호의 역할을 국가해양국에 맡기고 순찰(patrol) 기능을 강화했다. 또한 '국가해양발전 전략'을 제정하는 국가해양위원회를 새롭게 설치하고 해양자원 개발, 관리의 강화를 도모했다(北京共同).

일반론으로서 말하자면 자원의 중국 단독개발을 주장하는 그룹은 갈수록 대두하는 중국 자신에 더욱 자신감을 갖고, 일본 등과 공동개발할 필요는 없으며, 단독으로 충분히 개발할 수 있다는 논의를 전개하고 있을 것이다. 위에서 언급한 중국 민간 보조(保釣) 연합회 사이트의 "동중국해의 공동개발을 주장하는 자는 매국노이다"라는 슬로건은 이러한 그룹에 선동되었던 것이라는 추측을 할 수 있게 한다.

궁지에 내몰린 국제협조파 그룹

이에 대해서 중일 공동개발을 주장하는 그룹은 국제사회에서 중국의 대두를 어디까지나 국제사회에 중국이 참가하고 국제경제와 상호의존 추진의 성과로서 파악하며, 국제협조 노선을 중시하는 생각을 갖고 있다. 위에서 언급한 『중국외교백서』에는 국경 및 해양문제에서는 강경한 주장이 보이지만, 동시에 "여린위선(與隣爲善), 여린위반(與隣爲伴)이라는 인접국 관계를 중시하는 외교 정책을 계속하여 관철하고 있으며 …… 적극적으로 관계국과의 대화와 협조를 통해서 공동개발과 협력을 추진한다"라는 주장도 보인다.[17] 외교부 가운데에 이러한 국제협조파의 주장을

---

17 ≪中國內外動向(旬刊)≫, 2010.10.20., p.9.

살펴볼 수 있는 것은 이제까지의 동향으로부터 보아도 당연한 것이다. 이러한 문맥에서 대일 관계, 중일 상호의존 관계의 가일층 발전이 중시되어왔다.

어선 충돌과 센카쿠 영유권 문제를 둘러싸고 중일 공동개발이 완전히 단절되어, 그 이후 몇 차례에 걸쳐 일본 측 정상이 대화 재개의 제안을 해왔음에 불구하고 오늘날까지 전망이 보이지 않고 있다. 이러한 현실을 본다면 중국 지도부의 정책결정과정 가운데 자원·에너지 확보를 둘러싸고 공동개발을 주장하는 그룹과 중국 단독개발을 주장하는 그룹 사이에 엄중한 대립이 있으며, 결과적으로 공동개발을 주장하는 그룹이 패했다고 보는 견해가 가능하게 된다.

반일적인 민족주의 분위기가 강해지는 가운데 협조노선을 중시하는 공동개발을 주장하는 그룹이 엄중한 입장에 서게 되는 것은 상상하기 어렵지 않다. 물론 현 시점에서 누가 단독개발파이며 누가 공동개발파인지의 여부는 알 수 없으며, 이러한 주장의 대립을 그룹으로서 고정적으로 파악하는 것이 타당한 것인가의 여부도 논쟁의 여지가 있다.

그러나 문제는 또한 복잡하며 착종되어 있는 것은 아닌가? 즉 2010년 10월 중순에서 하순까지 재연(再燃)되었던 일련의 반일시위와 중국공산당 17기 5중전회의 동향에 비추어 살펴보면 다소 다른 형태로 상호관계를 파악할 수 있을 것이다.

5중전회의 마지막 날, 시진핑 국가부주석이 중앙군사위원회 부주석에 임명되었다. 이것은 확실히 시진핑이 후진타오의 후계자로서 당 내부에서 승인되었다는 것을 의미했다. 최종일 직전에 확증은 없지만 "시진핑의 군사위원회 부주석 취임은 이번에는 보류인가?"라는 정보가 홍콩 보도를 통해 흘러나왔다. 최종적인 취임 결정에 따라 수많은 분석자 사이에서는 "장쩌민·태자당(太子黨: 고급 간부의 자제) 그룹이 시진핑을 군사위원회 부주석에 취임시키기 위해서 반일시위를 실시하고 후진타오·원자바오파에 압력을 가했던 것이 주효했다"라는 견해가 확산되었다.

그렇지만 필자는 이러한 견해와는 다른 견해를 갖고 있다. 이 시기의 시위는 이미 살펴본 것처럼 내륙 도시지역에서 일어났고, 반일의 슬로건과 동시에 격차와 부패 등 사회적 불평등, 불공평에 항의하는 내용이 많았다. 그것은 무엇보다도 강대화한 '기득권 그룹'에 대한 항의로서의 의미를 지니며, 이제까지 '조화로운 사회'의 추진을 강조해온 후진타오·원자바오 노선의 주장에 따른 것이었다.

필자의 대담한 가설은 같은 '반일'에서도 9월의 센카쿠 열도 사건은 '공동개발' 반대파의 힘이 추진력이 되었고, 10월의 내륙 지역에서의 학생 시위는 사회의 불공평·격차 확대에 대한 불만이 추진력이 되었던 것이다. 9월의 센카쿠 사건의 표적이 '중일 공동개발' 그룹을 향했던 것이라면, 10월의 학생 시위는 현 지도부·엘리트층의 경제성장 노선의 수익자 그룹을 향한 것이었다고 생각된다. 표층적으로는 같은 '반일'이 내세워지고 있으면서도 실질은 다른 주장, 다른 그룹이 그 배경에 있었던 것이다.

따라서 시진핑의 중앙군사위원회 부주석 취임은 이미 기정 노선이었으며, 문제는 오히려 그 이외의 지도부 인사(국무원 총리와 당 중앙정치국 상무위원 등)에 얽혀 '조화로운 사회' 건설 중시파를 뒷받침하고자 하는 의도와 효과가 있었던 것은 아니었을까?

중앙 지도부의 내부에서 발생하는 권력의 마찰에 대해서는 다음 장(章)에서 상세하게 논하도록 하겠다.

제 4 장

센카쿠의 쟁점

1. 다시 불붙은 센카쿠 문제

2012년 '센카쿠 국유화'가 유발한 반일시위

2012년 4월 이시하라 신타로(石原愼太郎) 도쿄 도지사의 '센카쿠 열도 매입 발언' 이후 타이완·홍콩을 포함한 중국과의 관계, 국내 정세가 긴박하게 돌아갔다. 같은 해 8월, 이번에는 홍콩의 민간단체 '댜오위다오(釣魚島) 방어 민간 연합회' 그룹이 센카쿠 열도의 댜오위다오에 상륙을 감행하고 일본 정부 당국과 분쟁을 일으켜 체포되어 강제 송환되는 사건이 일어났다. 센카쿠 열도를 둘러싸고 중국 대륙뿐만 아니라 홍콩, 나아가서는 타이완이 결부되어 반일 공세를 높여갔다.

이에 대해서 일본 국내에서도 이시하라 신타로 지사가 제창한 '센카쿠 매입 구상'을 실현시켜야 한다며 민간의 자금 모금 운동이 추진되었다.

이시하라의 제창에 이어서 민족주의적인 정치가, 미디어도 '결연하게' 센카쿠 방위를 부르짖고, 센카쿠 열도를 둘러싼 긴박감은 종래에 없던 양상을 노정했다.

이러한 상황에서 일본 정부가 9월 11일에 '센카쿠 열도의 국유화'를 각의결정(閣議決定)했다. 그날 ≪인민일보≫(인터넷판)는 "중국 댜오위다오가 어찌 타인에 의해 자의적으로 매매되는 것을 용납할 수 있는가"라는 제목의 긴 평론을 게재하고 그 말미에서 "현재 상황은 '현애륵마(懸崖勒馬: 우뚝 솟은 절벽에서 말의 고삐를 잡아당기고 멈추어 있는 상태)'이다. 이 점을 일본 정부는 인식해야 한다"라고 역설했다. 중국의 친구는 "이 표현은 군사행동 등 격렬한 공격을 행하기 전에 잘 쓰이는 표현으로, 위험하다"라고 가르쳐주었다.

어찌 생각이나 했으랴. 그 직후부터 18일에 걸쳐서 중국 전역의 100개가 넘는 도시에서 '반일시위의 폭풍우'가 거세졌다. 그 와중에 일본계 기업, 상점 등에 대한 처참하기까지 한 파괴·약탈이 행해졌고, 중일관계는 정치뿐만 아니라 경제, 나아가서는 다른 분야의 교류 등도 심각한 타격을 받았다.

그로부터 거의 1개월이 지난 10월 초순, 중국 내 반일 움직임은 표면상 거의 수습된 것처럼 보였다. 그렇지만 중국에 있는 일본계 기업, 상점은 큰 타격을 받았고 일본의 대중 수출도 대폭 하락했다. 또한 센카쿠 열도 인근의 일본 영해에 중국 선박이 빈번히 침범하고, 세계 저명 신문 등에 중국 측 주장을 담은 광고를 대량으로 게재하는 등 국제 캠페인이 더욱 두드러져 일본에게는 예단을 허락하지 않는 상황이 계속되었다. 중국 국내에서도 다양한 불만이 축적되어 있어서 내부를 단단히 죄고 공산당의 압도적인 권위를 보여줄 필요가 있었다.

일본 정부의 '국유화' 선언은 실제로는 이 목적을 실현하기 위한 절호의 기회였다. 일본이 어떻게 주장하고 있는지는 상관없이 중국 당국은 '국유화'라는 표현 자체를 이용하여 "일본 정부 측은 영토를 침략했다", "일본 군국주의가 부활했다"라고 부르짖으며 국민의 민족 감정을 격렬하게 선동했다. 1990년대 이래 TV의 대량 항일영화 방송, 항일 기념관 참관 등으로 반일 애국교육을 받아온 국민, 특히 젊은이들은 이러한 호소에 호응하여 반일 민족주의의 기운이 일거에 고조되었다.

시위를 배후에서 조종한 베이징 정부

그 이후 무작위로 들어온 정보를 연결하면 최대 규모의 반일시위는 예상외의 자발적인 확산도 있었지만, 기본적으로는 중국의 당과 정부가 뒤에서 조종한 계획적인 사건이었다는 것이 그 진상일 것이다.

두세 개의 예를 들어보면, 베이징에서는 당 중앙선전부의 지시로 일본의 '친중적인' 미디어에 대해서까지 이 문제에 대한 "중국을 비판하는 기사는 허락하지 않는다"라는 강한 하달이 있었다. 상하이에서는 당국이 시의 외부에서 시위에 참가하려는 수많은 젊은이를 버스로 데려오고 식사를 제공하는 등 그들을 동원했다는 정보도 있다. 또한 칭다오(靑島) 황엔다오(黃岩島)의 온천(spa)-JUSCO는 TV에도 수차례 보도된 바와 같이 철저하게 파괴·약탈당했는데, 같은 칭다오 시내에 있는 5개의 같은 JUSCO는 전혀 피해가 없고 손상을 입지 않아 황옌다오에 어떤 의도적인 지령이 있었다는 소문이 나돌았다.

10월 하순에 중국 당국의 '어용학자' 격인 일본문제 전문가와 잡담할 기회가 있었는데, 베이징 어느 지도자의 연석(宴席)에서 "(국유화를 결정한) 노다 총리에게 건배!"라는 목소리가 나왔다는 말을 들었다.

아마도 국내의 긴축, 센카쿠에 대한 구체적인 공세라는 중국 당국의 내정·외교상 당면 의도가 멋지게 실현되었다고 할 수 있을지도 모르겠다. 그렇다면 문제는 어디에 있는가가 의문시되지 않으면 안 되는데, 그 전에 센카쿠를 둘러싼 '역사적 사실'과 그것이 양국 간에 문제화되어가는 과정을 정리해보도록 하겠다.

2. 센카쿠의 '역사적 사실'과 문제화된 경위

1971년까지는 쟁점이 되지 않았다

센카쿠 열도는 오키나와현(沖繩縣) 이시가키(石垣) 섬의 북방 약 130~150km, 북위 25도 43~56분, 동경 123도 37~124도 34분의 해역에 점재하는 섬들로 구성되어 있다. 〈그림 5〉를 통해서도 알 수 있는 바와 같이, 타이완 북단의 동측 방향, 이시가키 섬·미야코(宮古) 섬의 북쪽, 구메(久米) 섬의 서쪽 방향에 위치하며 일본 본토로부터 상당히 떨어져 있다. 옛

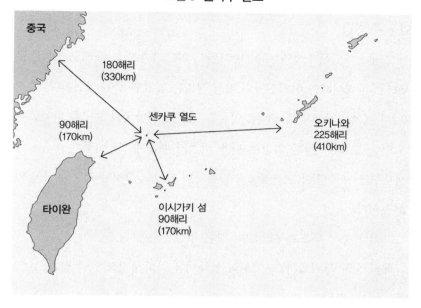

그림 5 **센카쿠 열도**

날부터 다양한 사람들이 센카쿠 열도 근해를 왕래했으며 또한 이 열도에 상륙했던 것은 잘 알려져 있다. 대다수는 중국 대륙과 타이완, 일본, 한 반도, 혹은 동남아시아의 어민, 혹은 왜구(倭寇)라고 불렸던 일본을 위시 한 다국적 '해적(海賊)'이며, 특정 국가의 이른바 '중앙정부', '국민'이 자국 령이라는 것을 의식해서 당 지역을 영유 및 지배했던 기록은 어디에도 남아 있지 않다.

1895년 국제사회에서 19세기 당시의 국제적인 행동방식에 기초하여 이 지역을 자국의 영토로 선언하고 편입했던 것은 일본 정부였다. 물론 일본에 편입된 시기는 청일전쟁 직후로, 일본이 승자로서 패자인 중국이 약한 입장에 있었기 때문에 '강탈(强奪)' 당하지 않을 수 없었다는 주장은 있을 수 있다.

그러나 어쨌든 1895년부터 1971년에 이르기까지 한 차례도 중국으로부터 자국령이라는 이의신청의 정식 성명은 없었던 것이 사실이다. 특히 제2차 세계대전에서의 패배로 일본은 거꾸로 연합국의 요구를 받아들이지 않을 수 없는 약한 입장에 서게 되었기 때문에, 그 시점에서 중국이 '센카쿠는 자국령'이라는 것을 주장했다면 아마도 그것을 거부할 수 없었을 것이다.

그러나 중국 측으로부터 그와 같은 주장은 없었다.

특히 중국 측에게서 그 이후의 설득력을 약화시키고 있는 점은, 1951년의 샌프란시스코 강화조약 체결 때에 제3조에서 "북위 29도 이남의 남서 제도(諸島) …… 를 합중국을 유일의 시정권자(施政權者)로 하는 신탁통치 제도 아래에 두는 것을 국제연합에 대한 합중국의 그 어떤 제안에도 동의한다"라고 표현되어 있는데, 물론 위에서 언급한 것과 같이 센카쿠 열도는 이 범위 내에 포함되어 있다. 이때에 중화인민공화국 정부도 중화민국 정부도 어떠한 이의신청을 하지 않았던 셈이다.

그것뿐만이 아니다. 1953년 1월 8일 자 ≪인민일보≫의 '류큐 군도(群島) 인민의 미국 점령을 반대하는 투쟁'이라는 주제의 기사 가운데에서 센카쿠 열도를 류큐 군도에 포함시키는 형태로 논의를 전개하고 있다. 1969년에 발행된 중화인민공화국 지도에는 이 지역이 '댜오위다오'가 아니라 일본이 주장하는 '센카쿠 열도(尖閣諸島)'로 명기되어 있다.

영유권을 둘러싼 마찰을 피해왔던 중일 양국

그렇지만 중국 당국은 바로 이 지역을 '자국령'이라고 주장하게 되었다. 최초의 명확한 의사 표시는 1971년 5월 1일에 이루어졌다. 그날 ≪인민일보≫는 '중국 영토주권의 침범은 용인할 수 없다'라는 주제의 평론원 논문을 게재했다. 중화민국 정부는 1971년 6월 11일에 '류큐 군도의 지위문제에 관한 중화민국 정부 외교부 성명'을 발표하고 "댜오위 열도(釣魚列島)는 중화민국 정부의 일부분을 구성하고 있다"라는 주장을 명백히 했다.[1]

중화인민공화국 정부가 정식으로 외교부 성명을 통해서 처음으로 항의했던 것은 1971년 12월 30일이었다. 말하기를 "댜오위다오 등의 도서는 예전부터 중국 영토이다. 일찍이 명(明)나라 시대에 이러한 도서는 이미 중국의 해상 방어구역 가운데에 포함되었으며 …… 중국의 타이완에 소속된 도서였다. 중국과 류큐의 이 구역에서 경계선은 츠웨이위(赤尾嶼)와 구메 섬 가운데에 있다. 중국 타이완 어민은 예전부터 댜오위다오 등의 도서에서 어로 사업을 해왔다. 일본 정부는 청일전쟁을 통해서 이러한 도서를 잽싸게 빼앗아 ……"[2]라고 주장하고 있다.

그러나 일본 정부는 중국 당국의 주장을 국제사회의 관례, 규칙(rule)에 따라 볼 때 설득력이 없다고 판단하여 이를 무시하고 센카쿠 열도를

---

1 『중일관계 기본자료 1949~1997년(日中關係基本資料 1949~1997年)』(霞山會, 1998), pp.369~370.

2 ≪人民日報≫, 1971.12.31.

둘러싼 '영토문제는 존재하지 않는다'라는 입장을 명확히 하며 오늘날에 이르기까지 이를 견지하고 있다. 1971년 오키나와 반환 당시에도 미일 양국 간에 '합의된 의사록'이 있었는데, 그 제1조 2항에서 이제까지 미국 시정권(施政權)하에 있던 오키나와 영토의 범위가 센카쿠 열도까지 포함한 것으로 명확히 되어 있다.

1980년대 이후 중국 당국은 다양한 국면에서 중국 영토라는 것을 주장해왔지만 일본에 대해서 공식적인 항의행동을 일으키지는 않았다. 정식 입장은 1978년 10월에 방일한 덩샤오핑의 이하 발언에 집약되어 있다. "센카쿠 열도를 중국에서는 댜오위댜오라고 부른다. 이름부터 틀리다. 확실히 센카쿠 열도의 영유권에 대해서는 중일 쌍방 간에 차이가 있다. 국교정상화 때에 양국은 이것을 언급하지 않는다고 약속했다. 오늘 평화조약 교섭과도 같은 것으로 언급하지 않기로 의견의 일치를 보았다. …… 이러한 문제는 잠시 미루어두어도 문제가 되지 않는다. 다음 세대는 우리보다 더욱 지혜가 있을 것이다. 모두 받아들일 수 있는 좋은 해결 방법을 찾아낼 것이다."[3] 이에 대해 일본 정부는 원래 '영토문제는 아니다'라는 인식하에 중국 측이 해결을 '미루자고 주장하는 것은 (당신 측의) 자유'라는 입장을 취했다.

중일 양국 정부 사이에 각자 자국의 입장은 견지하면서, 쌍방 간의 마찰은 최대한 피하고 자극하지 않는 태도를 취하는 것이 당시의 암묵적인

---

3 ≪朝日新聞≫, 1978.10.26.

합의였다고 생각된다.

그러나 중국은 1992년 2월 전국인민대표대회 상무위원회에서 「영해
법」을 제정하여 남중국해, 동중국해의 경계선을 일방적으로 결정하고,
그 내측에 포함되는 "댜오위 열도는 자국령이다"[4]라고 일방적으로 선언
했다. 이에 대해서 일본 정부는 '항의를 하는 등의 반응을 보이는 것 자체
가 분쟁 지역이라는 것을 의미하게 된다'라는 인식하에 중국 측의 행동을
계속 무시하는 태도를 취했다. 그렇지만 일본 청년사(靑年社) 등 민족주
의 단체, 일부 국회의원은 이에 반발하고 센카쿠 열도의 실효지배를 호
소하는 활동을 활발히 벌였다. 한편 중국뿐만 아니라 홍콩, 타이완에서
도 센카쿠 문제를 중대시하는 움직임이 두드러져서, 2003년 12월에는
샤먼(廈門)에서 '전 세계 화인(華人) 보조(保釣) 포럼'이 개최되어 '중국 민
간 보조(保釣) 연합회'가 결성되었다.[5]

긴박해지는 센카쿠 근해

'영토문제로서의 센카쿠 문제'는 중일 쌍방에서 의견이 맞을 수 없는
자기주장의 응수(應酬)를 계속하면서도, 앞에서 다루었던 2010년 9월의
어선 충돌 사건까지는 정부 간 공식 루트로 직접 대립하지는 않았다.

그러나 석유, 천연가스를 위시한 해저자원 개발을 둘러싸고 중국 당

---

4 ≪人民日報≫, 1992.2.27.
5 ≪人民網≫(일본어판), 2003.12.29.

국은 점차로 구체적인 행동을 취하기 시작했다. 2004년 중국 정부가 센카쿠 근해의 시라카바[白樺, 중국명: 춘샤오(春曉)] 일대 해역을 독자적으로 조사하고 가스전 채굴 시설의 건설 등 활동을 본격화하고 있는 것이 일본 정부에 의해 확인되었다. 중국 측의 행동은 대단히 신중하면서도 전략적이었다.

우선 탐사·개발 작업을 추진하고 있는 지역이 일본 측이 중일 쌍방의 배타적 경제수역 경계선으로 주장하고 있는 동중국해의 중간선으로부터 약간이기는 하지만 서측의 지역, 즉 시라카바(춘샤오), 가시[樫, 중국명: 톈와이톈(天外天)], 구스노키[楠, 중국명: 돤차오(斷橋)] 등의 지역이었다는 점이다. 또한 고이즈미 준이치로 총리의 '야스쿠니 참배'를 둘러싸고 중일간의 감정적인 대립이 대단히 악화되어 중국 국내에서 반일 감정이 높아지고, 중국 정부의 강경한 자세를 지지하는 분위기가 형성되었던 시기였다는 점이다.

이에 항의한 일본 정부는 이듬해 2005년에 석유개발 회사인 데이코쿠석유(帝國石油)에 이 지역의 시굴권을 부여했다. 중국 정부는 이에 대해서 "중국의 주권과 권익에 대한 중대한 도전이자 침해"라고 강하게 항의하고 이후 해군 최신예 구축함을 포함한 함대로 상시 가스전 주변을 경비하도록 했다. 그렇지만 2006년 9월에 중일 상호불신을 심화시켰던 고이즈미 정권이 퇴진하고 아베 신조(安倍晋三)가 새로이 총리에 취임하자마자 10월에 곧바로 베이징을 방문하여('얼음을 깨는 여행'으로 불림) 중일관계의 개선을 위해 노력했다.

그 이후 양국 정상 간의 대화가 부활하고, 다양한 문제가 존재하지만 기본적으로는 양호한 관계로 돌아갔다. 센카쿠 근해를 둘러싸고도 2006년 10월 센카쿠 열도의 남동 약 6km의 일본 영해 내를 항행하는 중국의 해양조사선 2척이 발견되고, 2007년 10월 '보조(保釣) 행동위원회'의 선박이 센카쿠 근해에 들어가 일본의 '영유'에 항의하는 주장을 반복했는데, 그들의 행동은 억제되었다. 2008년 5월에는 후진타오 국가주석이 처음으로 일본을 공식 방문하여 후쿠다 야스오(福田康夫) 총리와 회담하고 공동 기자회견을 통해 동중국해 가스전 개발 문제에서 큰 진전이 이루어지고, "장기간의 현안에 전망이 섰다"(후쿠다), "문제해결이 보인다"(후진타오)라고 표명하는 데에까지 이르렀다.[6]

그러나 2008년 12월에 중국 해양국 소속의 해양조사선 2척이 일본 해상보안청의 경고에도 불구하고 센카쿠 근해에 들어가 9시간 반에 걸쳐 해양조사 활동을 강행하는 사태가 일어났다. 이튿날 중국 해양국 관계자는 "중국도 관할 역내에 존재감을 보이고 유효한 관할을 실현하지 않으면 안 된다"라고 강경한 발언을 했다.[7] 후진타오의 방일, 공동개발 추진 합의 이후 겨우 6개월 만에 일어난 사건이었다. 이러한 일련의 사태는 중국 국내에서 공동개발을 둘러싼 추진파와 반대파 사이의 갈등이 표면화된 것을 보여준다고 판단할 수 있을 것이다. 같은 해 6월 타이완의 유어

---

6 로이터, 2008.5.7.
7 ≪讀賣新聞≫, 2008.12.9.

선(遊漁船) '연합호(連合號)'가 이 지역에서 일본 해상보안청의 순시선과 충돌하여 침몰한 사건을 계기로 타이완에서 '중화보조협회(中華保釣協會)'가 설립되고, 중국 및 재외 화교와의 제휴가 시작되었던 것도 이와 관련되어 있는 것으로 여겨진다.

이후 중국 당국은 타이완 및 홍콩을 끌어들이고 또한 자원개발 관계 단체, 어민 그리고 민족주의 단체 등이 어우러져 센카쿠 열도를 둘러싼 중일관계는 복잡해지고 착종되면서 긴박해졌다. 이런 상황에서 제3장에서 언급했던 것처럼 2010년 9월 어선과 순시선의 충돌 사건이 발생했던 것이다.[8]

3. 센카쿠 영유권의 논리

중국의 논리 ① "센카쿠는 일본 제국주의에 의해 빼앗겼다"

중국이 센카쿠 열도의 일본 영유권을 부정하는 주요 근거는 두 가지가 있다. 한 가지는 일본이 근거로 삼는 '무주지(無主地) 선점'의 주장은 무엇보다 구미 열강 제국들이 19세기 이래 비(非)구미 지역에서 영토 확장을

---

8 이것에 관한 저자의 해석에 대해서는 Satoshi Amako, "China, the Emerging Super-power, and Drifting Sino-Japanese Relations: A Brittle Base Structure and the Linkage between Domestic Policies and Diplomacy," *The Journal of Contemporary China Studies*, No. 1(Waseda University, 2012)을 참조하기 바란다.

전개할 때에 자신의 '제국주의적 침략' 행동을 정당화하기 위해 사용한 논리이며, 그와 같은 주장은 인정되지 않는다는 것이다.

이러한 주장의 대표적인 것은 교토대학(京都大學) 교수 이노우에 기요시(井上淸)의 논문이다. 그는 1972년 2월 일본의 학술지 ≪역사연구(歷史研究)≫에 '센카쿠 열도 영유권'을 둘러싼 논문을 발표하고 '무주지, 선점지(先占地)' 등을 기준으로 하는 서구적인 국제법의 사고방식 자체가 제국주의적인 침략을 정당화하는 주장이기 때문에 용인할 수 없다고 일본 정부의 입장을 비판했다.[9] 중국은 오늘날 이노우에 기요시의 논문을 일본 정부의 주장을 부정하는 근거로서 인용하고 있다.

이 주장은 구미의 영토 확장이 실질적으로는 자주 격렬한 폭력을 수반하는 약탈적이었던 사실에 입각한다면 이해될 수 없는 것도 아니다. 그렇지만 그러한 측면이 있었다고 해도 근대사 이래, 국가 간의 관계가 긴밀화되고 있는 과정에서 유럽에서 기원한 국민국가 체제(웨스트팔리아 시스템)가 국제사회의 기본적인 틀이 되고, 대다수의 부분에서 구미적인 발상과 규칙이 국제적인 문제를 처리하는 데에 중요한 판단 기준이 되고 있는 것은 부정할 수 없다. 그리고 아시아, 아프리카 등 비(非)구미 국가들을 포함하여 그러한 구미에서 기원한 발상, 규칙을 수용하여 국제질서를 구축해왔던 것도 사실이다.

---

9 이노우에 기요시(井上淸)는 그 이후 같은 취지의 저서 『'센카쿠' 열도: 댜오위 제도의 역사적 해명('尖閣'列島: 釣魚諸島の史的解明)』(現代評論社, 1972)을 출판했다.

바로 그 중국 자신이 아편전쟁, 애로우호 전쟁 등의 결과, 영국을 위시한 구미의 제국주의적 침략에 의해 강제적으로 난징조약(南京條約), 베이징조약(北京條約)을 체결하고 홍콩 등을 상실했다. 그럼에도 중국은 그러한 '제국주의 침략적' 조약을 준수하고 시간을 갖고 평화 속에 문제를 해결했다는 점을 생각해보길 바란다. 청일전쟁 직후라는 타이밍과 방법의 문제가 어쨌든, 일본은 당시 적어도 국제적인 규칙, 절차에 따라 센카쿠 열도를 자국 영토로 정식으로 편입시킨 것은 확실하다. 반복되지만 1895년부터 76년간이나 그 어떤 국가로부터도 정식의 이의신청이 없었던 점, 그 사이 가장 전성기에는 248명의 일본인이 정주하여 생산활동을 했던 점 등이 국제법상으로는 '일본 영토'라는 근거가 되고 있다.

중국의 논리 ② "센카쿠는 고유의 영토이다"

중국의 주장을 밑받침하는 두 번째 근거로서, 일본 정부가 논거로 삼고 있는 센카쿠 열도는 '무주지'였다는 입장을 정면에서 부정하며 원래 중국 고유의 영토였다고 하는 주장이다. 중국 정부, 중화민국(타이완) 정부가 누차 인용하는 것이지만, 명나라 및 청나라 황제가 류큐에 파견했던 책봉사(冊封使)의 기록이 있다. 예를 들면, 1534년 책봉사 천칸(陳侃)은 『사유구록(使琉球錄)』에서 다음과 같이 기록했다. "10일 남풍이 매우 빨라서 배의 움직임이 날아가는 것과 같았다. 그렇지만 흐름에 따라 내려가면 심하게는 움직이지 않는다. 평가산(平嘉山)을 지나고 조어서(釣魚嶼)를 지나고 황모서(黃毛嶼)를 지나고 적서(赤嶼)를 지났다. …… 11일 저녁,

고미산(古米山, 구메 섬)을 보았다. 즉 류큐에 속하는 것이다. 이인(夷人) 배에 고무되어 집에 도착하는 것을 기쁘게 생각한다."

혹은 1562년 역시 명나라의 책봉사 궈루린(郭汝霖)의 『중편사유구록(重編使琉球錄)』에서는 다음과 같이 기록되어 있다. "윤달 5월 초 1일, 조서(釣嶼)를 지났다. 초 3일 적서(赤嶼)에 도착한다. 적서는 류큐 지방을 경계로 하는 산(山)이다. 다시 1일의 바람이 있다면, 즉 고미산(姑米山, 구메 섬)을 바라보게 될 것이다."[10]

확실히 당시의 어떤 사람들에게 적미서(赤尾嶼)와 구메 섬 사이에는 어떤 형태의 의미로 서로 다른 인식이 있었을 것이다. 아마도 류큐 사람들에게 구메 섬보다도 동쪽의 섬들은 자신들의 '고향'이라고도 불려야 하는 일대였을 것이다.

그러나 그런 점에서 류큐와 중국, 타이완 사이에 국가와 국가를 나누는 경계선이 있었다고 주장하는 것은 대단히 근거가 박약하다고 할 수밖에 없다. 인용하고 있는 자료는 당시의 다양한 견해의 일부에 불과하다. 예를 들면, 같은 시기에 명나라 정뤄쩡(鄭若曾)이 집필한 『주해도편(籌海圖編)』 제2권의 「복건왕사일본침로(福建往使日本針路)」에는 조어서(釣魚嶼)가 문장 가운데에도, 그리고 지도 위에도 명확하게 류큐의 일부로서 묘사되어 있다. 물론 "중국과 류큐의 경계선이 적미서와 구메 섬 사이에 있

---

10 중국국민당 중앙위원회 제4조(中國國民黨中央委員會第四組) 편저, 『댜오위타이 열도 문제 자료 집편(釣魚台列嶼問題資料輯編)』(海峽學術出版社, 2011), pp.357~358.

었다"라고 공적으로 이해할 수 있는 문서와 같은 증거는 아니다.

따라서 중국의 주장은 자신에게 유리한 자료만을 소개한 일방적인 해석이라는 점을 부정할 수 없다. 통상적으로 고려한다면 그것은 당시의 개인적인, 혹은 이 지역을 이용하고 있던 사람들의 심정을 말하고 있을 뿐으로, 그러한 심정으로부터 센카쿠 열도와 류큐 열도의 사이에 '영해를 나누는 의미에서의 명확한 경계선'이 있었다고 주장하는 것은 상당히 비약이 있는 것이다.

중국 측 주장의 네 가지 약점

재차 냉정하게 보아서 '중국 고유의 영토'라는 논의에는 과연 어느 정도의 정당성이 있을지 음미해보도록 하겠다. 오늘날 중국 측은 몇 가지의 자료를 제시하면서 이 섬은 '무주지'가 아니라 중국의 영토이며, 따라서 일본으로의 편입은 '빼앗아 간 것'을 의미한다고 주장하고 있다. 이 점은 2012년 9월 말의 유엔(UN) 총회에서 중국의 양제츠 외교부장이 재차 역설한 것이다. 그렇지만 중국 측의 주장에는 네 가지의 큰 약점이 있다.

첫 번째 약점은 근현대에서 국민국가에 기초한 주권·국경의 개념과 달리 전근대(명대, 청대)의 중국은 '천하국가론'으로 '중화(中華) 문화'의 수용 정도에 따라 경계를 정하고 상하의 계급(hierarchy)을 의식시킴으로써 질서가 있는 세력권을 형성했기 때문에[화이질서(華夷秩序)], 지리적인 경계 그 자체가 대단히 애매하고 센카쿠 열도를 명확하게 국가주권이 미치는 '고유의 영토'라고 하는 것에는 무리가 있다는 점이다. 이 점에 관해서 중국 민족문제의 저명한 전문가 왕커(王柯)는 무엇보다 중국의 국가인식을 '국민국가론'이 아니라 '천하국가론'이었다고 지적하고 있다.[11] 청일전쟁 이후의 「시모노세키 조약(下關條約)」에서 '타이완 할양'이 결정되었을 때, 청나라의 전권대사 이홍장(李鴻章)은 "타이완은 화외(化外)의 땅으로 상관없다"[12]라는 말을 남겼다. 당시 위정자 사이에서 얼마나 영토·국경이라는 개념이 박약했는지를 자연히 알 수 있다.

확실히 19세기 후반에 중국과 일본 모두 근대적인 국민국가 형성에 나서며[청나라는 1861년에 오늘날의 외교부에 상당하는 총리아문(總理衙門)을 설치함], 주변 국가들과 근대적인 국경 책정 교섭을 추진했다. 이 시기, 센카쿠 열도 일대에 대해서 일본 정부 내에서도 "중국에 속할지도 모른다"라는 의견이 있었던 것은 사실이다. 그렇지만 그와 같은 의견이 있었다는 것과 국가로서의 최종 판단은 별개의 것이다. 중국의 경우 중화민국이 성립할 때까지 국가로서의 중국의 사고는 기본적으로는 국민국가론이 아니었다. 이 점은 영토·영해 문제를 고려하는 데에 기존에 별로 논의되지 못했던 점이다.

두 번째 약점은 중국이 장기간 '대륙국가'로서 행동해온 점이다. 중국

---

11 왕커(王柯), 『'천하'를 지향하여: 중국, 다민족국가의 행보(「天下」を目指して: 中國多民族國家の歩み)』, 中國文化百華 第13卷(農山漁村文化協[農文協], 2007)을 참조하기 바란다.

12 고게쓰 사토코(古結諒子), 「일청전후의 대청 일본 외교와 국제관계: 이홍장의 정치적 후퇴와 3국 간섭의 결착(日清戰後の對淸日本外交と國際關係: 李鴻章の政治的後退と三國干涉の決着)」, ≪お茶の水史學≫ 第54號, pp.39~70.

은 육상 국경에 관해서는 다양한 주장이 있었으며, 국경을 둘러싼 역사의 공방(攻防)도 반복되어왔다. 따라서 육상 국경에 관한 경험과 지식은 풍부하다. 동시에 대륙에 근접한 연해를 대상으로 한 '해방론(海防論)'은 확실히 옛날부터 존재했다. 그 영역에 관해서 최근 발표된 나가사키 준신 대학(長崎純心大學)의 이시이 노조무(石井望) 조교수의 연구에 의하면『대명일통지(大明一統志)』(1461년)와 명나라의 지방지『강역(疆域)』의 기술에서는 복주부(福州府)의 영역을 "동쪽의 해안으로부터 159리(약 100km)에 이른다"라고 기록하고 있다고 지적한다.[13] 그러나 중국 연안으로부터 300km 이상 동쪽에 있는 센카쿠 열도에 대한 언급은 없다. 청조 시기인 1870년대에는 '새방(塞防)·해방(海防) 논쟁'이 일어났고, 이홍장 등에 의해 해군이 건설되고 연해 방어가 추진되었다. 그렇지만 '해양 국경'이라는 개념이 근대 이전에 존재했다는 말은 거의 들은 바가 없다.[14]

세 번째 약점은 중국 측이 센카쿠 열도를 자국령이라고 주장하는 근거 문헌에서 중국 황제의 사자(使者) '책봉사'에 동행했던 류큐인이 귀로에 센카쿠 열도를 지나치며 구메 섬에 들어가고 나서 "고향으로 돌아왔다"며 소란을 떨었다는 문장을 예로 들어 센카쿠 열도는 류큐에 속하지 않았다고 지적한다. 여기까지는 그렇다고 해도 이것이 왜 중국 영토라는

---

13 ≪八重山日報≫, 2012.10.6.
14 근대 시기 중국의 해양방어와 관련된 구체적인 논의에 대해서는 다음을 참고하기 바란다. 류중민(劉中民),『중국 근대 해양방어 사상사』(서울: 한국해양전략연구소, 2013). _ 옮긴이 주

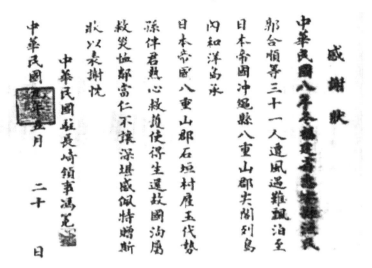

그림 6 **감사장**

주장의 근거가 되는 것인가? '무주지'라는 가능성은 남아 있다. 또한 이와 같은 주장은 국경 주변에서 일반적으로 보이는 원주민의 국경과 무관한 '고향' 의식과, 국가주권 및 영역의 경계가 혼동되어 자의적으로 사용되고 있는 것이다.

네 번째 약점은 이미 지적한 것인데, 중국이 자국 영토라고 처음으로 공식적으로 주장했던 것이 실제로는 1895년부터 76년이 지난 1971년이었다는 점이다. 실제로 자국령으로 생각했다면 왜 더욱 이른 시기에 그것을 주장하지 않았을까? 또한 1902년 5월 20일, 일본 오키나와현 야에야마군(八重山郡) 센카쿠 열도에 있는 와요도(和洋島, 댜오위다오에 해당함)에 표착한 중국 어민을 이시가키(石垣) 촌민이 구제해준 것에 대해 중화민국의 나가사키 주재 영사가 준 '감사장'이 있다.

중화인민공화국 건국 이후에도 중국에서 가장 권위 있는 ≪인민일보≫가 센카쿠를 '류큐 제도'에 포함하여 언급하고 있는 기사도 있다(1953년 1월 8일). 2012년 10월 하순 타이완에서 '센카쿠를 둘러싼 국제심포지엄'이 있어서, 필자는 여기에 참가하여 이러한 종류의 주장을 전개했는데 중국 측 학자로부터 상당히 강경한 반론이 있었다. 그렇지만 필자의 입장에서 본다면, '목소리는 컸지만' 설득력은 약했다는 인상을 받았다.

왜 영토 분쟁이 현재 쟁점이 되었는가?

그렇다면 오늘날 1972년 이래에도 '영유권의 보류'를 주장했던 중국이 왜 과감하고 강력하게 '자국 고유의 영토'라고 주장하게 되었을까? 주요한 이유로서는 다음과 같은 세 가지를 지적할 수 있다.

① 센카쿠 열도 해역의 풍부한 해저자원의 확보라는 경제적 이유
② 대국화에 따른 민족주의의 고조
③ 아시아·태평양의 세력권 확대를 둘러싼 군사전략적 이유

2010년 9월의 센카쿠 근해의 중국 어선 충돌 사건에 관련된 중일 충돌의 주요한 배경은 ①이었다고 추측되는데, 2012년 9월의 '반일 폭발'은 ①의 요인은 약하고, ②와 ③의 요인이 강하다고 판단할 수 있다.

②의 경우 아마도 중국은 더욱 증가되는 국력을 배경으로 센카쿠 열도에서 일본의 실효 지배를 무너뜨리는 것을 목표로 한, 일본 영해 내에서

의 빈번한 해상경비선의 출입, 섬에의 상륙 등 향후에도 집요한 접근을 시도하게 될 것이다. 이것과 관련해서 해역 침범에 대해서는 신중하면서도 강한 경고와 배제를 반복하는 것, 상륙 시도에 대해서는 상륙 직전의 단계에서 철저히 배제하는 것이 중요하다.

그런데 이번의 중국 측의 공세에는 다분히 ③의 요소가 중요한 비중을 차지하고 있다. 이에 더하여 추가한다면,

④ 센카쿠를 자국 영토라고 주장하는 타이완과도 연대해 결과적으로 '중국·타이완 통일'의 기운과 조건을 높이는 효과

를 노리고자 한 부분도 있다. 국내의 격차 문제 등 민중의 체제에 대한 불만과 지도부 내의 권력투쟁의 반영 등 다양한 억측도 흘러나오고 있지만, 지금에 이르러 본다면 그러한 요인 이상으로 지도부의 의사를 반영한 ②와 ③의 요인이 크다고 판단할 수 있다. 그렇다면 센카쿠 문제는 단순히 중일 간의 문제에 멈추지 않고 근린 국가들, 아시아·태평양 지역에서 세력균형(power balance)의 변경과도 관련된 중대한 문제가 되며, 장기적인 분쟁을 유발하는 문제가 될 것이다.

열쇠를 쥐고 있는 타이완

그렇다면 문제 해결을 위해서 앞으로 어떻게 해야 좋을까? 물론 안이한 양보와 타협은 피해야 할 것이다. 그렇지만 눈앞의 문제로서 중단된

경제 교류, 해당 지역에서 정체된 경제활동의 회복을 위해 문제가 되고 있는 '국유화'에 대한 대응에 관해 지혜를 모으지 않으면 안 된다. 이에 대한 개인적인 방안을 아래에서 제시해보도록 하겠다.

① 실질은 바꾸지 않고 형식(국유화라는 표현)을 변화시킨다.

이것은 즉 '센카쿠의 현상 유지'를 핵심어로 하고 덩샤오핑의 '보류론' 과 같은 의도로 "국유화한 내실은 변하지 않지만 향후에 중국을 향해서 국유화라는 표현을 사용하지 않는다"라는 설명을 하고 절충하는 것이다.

② 현상을 미묘하게 변화시키는 방법을 취한다.

예를 들면, 해양연구개발 관련 연구기관, 혹은 환경 등 NPO 조직에 소유·관리를 위임하는 등의 출구를 모색하는[후지쓰총연경제연구소(富士通總研經濟硏究所) 주석(主席)연구원 커룽(柯隆) 씨의 시사] 것이다. 만약 이로 인해 중단, 정체를 보였던 중일 간의 경제 교류를 수복할 수 있다면 우선은 재출발할 수 있다.

③ 타이완의 제창에 찬동한다.

동시에 전항(前項)에서 지적한 ②와 ③에 얽힌 중장기적인 문제에 대해서는 타이완의 마잉주(馬英九) 총통이 9월에 제창한 주권논쟁은 보류하고 평화·호혜, 공동개발을 지향하는 '동중국해 평화 이니셔티브'에 우선 찬동하고 적극적으로 그 실현화를 지향하는 것이다.

이러한 이니셔티브에 일본이 편승한다면 일본·타이완 간의 제휴가 형성되는 것에 중국은 경계를 할 것이다. 그렇지만 센카쿠를 둘러싼 문제에서 '타이완'을 주체로 받아들이고 일본·타이완 사이에 구체적인 합의·연대의 움직임이 나오게 된다면, 정세는 크게 변화하고 중국도 이것에 편승하게 될 가능성이 있다. 따라서 일본은 우선 타이완과의 대화에 나서야 할 것이다.

필자는 2012년 9월 하순 이래 다양한 발언의 장에서 이와 같은 견해를 반복해왔다. 다행스럽게도 2013년 4월 10일, 센카쿠 주변 해역에서의 타이완 어선의 조업을 둘러싸고 일본·타이완 간에 어업협정이 체결되었다. 다음의 전략은 일본·타이완에서 중국을 둘러싼 어업 교섭이 될지도 모르겠다.

타이완이라는 보조선

타이완에 관해서 잠시 추가해서 설명하도록 하겠다. 기존의 '타이완 = 친일적'이라는 구도가 다소 변하고 있는 것은 부정할 수 없다.

2012년 7월, 타이완의 ≪중국시보(中國時報)≫에 의하면 대륙의 ≪환구시보≫ 여론조사 기관과 함께 베이징, 상하이, 광저우, 청두, 시안, 창사(長沙), 선양(瀋陽) 등 7개 도시 18세 이상의 일반 서민 1,502명에게 한 전화 인터뷰의 결과에 의하면, "중국·타이완 양안이 공동보조를 취해 댜오위 열도의 주권 방위를 위해 무력행사도 불사해야 한다"는 질문에 대해 "지지한다"라고 답한 사람은 중국 대륙에서는 91%, 타이완에서는 41%

나 달하고 있다.

타이완의 수치는 대륙에 비해서 상당히 낮지만, '친일 감정이 강한 타이완'이라는 점, 아직 본격적인 긴장 상태에 이르지 않은 시점이라는 점을 고려한다면 상당히 높은 수치라고 판단할 수 있을 것이다. '도(都) 지사의 구입 발언', '정부의 국유화 발언'만으로도 얼마나 위험한 도발인가를 인식하지 않으면 안 된다. '일본 정부의 국유화 결정'이 그 이후의 일본·타이완 혹은 중국·타이완의 관계에 어떠한 영향을 미칠 것인가 주시해야 할 것이다.

2012년 여름, 타이완의 국민당 계열의 친일적인 안보문제 전문가와 의견 교환을 했다. 그는 "이미 마잉주 총통에 가까운 국민당의 입법 의원 가운데에도 중국과 마찬가지로 일본과 싸워야 한다고 주장하는 사람이 있다. '일본 정부의 국유화 발언' 자체도 일반적으로는 상당한 도발로 받아들이는 경향이 강하다. 머리가 아프다"라고 발언했다.

민진당(民進黨) 계통의 친일적인 인사들 사이에서도 일본의 '구입 안', '국유화 안'을 정면에서 지지할 수 있는 분위기는 전혀 아니다. 그렇지만 지일파(知日派)인 다른 학자의 말에 의하면, 타이완이 실질적으로 가장 주의하고 있는 것은 센카쿠 열도 부근에서 타이완 어민의 자유로운 어업 활동의 보장이라는 것이다. 물론 그렇지 않은 사람들도 증가하고 있지만, 일본 정부의 책임 있는 관계자의 세심한 배려가 요구되는 바이다.

필자는 2012년 10월 하순 타이완의 국제심포지엄에서 '마잉주 제안'을 중시하고 그 실현을 향한 노력을 지지한다고 발언했다. 일본 외무장관이 '마잉주 제안'을 평가하면서도 우려하고 있는 점은 우선 "댜오위 제도(諸島)는 중화민국의 영토이다"라는 한 줄이 삽입되었으며, 이것에는 응할 수 없다는 것이다. 그렇지만 '마잉주 제안'은 "주권 문제는 보류하고"라고 말하고 있으며, 이 점에 입각하여 2013년 4월에 체결된 일본·타이완 어업협정을 토대로 동중국해 평화 이니셔티브의 '마잉주 제안'에 파고들 대화의 가능성은 있다.

동아시아의 안전보장을 재구축하자

생각을 좀 더 진전시켜본다면 동중국해, 동해(일본해)의 영토·영해 문제를 고려할 경우 일본·중국의 대립에 타이완이라는 주체를 넣는 것은 말할 필요도 없고, 한국, 러시아 그리고 미국 등을 포함하여 평화의 틀 만들기를 생각하는 것이 중요한 것은 아닐까? 부상하는 중국, 불안정한 북한에 의한 '힘의 균형(power balance)'의 변화라는 현실에 입각하여 21세기 동북아시아의 안전보장·평화구축의 틀을 공동으로 구상하는 '동북아시아 평화 이니셔티브'를 일본이 주체적으로 제창할 필요가 있는 것은 아닐까? 물론 대립하고 있는 각국 정부를 기초로 하여 이와 같은 구상이 순조롭게 시작되지는 않을 것이다. 이러한 맥락에서 싱크탱크, 연구자를 중심으로 하는 워크숍 등 '멀티 스터디 그룹' 방식으로 대처하며 논의하는 것이 좋은 것은 아닐까?

특히 정부에 일정한 영향력이 있는 연구소와 연구자가 참가하는 '트랙(track) 2' 방식이 현실적이면서도 바람직하다. 여기에서 미래의 구상을 제기할 수 있다면, 그 후에 각국 정부에 대한 영향도 나타나게 될 것이며, 이는 대단히 중요한 성과가 될 것이 아니겠는가?

이번의 센카쿠를 둘러싼 중일 충돌의 중심적인 속내가 만약 아시아·태평양 해역에서의 세력권 확대라고 한다면, 물론 미국도 '중립적인 입장을 취한다' 등과 같은 한가한 말을 하고 있을 수 없다. 따라서 장래에 중국, 나아가서는 미국을 포함한 새로운 상호조정과 신뢰양성을 위한 대화 메커니즘의 구축이 필요해진다. '동북아시아 평화 이니셔티브'의 제안에는 반드시 미국도 참가하게 될 것이다.

무엇보다 중국의 대응은 제18차 당대회, 제12기 전국인대 대회에서 형성된 시진핑·리커창의 새로운 지도 체제에 맡겨지게 되었다. 그 지도부의 구성, 특징을 지켜보면서 동시에 일본의 아베 정권, 미국의 제2기 오바마 정권의 아시아 접근(approach) 등을 확실히 분석하여 일본도 새로운 대(對)중국, 대(對)아시아 접근을 단기적 수준 및 중장기적인 차원에서 면밀하게 강구해나갈 필요가 있다.

대국 민족주의의 대두와 '센카쿠 문제'의 불안정화

오늘날 중일관계의 전체적 상황을 고려하자면, '센카쿠 문제'는 심각해지고 있으며 양국 관계 전체를 불안정화시킬 수밖에 없을 정도의 중대한 이슈로 바뀌고 있다. 그 핵심어(key word)는 '대국 민족주의'이다.

개혁·개방의 재가속을 시도했던 덩샤오핑의 '남순강화(南巡講話)'와 같은 시기인 1992년 2월 말, 전국인대 상무위원회에서 센카쿠 열도를 자국

령에 포함시키는 동중국해 및 남중국해의 영역을 명기한 「영해법」이 채택되었다. 천안문 사건으로 강제된 '국제적 고립'으로부터 벗어나고 '평화와 발전'에 집중하는 것을 최우선시했던 중국 당국이 왜 주변 국가들과 마찰·대립을 유발할 수밖에 없는 이와 같은 법률을 채택했던 것일까?

천안문 사건, 소련·동유럽 사회주의 국가들의 붕괴는 국가건설, 통합을 정당화하는 이데올로기로서 공산주의의 실추를 초래했다. 중국은 공산주의를 대신하는 이데올로기로서 민족주의(nationalism)의 고무에 몰두했다. 천안문 사건 직후부터 시작된 대학생의 '애국주의·군사훈련', 1990년 12월의 장쩌민에 의한 '적극적 방어론'의 재제창, 1994년부터의 애국주의 교육 요강(要綱)의 실시, 군사력의 증강과 핵실험의 강행 등은 실제로 국가체제의 위기를 반영한 것이었다.[15]

이러한 동향보다 조금 전인 1988년에는 일본의 우익단체 청년사(青年社)에 의한 센카쿠 열도에의 상륙, 남중국해 스프래틀리 제도[난사군도(南沙群島)]에서의 베트남과의 격렬한 무장 충돌 사건 등이 발발하여 국내에서 '영토 영해 문제'에 대한 관심이 높아졌다. 아마도 「영해법」의 제정은 이러한 움직임을 배경으로 했던 것으로 보인다.

센카쿠 열도를 둘러싸고 어떤 문제가 발생했을 경우 중국 당국이 다만 '영토문제 보류'라는 태도를 취하기보다 "일본 측의 중국에 대한 주권, 영

---

15 『장쩌민 국방과 군대건설 사상 술요(江澤民國防和軍隊建設思想述要』(中央文獻出版社, 2006), pp.157~158; ≪人民日報≫, 1994.9.6.

토 영해의 침해", "해저자원 개발은 당연한 합법적 행위" 등으로 주장하는 쪽이 국내에서 받아들여지기 훨씬 쉬운 것이다. 물론 이와 같은 법률의 제정이 바로 관계당사국에 대한 강경한 행동을 유발했는가 하면 그렇지는 않았다. 여전히 경제협력·경제교류의 추진이 중일관계의 기조였다.

그러나 1990년대부터 2000년대를 통해서 고도 경제성장, 대폭적인 군사력의 증강을 계속하면서 어떤 종류의 '자신감'이 생겨서 국내의 지도자, 지식인, 젊은이들 간에 '대국의식'이 형성되고 서방측 국가들과 일본에 대한 반발, 주변 국가들에 대한 고압적인 태도가 두드러지기 시작했다.

중국의 일본에 대한 감정 문제는 타국 간의 관계보다도 훨씬 복잡하고 미묘하다. △ 고래(古來)로부터 주변국 일본에 다대한 영향을 미쳐왔던 대국으로서의 우월 의식, △ 근대사 가운데에 대두하는 아시아의 대국 일본에 추월당했던 굴욕감과 희생을 강요받았다는 의식, △ 제2차 세계대전 이후에는 급속하게 부흥·발전을 실현하고 아시아의 대국으로서 소생한 일본을 경계하고 위협을 느끼는 의식, △ 개혁·개방 시대에는 발전을 위해 지원을 받고 '배우는 대상'으로서 간주하지 않을 수 없었던 의식, 그리고 △ 오늘날 GDP에서 일본을 추월한 중국이 '잃어버린 20년'이라고 말하는 일본에 대해서 어떤 부분에서 결국 '깔보는 것'이 가능해졌다는 의식, 그렇지만 또한 △ 사회의 '성숙'이라는 측면에서 본다면 크게 늦었다는 의식, 이러한 의식들이 혼연일체가 된 상태 자체가 중국의 대일 의식이라고 할 수 있을 것이다.

역사적 문맥에서 중국의 민족주의를 본다면, 과거의 그것은 구국 혹은 항일, 반미(反美) 애국 등과 같이, 모두 방어적·수세적인 민족주의였다. 그렇지만 오늘날의 그것은 예를 들면 2002년에 중국공산당 당대회에서 제창된 '중화민족의 위대한 부흥'이나 그 실천으로서의 2008년의 베이징 올림픽, 2010년의 상하이 만국박람회와 같이 자기주장을 전면적으로 내세우는 공세적인 민족주의의 고무(鼓舞)가 현저하다.

1990년대에 민족주의적 경향을 강하게 지닌 젊은 저자들이 『노(No)라고 말할 수 있는 중국』, 『그럼에도 노(No)라고 말할 수 있는 중국』 등의 저작을 발표했다. 같은 경향을 지닌 그들이 2009년에는 『"불쾌한 중국", 중국이 세계를 생각대로 움직이는 날』을 출판했다. 그러한 변화는 실로 '방어'에서 '공세'로의 민족주의의 전환을 상징하고 있다.

수상함을 증가시키고 있는 '보조(保釣) 운동'

앞에서 논한 바와 같이, 1990년대 말부터 민간 단위에서 '댜오위 열도를 지키는[보조(保釣)] 운동이 선박에 의한 직접 행동과 인터넷상의 활동을 전개하고, 또한 대륙뿐만 아니라 홍콩, 타이완, 해외 화인을 포함한 민간단체로서의 '중국 보조 민간 연합회(댜오위 열도를 방어하는 화인 연합조직)'가 결성되었다.

2010년 '센카쿠 열도 근해 어선 충돌 사건' 때에 청년, 학생 등을 중심으로 한 반일 운동이 일거에 각지로 확산된 현상은, 센카쿠 열도 문제가 반드시 중국 정부가 강력하게 통제할 수 있는 문제가 아니었다는 것을 의미하고 있다. 인터넷이라는, 순식간에 다수의 사람들에게 대량의, 상세한 정보를 전달할 수 있는 수단이 일반화됨에 따라, 단순히 정부 당국 간의 조정으로는 끝나지 않는, 일반 시민·학생을 포함하고 국경을 초월 하는 양국 관계의 흐름을 일거에 변화시켰던 것이다.

이에 더하여 대국화를 계속하고 있는 중국의 입장에서, 에너지 자원 의 추가적인 획득은 향후 성장의 행방을 고려할 때 '사활적인 문제'이다. 중국이 최근 해양권익을 강하게 주장하는 이유는 여기에 있다. 풍부한 해저 유전·가스전의 매장이 예상되는 센카쿠 열도 일대는 과거 1970년 대, 1980년대의 경제 근대화를 위해 일본의 경제 지원을 가장 중시했던 시대와 달리 오늘날에는 훨씬 직접적으로 중요성이 증대하고 있다. '경 제적 이익으로서의 센카쿠 열도'라는 의미가 강해진 것이다.

물론 그렇기 때문에 센카쿠 열도를 둘러싸고 중일 간에 무력충돌이 일 어난다고 강조할 생각은 없다. 무력충돌은 양국에 그리고 동아시아의 관 계국들에 막대한 희생과 심각한 균열을 만들어내게 된다. 따라서 여전히 '상호 억지'의 벡터(vector)는 움직인다고 생각된다. 그렇지만 센카쿠 열 도를 둘러싼 작은 움직임이 일거에 양국 관계를 동요시키고, 동아시아 지역을 불안정화하게 만드는 중대한 문제가 될 위험성을 내포해온 것은 부정할 수 없는 사실이다.

4. '해민(海民)'의 관점에서 생각한다

'동중국해의 화약고'가 되어서는 안 된다

센카쿠 문제는 다른 관점에서 살펴볼 수도 있다. 필자는 1981년부터 1990년까지 오키나와의 류큐대학(琉球大學)에서 교편을 잡고, 오키나와 사람들과 함께 생활할 기회가 있었다. 다양한 체험을 했는데, 센카쿠 문제에 관해 참고가 되는 말을 지역의 어느 노년의 어민으로부터 들었던 적이 있다. 오키나와 본도(本島)의 모토부만(本部灣)에 있는 어촌에서 동중국해를 바라보면서 그 분은 '우리의 바다'를 반복했다. 필자는 "그 '우리의 바다'는 도대체 어디까지 계속되는 것입니까?"라고 물었다.

"그거야 계속 이어진다네. 타이완도 넘어서 필리핀 가까이까지는 늘 가고 있으니. 필리핀 어부와 함께 물고기를 잡았던 적도 있고, 그 가까이의 섬에 정착하여 살고 있는 동료도 있다네. 여권(passport) 등은 관계가 없다네. 필리핀 어부도 타이완 어부도 모두 우리의 동료라네."

필자에게 이 말은 매우 인상적이었다. "아, 그러한 사람들의 머릿속에는 국가라는 존재는 없다네. 국가가 인위적으로 만든 국경, 경계선 등은 이 사람들에게는 관계가 없는 것이라네. '우리들'이라는 것은 일본 국민이 아니라 물고기를 잡는 어부 동료이며 '우리의 바다'라는 것은 자신들의 '생활을 영위하는 장소로서의 바다'라는 것이라네"라는 것을 강하게 실감했다.

만약 이와 같은 체험이 없었다면, 아마도 필자는 서구 근대에 만들어진 논리(logic, 베스트팔렌 시스템)만에 의거하여 '센카쿠 = 일본의 영토'론을 주장하는 선봉에 섰을 것임에 틀림이 없다. 어민이라는 관점으로부터 본다면, 중국 어민도, 타이완 어민도, 필리핀 어민도, 한국 어민도 모두 오키나와 모토부(本部)의 어민이 말하는 것과 거의 같은 감정이지 않을까? 그렇기 때문에 조난을 입고 태풍이 불어오는 등 어려운 때에 서로 자연스럽게 도울 수 있었던 것이 아닐까? 그런데 근대 국가의 논리에 푹 빠져버린 위정자(爲政者)와 미디어 관계자, 우리 학자들은 그러한 논리로밖에 문제를 볼 수밖에 없게 되어버렸다.

센카쿠를 둘러싼 영토·영해 논쟁은 주권·영유권 문제에 더하여 해저자원 개발, 그리고 양국의 민족주의를 선동하는 국민감정 문제가 되어 심각해지고 있다. 중일 간의 '힘의 균형(power balance)'이 더욱 크게 변화하는 것도 감안해본다면, 향후 '영원한 평화'가 계속될 것이라는 보증은 어디에도 없다. 그것뿐만 아니라 사태를 방치하면 '발칸의 화약고'가 될 수밖에 없고, 중일관계를 위태롭게 하여 동아시아를 일거에 불안정하게 만드는 '동중국해의 화약고'마저 될 가능성이 충분히 있다.

역사적으로 영토·국경문제를 되돌아 살펴본다면, 그 해결은 ① 무력행사, ② 교섭에 의한 쌍방의 타협, ③ 일방에 의한 실효지배의 장기 지속을 통한 기정사실화밖에 없다. ③은 실로 또 다른 일방의 실력행사에 의한 막대한 비용(cost)보다도 현상유지의 쪽이 '득책'이라는 합리적인 판단이 필요하게 된다. '센카쿠 문제'에 대한 중국 측의 이와 같은 판단이 미묘하게 변화하고 있다. 그렇지만 중일관계가 다른 한편으로 과거의 역사에는 보이지 않을 정도로 긴밀한 관계가 되고 있는 것을 조감해보면, 이 지역을 결코 '동중국해의 화약고'로 만들어서는 안 된다.

'하나의 도서, 각자가 표현[一個島嶼, 各自表述]'

그렇다면 어떻게 생각해야 할까? 중일이 구체적으로 어떻게 할 것인가에 대해서는 종장(終章)에서 논한다. 여기에서는 장기적인 시야에 입각한 해결을 위한 구상을 제기하고자 한다. 일본은 "센카쿠 열도는 역사적으로도 국제법적으로도 일본의 영토"라는 주장을 양보하지 않는다. 중국과 타이완도 "중국의 고유 영토"라는 것을 양보하지 않는다. 그렇다면 차라리 이 양자를 포함하는 구상을 고안해낸다면 어떨까? 그것은 '하나의 도서, 각자가 표현'이라는 발상을 센카쿠 문제에 적용시키는 것이다.

이것은 알고 있는 분도 계실 것으로 생각되지만, 1992년 해협양안관계협회(海峽兩岸關係協會)와 해협교류기금회(海峽交流基金會)에 의한 홍콩 회담에서 중국·타이완 사이에 합의한 표현, '하나의 중국, 각자가 표현[一個中國, 各自表述]'이다. 대륙 측은 중국을 중화인민공화국으로 표현하고, 타이완 측은 중화민국이라고 표현하여 해결되었다. 엄밀하게 말하자면 중화인민공화국도 중화민국도 국가를 표현하며 그것에는 주권 개념도 포함되어 있다. 그럼에도 위와 같은 아이디어로 모종의 완만한 결론을 형성하고 있다. 한 개의 도서를 일본 측은 '센카쿠 열도'라고 부르고, 중국·타이완 측은 '댜오위 열도'[16]라고 표현한다. 영토의 직접 관리에 관해서는 이제까지 일본이 실효 지배해온 실적으로부터 계속해서 그와 같이

하는 것을 서로 인식한다. 어업·자원 개발 등 경제활동에 관해서는 당사자 간에 상담하여 결정하는 것이다.

해저자원에 관해서는 '공동개발'을 원칙적으로 추진하고 나아가서 영해의 항행은 쌍방이 특별히 배려한다. 오늘날 유럽연합(EU) 내의 영국과 스페인 사이에 어떤 섬[17]을 둘러싸고 이와 같은 발상과 비슷한 논의가 공식적인 루트로 추진되고 있다. 중일 쌍방이 상호불신에 빠지고 때로는 무력행사를 행하고자 한다면 잃어버리게 될 것, 희생당하는 것이 대단히 크다. 무엇보다도 중요한 점은 어쨌든 그와 같은 사태를 미연에 방지하기 위한 지혜를 내어서 그것의 중요함을 상호 간에 이해하는 것이다.

강조하고자 하는 점은 이와 같은 '하나의 도서, 각자가 표현'의 발상은 마치 일본이 양보하는 것처럼 보이지만, 실제로는 그에 따라 일본은 실질적으로는 그 무엇 하나도 잃지 않는다는 것이다. 물론 이에 따라 중국 측의 '자국 영토' 혹은 '보류'라는 체면도 서게 되며, 동시에 해역의 자유로운 항행이 합법화된다. 환언하자면, 일본 측의 '분쟁지가 아니다'라는 논의와 중국 측의 '보류' 논의를 쌍방이 실질적으로 서로 인정하는 자체를 이해하고, 쌍방의 주장을 포함하는 제도적 틀이 된다.

이것은 결코 말장난이 아니며 국가 간에 대립이 발생하고 있는 문제를 평화적으로 해결하기 위한 일종의 '지혜'인 것이다. 만약 이와 같은 방향

---

16 중국은 댜오위다오(釣魚島)라고 부르고, 타이완은 댜오위타이(釣魚臺)라고 한다. _옮긴이 주
17 영국령 지브롤터(Gibraltar)를 지칭한다. _옮긴이 주

으로 중일 쌍방이 서로 다가가는 것이 가능하다면, 그것은 필시 독도[獨島, 다케시마(竹島)] 문제, 혹은 북방 영토문제를 해결하는 중요한 계기가 또한 될 것이다.

공생공영(共生共榮)의 꿈을 잊어서는 안 된다

과거 류큐대학에 재직했을 때의 동료인 우에자토 겐이치(上里賢一) 류큐대학 명예교수는 '센카쿠 열도를 일본·중국·타이완의 공존, 공생의 생활권으로'라는 주제의 논문을 발표했는데, 그 마지막 부분에서 아래와 같은 결론을 맺었다.

전후 일본에는 중국위협론이나 중국봉쇄에 저항하고, 중국과의 우호 교류, 상호 이해를 심화하기 위해 착실히 활동해온 사람들도 있다. 현재의 중국위협론의 대합창 가운데에서도, 과거 일본에 의한 중국 침략에 입각하여 다시 전쟁을 반복해서는 안 된다는 결의 아래 중국과의 역사적·문화적인 관계를 중시하고 오늘날과 장래에 걸쳐서 양국 관계의 일층의 진전을 바라며, 다양한 교류 사업을 관민(官民) 각각의 입장에서 전개하고 있다. 오키나와에서는 류큐 왕국 시대 500년에 걸친 명(明)·청(淸)과의 교류 역사를 중시한 활동이 추진되고 있다. 오키나와현과 푸젠성(福建省), 나하시(那霸市)와 푸저우시(福州市), 우라소에시(浦添市)와 취안저우시(泉州市), 기노완시(宜野灣市)와 샤먼시(廈門市), 난조시(南城市)와 쑤저우시(蘇州市) 등의 지자체 단위의 교류와 병행하여 구메무라(久米村) 주민을 위시해서 시민 단위에서의 교류도 왕성하다. 또한 류큐대학을 위시한 현(縣) 내 각 대학과 중국 대학 사이의 교류 협정에 기초하여 대학 간 교류도 활발하게 행해지고 있으며 연극, 무용, 샤미센(三味線), 가라테(空手), 서예, 미술 등 개별 분야에서의 교류도 활발하다. 야에야마(八重山)와 타이완 북부 지역 간의 '국경 교류 추진 공동선언', 요나구니 섬(與那國島)과 타이완 화롄(花蓮) 간의 교류 확대, 미야코 섬(宮古島)에 대한 타이완 관광객 유치 노력 등 센카쿠 열도에 가까운 서남 제도(諸島) 지역에는 타이완과의 교역·교류의 새로운 물결이 일어나고 있다. 이러한 새로운 파도를 확산시키는 것 자체가 중요하다. …… 아시아의 미래를 향해서 센카쿠 열도에 대해서도 일본·중국·타이완 3자가 어업 자원의 활용, 해저자원의 공동개발, 공동이용의 방책을 짜야 한다. 이 지역을 어업, 관광, 무역, 자원 이용 등 폭넓은 분야에서의 우호적인 교류 촉진을 도모하는 장으로 삼고 싶은 것이다. 그것은 오키나와가 '군사 거점'에서 '평화 거점', '공생공영 거점'으로서의 지위를 획득하는, 긍지로 가득 찬 꿈이 있는 선택이기도 하다.[18]

민(民)의 관점에서 도서의 문제를 어떻게 고려해야 할 것인가? 우에자토의 논의는 더욱 크게 주장되어야 할 것이다. 그리고 일본도 중국도 국가는 국가를 담당하고 있는 사람들뿐만 아니라, 국민 자신이 담당하고 있는 것이라는 것을 재차 강력하게 인식해야 하는 것이다. '센카쿠 문제'

---

18 ≪うらそえ文藝≫, 第16號(2011年 5月).

의 평화적 해결의 길은 현재 살고 있는 우리, 그다음 사람들의 '건설적·창조적인 지혜'에 달려 있는 것이다.

5. 당내 권력투쟁과 중일관계

새로운 지도부와 중일관계

이야기를 비린내 나는 정치의 문제로 돌려보겠다. 2012년 11월에 제18차 당대회가 열려 시진핑이 후진타오를 대신하여 총서기가 되고, 7명의 정치국 상무위원이 결정되어 새로운 지도부의 모습을 갖추게 되었다. 최고지도자의 유력 후보 가운데 1명으로 간주되었던 보시라이(薄熙來)의 실각 사건으로 시작되어 앞에서 언급한 것처럼, 그 과정에서 치열한 권력투쟁이 전개되었다.

그런데 그것과 시간적으로는 병행하여 중일 문제도 악화일로를 걸었다. 8월 홍콩의 '보조연맹(保釣連盟)' 멤버에 의한 센카쿠 열도 상륙 사건, 9월에 들어서부터 일본 정부에 의한 '센카쿠 국유화' 결정, 그 이후 대단히 격렬한 '반일시위'의 폭발과 확산, 그리고 센카쿠 근해의 일본 영해에 대한 중국 경비선·함선에 의한 빈번한 침범의 일상화 등이 일어났다. 물론 새로운 지도부 체제의 형성과 급격하게 악화되는 중일관계를 직접적으로 연결하여 논하는 것은 억측이며 위험성을 내포하고 있다고 비판받을 가능성을 부정하지는 않는다. 그렇지만 필자는 군이 양자를 결부하여 고찰함으로써, 새로운 집행부의 향후 입장(stance)이 보이는 것은 아닌가 하고 생각하게 되었다.

그러한 동향을 개관한다면, 시진핑 신(新)정권은 국내정치적으로 때로는 민족주의를 선동하면서 '일당(一黨) 체제'를 견지하고, 또한 대외적으로 예를 들면 국제협조 중시의 발언을 한다고 해도 실력을 사용해 해양권익의 확대, 세력권의 확대를 도모할 것이라는 강력한 메시지를 국내외에 보내고 있다고 파악할 수 있다. 그 의도는 당대회 '정치보고'(시진핑이 기초위원장)에서 '해양강국의 건설'을 드높이 구가하고 있는 점, 11월 하순의 항공모함 '랴오닝(遼寧)'에서의 전투기 발착 훈련의 공개 등에도 나타나고 있다.

공산당의 권력 분석

이제까지의 논의에 입각하여 중국공산당의 권력 관계·인맥 구도를 정리해보겠다.

대전제로서 인식해야 할 점은 확실히 당내 권력투쟁은 더욱 치열해진 느낌이 있지만 그 대립의 구도는 흔히 말해지는 것처럼 '개혁파 대 보수파', '공청단 대 태자당', '후진타오 파 대 장쩌민 파' 등과 같이 분명하게 두 개의 파로 나눠지는 명확한 차이가 있는 것은 아니라는 점이다. 그렇지만 중국은 인간관계(network)의 국가라고 말해지는 것처럼, 어떤 인맥이 인사와 정책결정에 중요한 영향력을 갖고 있는가 하는 점은 충분히 고려해야 할 부분이다.

당 중앙지도부에서 공산주의청년단(공청단) 그룹이 영향력을 지니게 된 것은 1980년대의 후야오방(胡耀邦) 총서기 때부터이다. 그 이후 후치리(胡啓立, 천안문 사태로 실각)를 거쳐 후진타오가 부상하고, 오늘날 이 그룹의 인맥은 당 지도부의 최대 파벌이 되어 있다. 이에 대해서 양친이나 친족 중에 혁명 공로자를 갖고 있는 이들을 '태자당'이라고 하는데, 시진핑, 위정성(俞正聲), 왕치산(王岐山), 실각한 보시라이 등이 이에 해당한다. 그들은 유소년 시절 무렵부터 같은 학교를 다니고, 같은 처지에서 침식(寢食)을 같이 했던 경험을 갖고 있다.

　그러나 태자당은 결코 하나의 바위 덩어리와 같은 조직이 아니고, 이념적으로도 같다고 할 수 없으며, 짜임새 있는 그룹으로서 간주하는 것은 곤란하다. 후진타오는 거의 공청단 그룹과 치환해도 좋지만, 장쩌민파를 반드시 태자당이라고 할 수는 없다.

　아마도 태자당의 최고실력자는 이제까지 쩡칭훙(曾慶紅)이었다. 그는 장쩌민의 오른팔 같은 존재였기 때문에 장쩌민과 태자당의 관계는 밀접했다. 쩡칭훙과 시진핑은 가깝고 따라서 시진핑 대두의 배후에 장쩌민의 지지가 있었던 것은 틀림이 없다.

　그러나 상하이 당서기로의 발탁 이후 후진타오도 시진핑을 지지했던 부분이 있으며, 후진타오와 쩡칭훙 사이에 어떤 조정이 있었던 것으로 추측된다. 시진핑이 당 총서기에 취임한 시점에서 정치국 상무위원의 선출에서는 장쩌민에 대한 배려가 있었다. 그렇지만 전국인대에서의 국가, 군 등의 수장 인사에서는 오히려 공청단 그룹과의 연대가 현저했다. 이와 같은 인사로부터 살펴볼 수 있는 것처럼, 장쩌민의 영향력 저하는 부정할 수 없다. 이와 같이 인맥에 의한 대립 구도는 고정적인 것이 아니라 항상 상황의 변화 속에서 관계도 변화하는 것이다.

권력 내부의 대립

그럼에도 이러한 그룹이 공유하고 있는 인식·이익이 세 가지 있다. ① 고양되는 민족주의적 대국의식의 공유로, 중국을 그것에 부합되는 국가로 만들고자 하는 점이다. ② 수많은 지도자와 엘리트는 기본적으로 개혁·개방의 '수혜자'이며, 기득권 집단 그 자체가 되든지 혹은 각 기득권 집단과의 유착을 강화하고 있는 점이다. 그리고 ③ 최근 수년 동안에 특히 공산당의 일당체제에 대한 위기의식이 강해지고 있는 점이다.

마지막 것을 보여주는 것이 2009년 가을 중국공산당 17기 4중전회에서 후진타오 총서기의 내부 보고이다. 이 비공개 보고는 그들의 '위기의식'이 얼마나 심각한지 여실히 보여주고 있다. 이 보고의 부표제는 다음과 같다.

① 사회 기반의 집정에서의 시련과 위기

② 개혁·개방이 지속될 것인가 여부의 시련과 위기

③ 사회주의 시장경제가 성공할 것인가 여부의 시련과 위기

④ 사회주의 내부의 모순과 압력이 격화되는 시련과 위기

⑤ 국제환경의 변화라는 시련과 위기

⑥ 당과 민중 사이의 관계 개선의 시련과 위기

⑦ 집정당 내부의 일치단결을 향한 시련과 위기

그리고 "당 건설의 정세는 대단히 엄준하며 위기가 발생한다면 당내에서 폭발한다"라고까지 경고하고 있다.[19]

이러한 세 가지 점을 공유하면서도 지도부 내에는 그룹 간의 마찰도 병존하고 있다. 대립축이 되는 주된 논점은 아래에서 제시되고 있는 점이다.

① 국제사회와의 관계에서 '협조·유연' 노선과 '대결·강경' 노선 간의 마찰

② 국내 건설에서 '조화로운 사회' 건설 중시 노선과 '경제 고성장' 유지 노선 간의 마찰

③ 2012년 제18차 당대회에서의 지도부 인사를 둘러싼 마찰

이 세 가지 점에서 지도부 내에 다양한 대립이 발생하고, 그것이 이번의 대일 관계에 대단히 직접적으로 반영된 것이 아닌가 생각된다. 예를 들면 국제협조파, 즉 '조화로운 사회' 건설 중시파가 연결되면 거기에 후진타오·리커창 등의 '공청단' 계열과 원자바오 라인의 인맥이 느껴진다. 한편 국제강경파, 즉 '경제성장' 중시파가 연결되면 거기에는 장쩌민 계

---

19 ≪中國內外動向(旬刊)≫, 2009.10.20., pp.4~8.

열과 태자당 라인의 인맥들이 느껴진다.

물론 앞에서 논한 바와 같이, 분명하게 양분할 수는 없으며 '공청단' 계통에서 나왔지만 '태자당'에 속하는 사람[예를 들면, 리위안차오(李源朝), 류옌둥(劉延東) 등]도 있는가 하면, '공청단' 출신으로 기득권 집단과 강한 관계를 맺고 있는 지도자[류윈산(劉雲山) 등]도 있다.

가장 어려운 판단은 뒤에서 언급하는 시진핑을 어떻게 보아야 할 것인가의 문제이다. 아마도 그것은 중국 정치에서 최고지도자를 어떻게 보는가에 대한 판단과 관련된다.

공청단 그룹은 약체화되고 있지 않다

이와 같이 보면, 2010년 9월의 중국 어선 충돌의 '센카쿠 열도 사건'을 둘러싼 대립에서는 국제강경파·경제성장 노선파에게 압도적으로 유리한 전개였다. 위에서 논한 '공유하는 세 가지 점'에 끌려가면서 후진타오 자신도 그들의 기세를 억지할 수 없었던 것으로 보인다. 그렇지만 약 1개월 후인 10월의 '반일 학생 시위'에서는 국제협조파·조화로운 사회 건설 중시파가 일정한 반격을 보였던 것으로 여겨진다. 그렇지만 때마침 류샤오보의 노벨평화상 수상 시기와 겹쳐서 국제사회로부터의 중국 지도부에 대한 강한 압력을 받아 그것이 위에서 언급한 그들의 '대국주의 의식', '위기의식'과 공명했기 때문에, 도리어 강경한 대외행동으로 나올 수밖에 없었고 표면적으로는 국제 강경파의 페이스(pace)대로 사태가 발전하는 것처럼 보였다.

2010년 말부터 2011년 초에 걸쳐서 이제까지 수면 아래에서 행해졌던 권력 내부의 정치투쟁이 표면화하는 사태가 연이어 일어났다. 우선 2010년 10월 중국공산당 17기 5중전회에서 시진핑이 당 중앙군사위원회 부주석으로 결정되었다. 일반적인 해석에 의하면, 이 선출은 정치투쟁이 장쩌민·태자당 파의 승리로 끝났다는 것이 밝혀지고 후진타오 지도부는 레임덕에 빠졌다고 우려되었다. 2011년 1월 11일에 방중한 게이츠(R. Gates) 미국 국방장관과 회견한 후진타오 주석이, 게이츠 장관이 질문한 '최신 차세대 스텔스 전투기 J(殲)-20의 시험 비행'에 대해 군 지도부로부터 보고받지 못한 사실이 판명됨에 따라, 그와 같은 견해는 일거에 표면화되었다.[20]

그러나 2010년 12월 이후가 되자 내정, 외교 방면에서 흐름에 변화가 보이기 시작한다(일설에 의하면 외교의 재검토는 10월 하순부터 시작되었다고도 한다). 이제까지 별로 두드러진 움직임을 보이지 않았던 리커창 국무원 상무부총리는 광둥성의 몇 개 도시를 시찰하고 거기에서 "이제까지 했던 방식을 바꾸어 구조를 조정하고 민중 생활의 이익을 중시하고 경제발전과 사회 건설의 협조적인 추진을 하자"라고 호소했고, 이 강화가 ≪인민일보≫ 제1면에 게재되었다.[21] 또한 그는 2011년 1월 4일부터 4월 13일에 걸쳐서 스페인, 독일, 영국을 공식 방문하고 관계의 강화, 경제무역 협

---

20 jiji.com, 2011.1.12.
21 ≪人民日報≫, 2010.12.15.

력의 심화에 대해 중요한 의견 교환, 정책결정을 했다.

이듬해 2월에는 국무원 식품안전위원회 전체회의를 소집하고 식품의 안전 강화를 민생 보장·개선의 중요한 내용으로 삼고, 「식품안전법」을 전면적으로 실시하도록 지시했다. 또한 2월 19일 ≪요미우리신문≫ 온라인은 "가장 민감한 양국 관계인 일본에 대한 연내 공식 방문이 예정되어 있다"라고 보도했다. 이 건은 실현되지 않았지만, 위와 같이 2010년 10월의 중국공산당 17기 5중전회 이후 리커창의 활동은 두드러졌으며, '공청단' 그룹이 '태자당' 그룹에 밀려 세력이 약체화되고 있는 것으로는 보이지 않는다.

내정에 대한 대응에 내몰리고 있는 베이징 정부

외교 방면에서도 2010년 10월에 류샤오보의 노벨평화상 수상이 결정되고, 이에 강하게 반발한 중국은 대외정책에서 더욱 강경 노선을 취하는 것처럼 보였다. 그렇지만 세계 각국의 중국 관련 전문기관, 연구자들로부터 "중국은 세계 제2위의 경제대국이 되었지만 외교에서는 세계로부터 고립되고 있다"라는 수많은 의견이 나오기 시작하자, 중국은 12월에 외교 관계의 중요 회의를 개최하여 상당히 엄격하게 자기 평가를 했다고 한다.[22]

2011년 1월 중순, 앞에서 언급한 필자가 참가했던 중국외교학회와의

---

22 ≪多維新聞≫, 2010.12.12.; 2010.12.29. 및 관계자의 말.

중일관계 심포지엄에서도 '핵심적 이익'을 '타이완, 티베트, 신장 문제'로 한정하여 사용하고, 그것 이상으로 확대하지 않는다고 외교 담당 중국의 고관이 몇 차례에 걸쳐서 강조했다. 나아가 같은 회의에서 중일관계에 관해 중국 측의 분위기는 9월의 센카쿠 사건 이전 상태로 돌아갔다고 언명했다.

또한 2월 28일에는 도쿄에서 실제로 1년 8개월 만에 중일 차관급 회담이 재개되어, 사사에 겐이치로(佐々江賢一郎) 외무 사무차관을 축으로 5시간 30분에 걸쳐 실질적인 토의가 진행되었고, 각 분야에서의 실무적인 협력 강화와 쌍방의 국민감정 개선, 역사 문제 등 '민감한 문제의 적절한 처리'를 위해 노력하는 것이 확인되었다. 이와 같이 외교, 대일 정책 측면에서의 유연한 노선이 두드러졌다.

이렇듯 중국공산당 17기 5중전회 이후, 내정·외교 양면에서 '강경파' = 태자당 그룹의 일방적인 이니셔티브로 사태가 움직였다고 결코 말할 수는 없다.

당시 이른바 후진타오 지도부의 '레임덕' 설에 대해서도 필자는 시기상조라고 생각했다. 2011년 3월 전국인대에서의 원자바오 총리 '정부보고'에서 '발전 방식의 신속한 전환'을 가장 중요한 과제로 삼고, 성장률 목표를 연평균 7%로 상당히 낮게 설정하여, 부동산 투자와 수출에 의존하는 '무의미한 성장주의'를 진정시키면서 고용·소비의 확대에 주력하여 사회보장의 충실을 도모하는 것을 강조하고 있다. 이것은 '원자바오 색(色)'이 강한 내용이라고 할 수 있다.

또한 중국을 둘러싼 '현실'은 국내적으로 도시와 농촌을 가리지 않고 도처에서 사회적 불만이 분출되면서 소규모지만 시위·폭동이 일상화되고 있으며, 국제적으로는 '류샤오보 지원'의 움직임과 '중동에서의 재스민 혁명'의 파급 등이 국내에 영향을 미치지 않도록 애쓰는 형국이다.

일견 굳건하고 강인해 보이는 공산당 일당체제도 최근 들어 세계를 석권하고 있는 인터넷 미디어의 기세에 상당한 골머리를 썩고 있고 그 대응에 고뇌하고 있다. 실로 '내우외환'이며, 경제적인 번영 중에 체제적 위기의식이 고조되는 상황이다.

결국 해결과제인 정치개혁도 지금으로서는 당국이 본격적으로 노력하기에는 너무나도 위험이 커서 부분적인 개혁에 머물고 있으며, 불안정화에 대해서는 힘으로 억압하고 분열 회피를 우선시할 수밖에 없다. 그리고 각 분야에서 기득권 집단이 대두하고, 특히 자원·에너지 개발에 관한 정책결정에 영향력을 갖기 시작한 그룹에 대해서 당 중앙의 지도자들도 의거하지 않을 수 없게 되었다.

시진핑의 정치 편력(遍歷)

최대의 핵심 사항(key point)은 '포스트 후진타오' 시기의 최고지도자로서 향후 내정·외교의 핵심 인물(key person)인 시진핑을 어떻게 볼 것인가 하는 점일 것이다. 중국공산당 17기 5중전회가 종료되고 시진핑의 당 중앙군사위원회 부주석 취임이 발표된 직후에 ≪평과일보(苹果日報)≫는 "그가 고급 간부 일족의 태자당 소속이며, 특권 계급의 권리를 옹호하고 독재체제를 유지하는 것에 급급한 동료들이 지지 기반인 한, 대변혁 등은 있을 수 없을 것이다", "시진핑이 '개혁파', '개명파'로서 알려진 시중쉰(習仲勳)의 아들이라는 것만을 이유로 해서 정치개혁에 과감하게 나서며 '중국의 고르바초프'가 될지도 모른다는 아련한 기대는 날아가 버릴 것이다"라며 개혁·국제협조 중시의 사고방식에 대해서 엄중한 견해를 보였다.[23]

그러나 시진핑의 경력, 배경은 그 정도로 단순하지 않다. 그는 부친 시중쉰과의 관계로 인해 문화대혁명 시기에 '반동 학생'으로 낙인 찍혔고, 1969년부터 7년간 대단히 빈곤한 산시성(陝西省) 옌촨현(延川縣)에 하방되었다. 동 지역에서 결국 생산대대(生産大隊)의 당지부 서기를 맡아 농촌문제에 몰두했다. 1975년에 명문 칭화대학 화학공정부에 입학하여 졸업 후인 1979년에 국방부장 겸 부총리인 겅뱌오(耿飇)의 비서로 근무하면서 군 관계자와의 연결이 가능해졌다고 한다.

그가 두각을 나타냈던 것은 푸저우시(福州市) 당 서기를 거쳐 2000년에 푸젠성(福建省) 성장(省長)이 되면서부터이다. 2002년 11월, 49세로 저장성(浙江省) 당위원회 서기에 취임했다. 2006년에는 상하이시(上海市)에서 대규모의 오직 사건이 발각되어 당시의 당위원회 서기 천량위(陳良宇)가 사임했고, 2007년 3월 시진핑이 상하이시 당위원회 서기에 취임했다.

여기에서 장쩌민-쩡칭훙(장쩌민의 오른팔) 라인의 강력한 후원으로 상

---

23 《苹果日報》, 2010.10.21.

하이 당 서기가 되었다는 설이 유력한데, 무엇보다 장쩌민의 충신 중 한 명이라고 불렸던 천량위가 타도되었던 것 자체가 장쩌민의 영향력 저하를 의미하며, 천량위의 후임이 장쩌민의 주도로 결정되었다는 것은 어불성설이다.

실제로 핵심 인물은 쩡칭훙이다. 그의 부친[24]도 혁명 열사로 그 역시 '태자당'의 한 사람이다. 오늘날 '시진핑 판공실(辦公室)'의 주요 멤버가 이전 '쩡칭훙 판공실'의 멤버인 것에서 보는 바와 같이, 오늘날에도 쩡칭훙과 시진핑 사이에는 긴밀한 관계가 있다.[25] 제18차 당대회 개막식을 보도한 TV 뉴스에서 쩡칭훙과 시진핑이 나란히 입장했는데, 이는 양자의 관계를 잘 말해주고 있다.

군부와의 긴밀한 관계

시진핑이 군 지도자와 관계가 좋다는 정보는 위에 언급한 겅뱌오 비서

---

24 쩡산(曾山, 1899~1972), 본명은 쩡루보(曾如柏)이며 장시성(江西省) 출신이다. 1926년 중국공산당에 가입했으며, 1934년 중화소비에트공화국(中華蘇維埃共和國) 중앙집행위원에 선발되고 중앙정부 내무부 부장을 맡았다. 1949년 10월 중화인민공화국이 수립된 이후 중앙인민정부 정무원(政務院) 정무위원 겸 방직공업부 부장, 화동(華東) 행정위원회 부주석 겸 재경위원회 주임, 국무원 상업부 부장, 중국공산당 중앙교통공작부 부장, 국무원 내무부 부장을 지냈고, 중국공산당 제8기, 제9기 중앙위원, 제3기 전국인민대표대회(전국인대) 대표, 제4기 전국정치협상회의(전국정협) 위원 등을 역임했다. 1972년 4월 16일, 베이징에서 병환으로 사망했다. _ 옮긴이 주

25 베이징 주재 기자로부터의 정보.

시대의 관계만을 말하는 것이 아니다. 푸젠성과 저장성에서 활동하던 시대에도 상당한 군인, 예를 들면 량광례(梁光烈) 전임 국방장관, 천빙더(陳炳德) 인민해방군 전임 총참모장, 우성리(吳勝利) 해군사령관(유임), 쉬치량(許其亮) 공군사령관(당 중앙군사위원회 부주석 취임) 등과 긴밀한 관계를 맺고 있었던 것으로 알려져 있다.[26]

그러나 이번의 군 중앙 인사에서 이러한 인물은 제1선의 가장 중요한 자리에서 제외되고, 총참모장에 베이징 군구(軍區) 사령관 팡펑후이(房峰輝), 정치공작을 담당하는 총정치부 주임에 광저우 군구 정치위원 장양(張陽, 61세)이 임명되었는데, 모두 후진타오가 2010년에 최고위의 상장(上將)으로 승진시킨 간부이며 그 가운데에서도 팡펑후이는 후진타오의 신임이 두터운 것으로 알려진 인물이다. 또한 시진핑의 친구이며 류사오치 전임 국가주석의 아들인 총후근부(總後勤部) 정치위원 류위안(劉源) 등 몇 명의 태자당 인물들이 군의 중추 지도부로부터 배제되었다.

이러한 인사를 어떻게 보아야 할까? '후진타오 대 시진핑'의 대립 구도에 따른다면 후진타오에게 유리한 인사로 읽히지만, 그 판단은 타당한가?

후진타오와의 관계로 말하자면, 시진핑은 당 서기로서 상하이에 체재할 당시에는 후진타오 주석이 지지하는 경제성장의 실현을 위해 노력했다. 당 내에서 경합하는 파벌인 후진타오 파와 장쩌민 파 쌍방에게 받아들이기 쉬운 인물로서 시진핑이 부상했다는 설이 있다.[27] 일면적으로 시

---

26 *Wall Street Journal*, 2011.1.26.

진핑을 장쩌민에 가까운 '보수파'·'태자당'으로서, 후진타오와 대립적으로 보는 것은 잘못된 것이다.

2011년 2월의 어느 심포지엄에서 어떤 중국인 학자는 시진핑에 대해서 그에게 '태자당' 그룹이라는 것은 일종의 망토와 같은 것으로 실제로 다른 '태자당' 사람들과 긴밀한 관계가 있는 것은 아니라고 말했다.

왕이(王毅)의 발탁에 숨겨진 정치적 의사

2012년 11월의 당 대회와 2013년 3월의 전국인대의 당·국가 지도부 인사의 결과에 입각하여, 권력 구조의 전체적인 특징을 살펴본다면 "장쩌민에게 일정한 배려를 보이면서 후진타오와 시진핑이 공동으로 만들어냈다(혹은 포스트 조정을 했다)"라고 이해하는 것이 타당한 것으로 생각된다. 당 정치국 상무위원의 자리에는 장쩌민파[장더장(張德江), 장가오리(張高麗)], 태자당파[위정성(兪正聲), 왕치산(王岐山)]에 대한 배려가 이루어졌다. 한편으로 국가의 지도 포스트에서는 국가부주석에 리위안차오(李源朝), 부총리에 왕양(汪洋)과 류옌둥(劉延東), 최고인민법원 원장에 저우창(周强) 등과 같은 공청단파에 의한 배치가 현저하며 리커창 총리를 실무 수준에서 밑받침하는 체제가 되었다. 그리고 군의 핵심 포스트는 위에서 언급한 대로 후진타오가 주도권을 발휘했다.

일본과의 관계로 말하자면, 전임 주일 대사로 장기간 일본에 체류한

---

27 *New York Times*, 2011.1.23.

경력을 갖고 있는 왕이(王毅)가 외교부장의 자리에 취임한 것은 주목할 만하다. 그는 제18차 당대회 이후 현저한 형태로 정치 무대에 등장한 적이 거의 없으며, 오히려 외교 방면에서는 이번에 외교 담당 국무위원으로 승격된 양제츠 전임 외교부장, 장즈쥔(張志軍) 외교부 상무부부장(常務副部長: 상무 차관)의 발언이 두드러졌기 때문에 왕이의 등용 가능성은 낮은 것으로 간주되었다.

그 때문에 왕이의 등용을 둘러싸고 단순한 외교 포스트 배분상의 문제로 공석인 외교부장 자리를 준 것이라는 해석도 있는데, 필자는 그렇게 보지 않는다. 대미 외교를 가장 우선시하여 양제츠를 수장으로 그 아래에 주미 중국대사로 추이텐카이(崔天凱) 외교부 부부장(副部長: 차관)을 둔 것이고, 그다음 대(對)아시아 외교의 운전대를 왕이에게 맡겼다고 보는 것이 필자의 해석이다.

왕이는 주일 대사 시절의 평가가 높고, 그 이후 국무원 '타이완 판공실' 주임 시절에 타이완에 대한 정책도 성공을 거두었다. 동시에 대외정책의 채널로서 외교부를 일체화하는 것에 의해[또 한 가지의 채널은 다이빙궈(戴秉國), 장즈쥔(張志軍)을 축으로 한 당 중앙대외연락부인데, 외교부 가운데에 그들의 영향과 새로운 외교부 세력 사이에 불화가 있었다고 생각된다], 이번 인사에서 중국 외교에서 서로 호흡이 맞는 미국-일본-타이완 라인이 굳어진 것으로 보인다.

시진핑·리커창 체제가 드디어 본격적으로 중국이라는 국가의 운전을 시작하게 되었는데, 실무적인 측면에서 유능하고 젊은 인재를 여러 곳에 배치하여 직면한 내외의 난제에 현실적·효과적으로 대처할 수 있는 균형 감 있는 포진이 되었다고 말할 수 있을 것이다. 물론 그렇기 때문에 모든 문제가 해결되어 시진핑 지도부는 안정되어갈 것이라고 할 수 있을 정도로 정세는 간단하지 않다. 어떻게 대처할 것인가, 앞으로 주목해서 보아야 할 것이다.

제 5 장

대국의 자화상

1. 비대화하는 '대국의식'

내재되어 있는 '대국 중국'이라는 의식

센카쿠 문제로 상징되는 중국의 반일 공세의 근저에 있는 문제 중의 한 가지는 역사문제에 대한 '애매함'이다(역사문제에 관해서는 종장에서 살펴본다). 또 한 가지, 오늘날 역사문제보다도 심각하다고 여겨지는 것은 경제 성장·군사력 증대를 배경으로 한 '대국의식'의 현저화일 것이다.

필자가 일본인이기 때문에 강조하는 것이 아니라, 한 명의 사회과학자로서 객관적이며 냉정하게 중일관계의 추이를 살펴보면 국교정상화 이후 일본은 중국에 대해서 결코 특별하게 공격적이지 않았고, 오히려 우호적·협력적이었다. 고이즈미 정권 이후에는 중일관계를 '전략적 호혜관계'로 규정하고 그 중요성을 반복해서 강조했으며, 경제 교류·상호의존을 높이면서 동시에 중국의 급격한 군사력 증강에 점차로 경계심을 강화하고, 방위력 정비를 추진하게 되었다. 그렇지만 이제까지 살펴본 것처럼 일본의 행동은 결코 '도발적'인 것은 아니었다.

그럼에도 최근 들어 왜 중국은 이 정도로까지 일본에 대해 도발 행위를 계속하고 있는 것일까? 몇 가지 중요한 이유에 관해서는 이미 앞에서 분석·정리했다. 그렇지만 근저에 있는 부분, 혹은 역사적인 길이(span)를 좀 더 살펴보려면 중국인 가운데에 내재화되어 있는 '대국 중국'이라는 의식을 살펴보아야 할 것이다.

중국 경제는 1980년대에 급격한 경제성장을 계속하여 2000년대에 돌입해서도 그 기세는 쇠퇴할 기미를 보이지 않고 있다. 또한 1990년부터 전년 대비 두 자릿수의 군비(軍備) 예산을 들여서 군사력 증강을 추진해왔다(2010년에만 한 자릿수). 또한 '핵심적 이익', '해양권익의 확대', '적극적으로 해야 할 것은 한다(적극적 유소작위)' 등의 표현을 사용하여 적극 외교로의 전환을 시작하고 있다. 이러한 '경성 권력(hard power)'의 강화에 주력하고 있을 뿐만 아니라 세계 각지에 공자학원(孔子學院)을 적극적으로 설치하고 애니메이션과 영화를 배급하는 등, 이른바 '연성 권력(soft power)'의 증강에도 적극적으로 힘을 쏟아 붓고 있다.

이러한 중국의 눈부신 약진에 의해, 국제사회는 중국의 대국화, 또는 초대국화에 주목하기 시작했다. 2008년 무렵부터 미국을 위시한 서방 각국에서 논의되기 시작한 'G2론'은 그 전형이다.

다른 한편으로 중국 국내에서도 중국의 대국화와 관련된 논쟁이 뜨겁

게 끓어오르고 있다. 예를 들면 2007년 1월부터 11월에 걸쳐서 중국 중
앙TV가 방영한 〈대국굴기(大國崛起)〉는 포르투갈, 스페인, 영국으로부터
시작되는 서방 국가들의 부상을 비롯해 러시아, 일본, 미국 등 모두 9개
국가를 다루었고, 나아가 중국의 부상까지 연결된 12회 시리즈의 역사
다큐멘터리 프로그램이자 '대국 중국'을 강하게 의식한 프로그램이었다.

외교 전문지 ≪세계지식(世界知識)≫의 2011년 1월 1일호는 "중국은 대
국인가?"라는 지상(誌上) 좌담회를 개최하여 기예(氣銳)한 학자 등이 중국
의 국제적 지위에 대해 토론한 특집을 게재했다. 다양한 신문과 잡지도
"중국은 대국의 시야를 갖추어야 한다"라는 취지 등의 '대국론' 특집을 연
이어 수록했다.

중국 대국론은 중국 국내에서도 강해지고 있다. "중국은 이제 발전도
상국의 딱지를 떼어내야 한다", "국력은 일본도 유럽 국가들도 제쳤다"라
는 일부 학자들의 목소리도 적지 않다.

민중과의 온도차

그렇지만 대국론 붐(boom)의 이면에 중국은 급격한 발전과 동시에 빈
부 격차가 매우 현저하게 확대되고 있고, 또한 환경 파괴의 심각화 등에
직면하고 있으며, 국민들은 자국의 지위를 결정하기 어려워 동요하는 듯
한 모습을 엿볼 수 있다.

예를 들면 ≪환구망(環球網)≫이 2012년 1월 1일에 실시한 설문조사에
의하면 "중국은 실제로 대국이 되었는가?"라는 질문에 대해서 87.6%의

응답자가 생활수준과 국민 소양, 공업과 상업의 수준으로 보아서 중국은 초대국과는 동떨어져 있다는 의견을 보이며, 이 질문을 부정했다. ≪중국청년보(中國靑年報)≫가 게재한 여론조사에서도 49%가 "중국은 부상하고 있다"라고 응답했지만, 47%는 "아직 부상하지 않았다"라고 회답했다. 어느 대형 미디어의 간부는 "수많은 국민이 아직 가난한 것을 보면, 강국이라고는 도저히 할 수 없다. 수많은 지식인에게는 없애기 힘든 '약국(弱國)' 의식이 있다"라고 그 심정을 토로한다.[1]

이 장에서는 중국의 대국화를 어떻게 이해해야 할 것인가를 묻는다. 좀 더 상세하게 논의하자면, 이제까지 중국은 쇠퇴했을 때에도 세력이 강했을 때에도 자신을 항상 '대국'으로 의식하고 표현해왔는데, 그것은 어떤 의미를 갖고 있었는가? 환언하자면 중국의 '대국 이미지'를 중국 자신의 역사적 문맥 속에서 묘사해내고, 그 분석에 입각하여 중국 역사상 최대의 '대국' = '초대국'이 될 것으로 예측되는 앞으로의 중국에 대해서, 어떤 전망과 문제가 출현할 것인가를 논해보도록 하겠다.[2]

---

1 ≪東奧日報≫, 2007.1.24.
2 중국의 강대국화에 대한 주요 연구로는 다음을 참고하기 바란다. Robert G. Sutter, *China's Rise in Asia: Promises and Perils* (Boulder, CO: Rowman & Littlefield Publishers, 2005); David Shambaugh, ed., *Power Shift: China and Asia's New Dynamics* (Berkeley, CA: University of California Press, 2006); Kevin J. Cooney and Yoichiro Sato, eds., *The Rise of China and International Security: America and Asia Respond* (London: Routledge, 2009). _ 옮긴이 주

2. 중국의 대국사상

근대 일본의 대국사상

말할 필요도 없이, 고대사로부터 현대에 이르기까지 중국은 대국이었다. 그리고 19세기 말부터 오늘날에 이르기까지 일본은 또 하나의 아시아의 대국으로서 중국과 어깨를 나란히 하거나 혹은 능가해왔다. 막말유신(幕末維新) 시기·청말민초(淸末民初) 시기부터 시작되는 중일 양국의 '대국'으로서의 자기 이미지를 비교해 살펴보면, 대단히 흥미로운 특징을 볼 수 있다. 중일 비교를 단면으로 하면서 다음 두 가지의 접근(approach)으로부터 중국의 '대국의 자화상'을 묘사해보도록 하겠다.

첫째로는 근대적인 국제질서와 중국의 전통적인 질서 구조의 상극 가운데 '대국'으로서의 자신을 어떻게 규정해왔는가 하는 것이다. 둘째로는 중국 사상 가운데에 전통적으로도 오늘날에도 독특한 의미를 지니는 '허'와 '실'의 개념을 사용한 접근이다.

조금 주제넘게 말한다면 이른바 '서구의 충격'을 받았다는 점에서 중국과 일본은 그다지 큰 차이가 없었다. 그렇지만 민족·국가 존망의 위기에 직면하여 양국은 대단히 다른 대응을 보였다. 일본의 대응을 상징하는 것은 다음의 세 가지이다.

첫째, 메이지 유신 이후 얼마 되지 않은 1871년부터 1873년에 걸쳐서 당시 유신 정부의 중추에 있던 지도자 50여 명(유학생 등을 포함해 총계 약 100명)이 이와쿠라 도모미(岩倉具視)를 정사(正使)로 오쿠보 도시미치(大久

保利通)·이토 히로부미(伊藤博文) 등을 부사(副使)로 2년 가까운 세월을 들여 세계의 실정을 파악하고, 구미의 선진적인 지식·기술을 집중적으로 학습하는 시찰 여행[이와쿠라 사절단(岩倉使節團)]을 감행했다. 거기에는 과거에 견당사(遣唐使)·견수사(遣隋使)를 파견하여 당시의 선진국인 중국으로부터 선진적인 제도와 문화를 집중적으로 배웠던 모습과도 공통되는 일본 엘리트들의 선진 문명을 수용하는 행태(behaviour)를 살펴볼 수 있다.

둘째, 메이지 유신의 원훈 오쿠보 도시미치가 유신 전후부터 1878년에 암살될 때까지 일관해 목표로서 내세웠던 "황국(皇國)을 세계 제1등의 강국으로 만들고 …… 황위(皇威)를 해외에 떨친다"라는 주장이다.[3]

셋째, 메이지 유신 당시 지식인 엘리트의 대표적 인물 후쿠자와 유키치(福澤諭吉)의 『문명론의 개략(文明論之槪略)』(1875년)에 보이는 문명사관이다. 이 가운데 후쿠자와 유키치는 문명의 성숙도에 대해서 '개화', '반개(半開)', '미개 = 야만'이라는 구분을 하면서 가장 성숙한 지역으로서 서구미(西歐美) 세계, 그다음으로 터키, 중국, 일본 등 아시아 국가들을 '반개', 아프리카 및 호주 등을 '야만의 국가'로 칭하고 문명을 개화하는 것은 서구화하는 것을 의미한다고 했다.[4]

또한 후쿠자와 유치키는 1885년에 '탈아론(脫亞論)'을 주장하고 아시아 국가들과 함께 문명개화한다는 이제까지의 생각을 단념했다[다케우치 요

---

3   『권력의 사상(權力の思想)』現代日本思想體系10(筑摩書房, 1965), p.35.
4   후쿠자와 유키치(福澤諭吉), 『문명론의 개략(文明論之槪略)』(岩派文庫, 1962), p.24.

시미(竹内好) 엮음, 『아시아주의 현대 일본사상 대계(9)』, 筑摩書房]. 후쿠자와 유키치의 이러한 생각은, 물론 다른 주장도 적지 않지만, 당시 일본의 수많은 지식인의 관점을 대표하고 있었다고 할 수 있다.

이상의 세 가지 점에 공통된 메이지 유신 전후 일본 엘리트들의 사고 방식으로서 '문명'이란 서구 세계가 만들어내고 체계화한 것이며, 문명화라는 것은 '서구화'를 의미했다. 또한 이러한 문맥에서 '대국화'라는 것은 구미 열강과 어깨를 나란히 하는 것이었다. 그런 의미에서 후쿠자와 유키치 자신도 지적한 바와 같이, '문명'이란 성숙한 사회를 실현하는 수단이었다.

중국의 근대화 사상

이에 반해 중국이 '서구의 충격'을 수용하는 방식은 대조적이기도 하다. 양무운동(洋務運動) 가운데 변법론(變法論)의 대표적인 주장이라고 할 수 있는 쉐푸청(薛福成)의 『변법』(1885년)에는 "지금은 서양인의 기(器)·수(數)의 학문을 받아들여서 우리의 요순(堯舜), 우탕(禹湯), 문무(文武), 주공(周公), 공자(孔子)의 도(道)를 지키고 서양인으로 하여금 결코 중화(中華)를 멸시할 수 없도록 하자"라고 기술되어 있다.[5] 또한 유명한 '중체서용론'을 주장했던 장즈둥(張之洞)의 『권학편(勸學篇)』(1898년)에서는 "현재 중국을 강성하게 만들고 중학(中學: 중국의 학문)을 유지하고자 바란다면 서학(西

---

5 『원전 중국근대 사상사(原典中國近代思想史)』第2冊(岩波書店, 1977), p.100.

學: 서양의 학문)을 배우는 수밖에 없다. 그렇지만 먼저 중학(中學)에 의해 토대를 굳건히 하고 식견, 지향을 바르게 해두지 않는다면 강자는 반란의 수괴가 되고, 약자는 사람의 노예가 되어서 ……"[6]라고 말하고 있다.

또한 당시의 가장 저명한 지식인이었던 량치차오(梁啓超)는 다음과 같이 스스로 묻고 있다. "세계의 다른 문화, 민족의 영향은 우리 문화에 어떻게 영향을 미치고 있는가? 우리 문화는 또한 그러한 것들에 어떻게 영향을 미치고 있는가? …… 중국 민족이 만들어낸 문화는 무엇을 근본으로 삼고 있는가? 그것과 세계의 다른 지역 문화 간의 상호작용은 무엇인가?"[7] 중체서용이든 량치차오의 위와 같은 주장이든 당시 가장 선진적으로 간주되었던 구미의 문화와 자신의 중화(中華) 문화를 상대적으로 놓고 그 위에서 어떠한 관계를 가져야 하는가를 지향하고 있는 것이다. 이것은 앞에서 언급한 일본 지식인들의 발상과 근본적으로 다른 것이었다.

그러나 청일전쟁의 패배를 거쳐 중국의 개량적·혁신적인 엘리트들의 발상은 중요한 전환을 보이게 된다. 량치차오의 스승이기도 했던 캉유웨이(康有爲)는 메이지 유신 이후 일본의 근대국가 건설에 크게 공명하면서 '유신 개혁'을 강하게 주장한다. "세계의 여러 국가들을 살펴보면 변법을 한 것은 모두 강해졌고, 구투(舊套)를 묵수한 것은 모두 멸망되어버렸다." 그렇지만 그 자신의 사고의 방식 자체는 그가 집필한 『대동서(大同書)』에

---

6 같은 책, p.109.
7 량치차오(梁啓超), 『중국역사연구법(中國歷史硏究法)』(中華書局, 2009), pp.5~7.

보이는 것처럼 여전히 전통적인 중화 문화의 틀에 대한 고집을 계속 갖고 있었다.[8]

이에 비해서 1903년에 간행되어 당시 베스트셀러가 된 쩌우룽(鄒容)의 『혁명군(革命軍)』은 훨씬 구미적인 근대 정치이론에 근거한 주장을 하고 있다. 그는 다음과 같이 말한다. "국민은 강하고 노예는 소멸한다. 국민은 독립하고 노예는 복종한다. …… 우리 중국인이 만주인, 구미인의 노예가 된 것은 만주인, 구미인이 중국을 노예로 삼고자 했던 것이 아니라 중국인 자신이 기쁜 마음으로 노예가 되었던 것에 불과하다. …… 어떤 사람은 진한(秦漢) 이전에 국민이 있으며, 진한(秦漢) 이후에 국민이 없다고 한다. 나는 전제(專制) 체제의 아래에서 안식하고 있는 자는 어디에 있더라도 모두 노예라고 생각한다. …… 나는 우선 '국민'이라는 한 마디로 우리 동포에게 호소하여 일어서게 할 것이다. 나는 우리 동포가 모두 한 마음 한 뜻이 되어 모든 힘을 다해 노력하고 단련하고 수양을 하며 노예 근성을 제거하고 전진하여 중국의 국민이 되는 것을 바란다. …… 국민이란 자치의 재력(才力)이 있으며 독립의 성질이 있으며 참정(參政)의 공권(公權)이 있으며 자유의 행복이 있으며 어떤 직업에 취직하더라고 좋다고 하는, 모두 완전무결한 사람이 될 수 있다. …… 한 사람 한 사람이 자유평등의 대의(大義)를 모르면 안 된다." 그러한 위에서 그는 미국 헌법을 본뜬 헌법을 제정하고 자유·독립·평등의 중화공화국을 설립하자고 제창

---

8 『원전 중국근대 사상사(原典中國近代思想史)』第2冊, p.145.

했던 것이다.[9]

중화에 대한 고집과 서양의 수용

쑨원(孫文)의 경우에도 물론 중화 문화에 대한 고집은 있었지만 유연하며, 서양 문화와의 차이보다도 공통성·중복성을 강조하는 경향이 보인다. 쑨원은 자신이 주장하는 '삼민주의(三民主義)'에 대해서 "삼민주의의 정신은 자유, 평등, 박애에 상당하며 프랑스 혁명의 정신에 일치한다. 또한 링컨(A. Lincoln)의 '민유(民有), 민치(民治), 민향(民享)'에도 통한다"[10]라고 역설했다. 또한 1911년에 소급하여 사용되어진 중화민국 국기(國旗)는 '청천백일만지홍기(青天白日滿地紅旗)'이다. 그 가운데 청(青)은 '평등, 정의 및 민주(민권)', 백(白)은 '우애, 솔직함 및 민생', 홍(紅)은 '자유, 희생 및 민족'을 의미하는데, 실로 서양적인 개념이었다.

유교적 민주관을 강하게 갖고 있던 장제스(蔣介石)는 『중국의 명운(中國之命運)』에서 다음과 같이 논하고 있다. "중국의 설치도강(雪恥圖強, 굴욕을 씻고 강국이 되는 것)에는 두 가지의 의의가 있다. 첫째 중국은 자립자강 후에는 자신이 받았던 깊은 고통을 결코 다른 나라의 몸에 가하지 않는 것, 일본 제국주의를 타도한 후에는 일본 제국주의의 의발(衣鉢)을 이어받아 '아주지도(亞州指導: 아시아를 지도한다)'의 의향과 행위를 결코 갖지

---

9 『원전 중국근대 사상사(原典中國近代思想史)』第3册(岩波書店, 1977), pp.187~197.
10 중화민국 각계 기념 국부(國父) 100년 탄신 학술편집위원회, 『징문선집(徵文選集)』
   (1966), p.62.

않는 것이다. 둘째로 중국의 자립자강을 위해서는 중국 자신이 우선 스스로 일어서서 정신적·물질적인 자유를 구하고 독립을 추구해야 한다. …… 중국의 자립자강은 중국 자신만의 문제는 아니다. 중국이 자유와 독립과 진보와 발전을 추구하고, 나아가 세계 각국과 함께 세계의 영구 평화와 인류의 자유해방을 위한 책임을 짊어지고자 하기 때문이다."[11]

중화 문화에 대한 고집과 서구화의 수용 사이의 내면적인 마찰은 청조 말기부터 중화민국에 이르는 모든 엘리트들에게 공통되어 있었다. 개량파는 그 균형(balance)을 정면으로부터 모색하고, 혁명파는 일단 중화의 전통문화를 내면에 억지하고 서구 문화의 수용을 정면으로부터 지향했을 것이다. 민국 시기의 지식인들의 심정에 대해서 마오웨준(毛維準)·팡중잉(房中英)은 "국가는 약하고 백성은 가난했지만, 민국의 지식인들은 대국 부흥의 이상을 마음 깊은 곳에 간직하면서 당시의 (국제화의) 지식에 대해서 재차 정리하고 구상을 하는 것뿐만 아니라 외교·국제사무를 실천하는 가운데에 대국의 미래를 지향하게 되었다"[12]라고 논하고 있다.

허(虛)로서의 대국, 실(實)로서의 대국

이상과 같이 역사의 문맥에서 '대국화'의 문제를 파악한다면, 오늘날 논의되고 있는 '대국화론'의 원류는 실로 청조 말기·민국 초기 이래의 전

---

11 장제스(蔣介石), 『중국의 명운(中國の命運)』(日本評論社, 1946), p.175.
12 ≪世界經濟與政治≫ 第375期, 2011, p.5.

통적인 중화 문화와 서양 근대문화 간의 긴장, 갈등 관계 속에 있다. '대국화'란 '중화 부흥'과 거의 등치된 개념이며, 환언하자면 '대국화'는 실로 '중화민족의 위대한 부흥'이었다는 것이 이해될 것이다.

그러나 마오쩌둥 및 중국공산당 지도하의 중화인민공화국이 성립된 이래 1990년대에 이르기까지 중국 자신을 '대국(화)'이라고 생각하는 사고방식은 곳곳에서 보이는데, 그 논의와 '전통 중국의 부흥'은 기본적으로는 분리되어 있었다.

그렇다면 어떠한 틀로 이 시기의 대국론을 이해하는 것이 적절할 것인가? 필자의 가설적인 틀은 중국정치를 이해하는 데에 대단히 중요한 개념인 '허'와 '실'로부터 보는, 즉 '허로서의 대국', '실로서의 대국'이라는 접근(approach)이다.

'허'란 '공허하다(虛しい)'라는 일본어의 어감과는 달리 '구체적으로 잡을 수 없는 실체'라는 의미로 사상, 관계, 행동 등을 지칭한다. 이에 반해서 '실'이란 '구체적으로 잡을 수 있는 실체'로서 무역, 생활 지표 등 어떤 형태의 기준으로 측정할 수 있다.

소련을 모델로 한 사회주의 건설

제2차 세계대전 직후부터 1950년대를 통해 살펴보면, 일본의 경우 유엔 '연합국 최고사령부(GHQ, 사실상 미국)'의 통할하에 놓여 평화헌법의 제정을 위시하여 민주주의적 제도의 도입, 경제 부흥에 전념했다. 한국전쟁에서 식량·군수품 등의 물자 공급을 계기로 '진무(神武) 경기'라고 불릴 정도의 호경기에 혜택을 입고 경제 대국화를 향한 길을 걷기 시작했다. 도요타(豊田), 혼다(本田), 소니(Sony), 마쓰시타(松下) 등 그 이후 세계에 이름을 날리게 된 메이커(maker)는 실로 이 시기에 등장했던 것이며, 서구 국가들을 목표로 했던 '따라 잡아라, 뛰어 넘어라'의 성장노선 자체가 일본 대국화의 궤적이 되었던 것이다.

이것에 비해서 중국은 어떠했는가? 전쟁 직후에 설립된 유엔(UN)에서 중국은 '5대 대국의 하나'로서 안전보장이사회(안보리) 자리가 제공되었다. 그렇지만 그것은 장제스가 이끄는 중화민국의 자리였으며, 마오쩌둥이 이끄는 중화인민공화국의 자리는 아니었다. 또한 1949년까지는 국공(國共) 내전에 전념하여 국제적으로 '대국'으로서의 역할을 수행할 여유도 역량도 없었다. 내전이 종결되고 1950년 「중소 우호동맹 상호원조 조약」을 체결하고 국제적으로 소련의 지원을 받으며 국내 건설에 힘을 집중할 수 있게 되었을 무렵, 중국은 소련을 모델로 한 사회주의 건설에 주력하게 되었다. 이때 중국은 자신을 '소련 = 장남'에 대해서 '차남'으로 규정하고 '향소일변도(向蘇一邊倒: 소련에게 배운다)'를 슬로건으로 내세우며 국내 건설에 나섰다.

미소에 편들지 않는 제3의 극(極): '중간지대론(中間地帶論)'

그렇지만 마오쩌둥은 이것에 결코 만족하지 못했다. 그것은 1956년의 흐루쇼프(N. Khrushchyov)에 의한 '스탈린 비판'에 대해 마오쩌둥의 실질적인 비판, 1957년 러시아 혁명 40주년 기념에 모스크바를 방문하여 흐루쇼프의 미국과의 평화공존 노선을 비꼬아 댄 마오쩌둥의 '동풍(東風, 사회주의 진영)이 서풍(西風, 자본주의 진영)을 제압한다'는 내용의 연설, 그리고 소련 방식을 포기하고 소련과의 대립을 심화시킨 대약진운동의 추진에 의해 명백해졌다. 결국 미국과 공존의 틀을 굳히고 사회주의의 '해빙'을 연출한 흐루쇼프를 정면에서 비판하고, 마오쩌둥은 소련에 종속되지 않는 제3의 극(極)으로서 대국의 길을 걷기 시작했다.

중국 자체가 '사회주의의 진정한 핵심'이라고 주장하는 마오쩌둥에게 자본주의 진영과 사회주의 진영의 대립이라는 냉전 틀의 인식은 포기할 수 없었다. 거기에서 과거 1945년에 애너 스트롱(A. Strong)과의 대화에서 얘기한 '중간지대론'을 갖고 나와 냉전적 대립에서 실질적으로 가장 중요한 '전장(戰場)'은 아시아·아프리카·라틴아메리카 등의 미소 대국에 둘러싸인 중간지대에 있다고 주장했다. 문화대혁명 와중에 '반제반수(反帝反修)', 즉 미국 제국주의 반대·소련 수정주의 반대를 가장 중요한 슬로건으로 내건 것은 다름 아닌 중간지대 국가들을 중국 측에 끌어들이려는 최대의 메시지였던 것이다.

특히 아시아에서는 가장 친중국적인 북베트남과 인도네시아와의 연대, 즉 베이징-하노이-자카르타 추축(樞軸)을 강화하여 기존의 국제사회에 대항하며 '제2의 유엔(UN)'을 제창할 정도였다.

미소와 명확하게 대결을 보이는 이러한 사고방식이 이론으로서 마오쩌둥에 의해 정리된 것이 이른바 '3개의 세계론'이었다. 1974년 2월 마오쩌둥은 잠비아 대통령과의 회견 시에 △ 현재 세계를 지배하고 있는 국가는 미소 초대국(제1세계)이고, △ 그 패권주의적 지배에 감연(敢然)히 투쟁하고 있는 국가는 아시아·아프리카·라틴아메리카 국가들(제3세계)이며, △ 제1세계와 제3세계의 양자에 둘러싸여 때로는 미소로부터 압력을 받고 때로는 제3세계를 억압하며 동요하고 있는 지역으로서 일본, 서유럽 국가들, 동유럽 국가들(제2세계)이 있는데, △ 중국은 제3세계에 속한다는 사고방식을 표명했다.[13] 여기에서 이미 '자본주의 진영' 대 '사회주의 진영'이라는 냉전 시기 대립 구조의 인식은 포기되었다.

마오쩌둥 시대의 '대국론': 허(虛)로서의 대국

그렇다면 이상과 같은 문맥에서 주장되어온 제2차 세계대전 이후부터 1970년대의 이른바 '대국 중국'은 어떻게 이해하면 좋을까? 사회주의 국가들 가운데의 '차남', '제2 UN의 리더', '제3세계의 리더'는 그 무엇이나 실체를 가진 그와 같은 '대국 중국'이 존재했던 것은 아니다. 또한 당시의 중국은 1958년까지는 비교적 순조롭게 경제의 회복·발전을 보였음에도 불구하고 대약진운동의 커다란 좌절, 문화대혁명의 대혼란에 의해 일반 서민은 건국 초기보다도 열악하고 엄중한 생활을 강요받게 되었다. 그렇지만 그럼에도 이러한 주장이 마오쩌둥의 단순한 허풍이라는 것도 아니다. 그러한 것은 틀림없이 자신에게도 세계에게도 의미를 지니는 '대국 중국', '허로서의 대국 중국'이었다.

---

13 『중국공산당 집정 40년(中國共産黨執政四十年)』, p.375.

여기에서 말하는 '허'라는 것은 앞에서 언급한 바와 같이 '공허하다'는 의미가 아니라 눈으로 직접 볼 수 없지만 형식 혹은 이상으로서의 의미를 지니는 실체로서 이해되는, 중국의 정치문화를 고려하는 데에 대단히 중요한 개념이다.

'허로서의 대국'론은 포스트 마오쩌둥 시기, 즉 덩샤오핑 시대에도 찾아 볼 수 있다. 1984년 당시 덩샤오핑의 외교 브레인이라고 일컬어진 환샹[14]이 "'미중소의 대삼각(大三角)' 관계가 국제정세의 발전 방향을 결정한다. 이 '대삼각' 관계의 하부에는 또한 두 개의 사각(四角) 관계(아시아에서 중소, 미일, 유럽에서 미소와 동서 유럽)가 있는데, …… 국제정세의 전도(前途)를 실제로 결정할 수 있는 것은 역시 미중소의 대삼각 관계이다"[15]라고 논한 것이 가장 유명하다.

그러나 문화대혁명 시기의 혼란에 의한 경제의 심각한 정체, 개혁·개방노선으로의 대전환을 막 시작했을 뿐인 당시의 중국에 마오쩌둥이 말한 것과 같은 의미에서의 '제3세계의 선두에 서는 중국'을 포기하고 근대화에 매진하고자 하는 한, 정치적으로는 어쨌든 경제적·군사적으로 실(實)을 수반하지 않는 사고방식이라는 것을 깨닫게 된다.

---

14 환샹(宦郷, 1919~1989), 구이저우성(貴州省) 출신으로 상하이교통대학을 졸업했고, 일본 와세다대학에서 유학했다. 1954년 주영국 임시대리 대사, 1964년 외교부장 보좌역, 1982년 국무원 국제문제연구센터 총간사, 전국인대 외사위원회 부주임, 중국사회과학원 고문 등을 역임했다. 개혁·개방정책과 외교의 브레인으로 활동했다. _ 옮긴이 주

15 ≪世界經濟導報≫, 1984.7.9.

덩샤오핑은 일찍이 1985년 6월에 "현재 우리는 대외전략의 중대한 전환을 행했다. 세계 어디에서도 미중소의 '대삼각'이 말해지고 있지만, 우리는 그렇게 말하지 않는다"[16]라고 언명했다. 이와 같은 덩샤오핑의 엄중한 현실의 자기 인식이 소련 붕괴 직후인 1991년에 '24문자 지시'(26쪽 참조), '12문자 지시[兵臨城下, 敵强我弱, 以守爲主(병사가 성 밑에 당도했는데, 적이 강하고 아군이 약하면, 수비를 위주로 한다)]' 등의 수세(守勢)로 일관하는 전략을 취하게 했던 것이다.

덩샤오핑 시대의 '대국론': 실(實)로서의 대국을 향하여

'허로서의 대국'론은 기본적으로는 자기와 타자의 인식 문제이기 때문에 물질적인 실체가 수반되지 않아도 존재할 수 있다. 그렇지만 '실로서의 대국'은 물질적인 실체를 필요로 한다. 그런데 중국은 가난하고 약하다는 현실이 존재했다. 거기에서 비롯된 '목표로서의 대국'을 실현하고자 하는 주장이 만들어지게 된다.

그 원류는 역시 청조 말기·민국 초기로 소급되는데, 더욱 구체적인 형태를 이루게 된 것은 중일전쟁 말기 앞에서 인용했던 장제스의 『중국의 명운』 속의 강국론(强國論)이며, 또한 1945년에 이것에 대항하는 형태로 집필된 마오쩌둥의 「연합정부론」이었다. 거기에서 마오쩌둥은 '독립, 자유, 민주, 통일'에 이어서 '부강한 중국'을 건설하자고 호소했다. 이 '부강한 중

---

16 『덩샤오핑 문선(鄧小平文選)』 第3卷, p.128.

국'이라는 표현 자체가 그 이후의 핵심어(key word)가 되었던 것이다.

1975년 1월의 제4기 전국인대에서 저우언라이(周恩來) 총리는 11년 전의 전국인대에서 제창했던 내용을 조금 수정하여 "금세기 내에 농업, 공업, 국방, 과학기술의 현대화를 전면적으로 실현하고, 중국의 국민경제를 세계의 최전선에 앞세우고, …… 우리나라를 사회주의의 현대화된 강국으로 만들자!"라고 호소했다. 이른바 '4대 현대화'의 제창이다. 저우언라이의 의지를 가장 강력하게 계승한 이는 말할 필요도 없이 덩샤오핑이었다. 1974년에 부활했다가 다시 실각한 이후 1977년에 다시 부활한 덩샤오핑은 그때마다 '4대 현대화'를 실현하고 현대화된 사회주의 강국을 만드는 것이 우리의 임무라고 반복했다.

덩샤오핑 시대에서 유의해야 할 것은 '강국'이었지 '대국'이라는 표현이 아니었다는 점, 또한 '강국'이라는 표현도 목표였지 현실이 아니었다는 점이다. 덩샤오핑은 '뒤쳐진 중국'을 강하게 자각하고 경제를 발전시키기 위해서 개혁·개방노선을 발전을 위한 기본전략으로 삼았다. 이는 대외적으로는 국제 긴장을 가능한 한 피하고, '평화와 발전'에 집중하는 것을 취지로 했다. 앞에서 언급했지만, 덩샤오핑은 스스로를 '약한 국가'라고 규정하고 집중하여 역량을 키워야 한다고 강조했다. '대삼각론'을 언급하지 않았던 시기이다. 따라서 이 시기에 자신을 정면으로부터 '대국'이라고 주장하는 일은 거의 없었다.

천안문 사건은 공산당 체제 자체에 큰 충격을 주었고, 국제사회로부터 어쩔 수 없이 고립되었다. 대국론(大國論)이 다시 등장하게 되었던 것은 1992년에 덩샤오핑이 제창한 '사회주의 시장경제'의 추진에 의해 경제성장의 재가속이 궤도에 오르고, 나아가 1997년 무렵부터 미중, 중러, 중일 등 정상 간의 상호 방문이 전개되어 적극적인 대국 간의 파트너십 외교가 강조되었던, 덩샤오핑 사망 전후의 시기부터이다. 1997년 9월, 장쩌민은 공산당 제15차 당대회 '정치보고'에서 "우리와 같은 동방의 대국이 신민주주의를 거쳐 사회주의의 길을 걸어 나간 것은 위대한 승리이다", "21세기 중엽의 건국 100주년까지 현대화를 기본적으로 실현하고 부강, 민주, 문명의 사회주의 국가를 구축한다"라고 역설했다.

경제력의 발전, 군사력의 증강과 함께 증가해가는 리더들의 '대국의식'에 부합되는 것처럼, 보통의 젊은이들 중 민족의식이 강한 사람들 가운데에서 배외적, 혹은 반(反)서양적, 혹은 반일적인 민족주의라고 할 수 있는 파도가 일었다. 이미 언급했지만, 1996년에 출판되어 해적판을 포함하여 300만 부의 베스트셀러가 된 『노(No)라고 말할 수 있는 중국』, 그리고 『그럼에도 노(No)라고 말할 수 있는 중국』이 대표적이다. 그들은 결코 정치와 국제관계 분야의 전문가는 아니며 자칭 작가, 미디어 관계자들이었다. 다만 학계에서 '중국 대국화론'이 나오게 된 것은 조금 뒤인 2000년 전후 무렵이었다.

부활하는가, 중화제국의 '왕도(王道) 외교'

그렇다면 '약국(弱國)에서 강국', '소국에서 대국'이라는 인식의 전환은 어떠한 요인에 기초한 것이었을까? 대체적으로 아래의 여섯 가지 사항을 지적할 수 있다.

① 개혁·개방노선의 추진에 의한 장기간의 지속적 경제성장 실현과 1990년 초부터의 계속적인 군사력 증강의 결과, 대폭적으로 종합국력이 증대되었다고 인식하게 된 점이다.

② 1997년에 발생한 '아시아 통화위기'에서 인민폐(人民幣, RMB)의 환율과 경제성장을 유지하며 극복함으로써 큰 자신감을 얻게 된 점이다.

③ '통화 위기'를 전후하여 일본의 '버블 붕괴'에 의한 경제 저미(低迷), 아시아에서의 영향력 저하가 있었고, 이것에 교착되듯이 중국의 존재감(presence)이 높아진 점이다.

④ 1997년, 1998년 클린턴, 장쩌민의 상호 방문이라는 미중 정상 외교의 전개, 이와 병행하여 추진된 러시아·일본 등으로의 장쩌민 방문에 의한 '대국 간 파트너십 외교'의 성공 등에 의해 적극적인 외교 행동에 자신감이 생기게 된 점이다.

그 위에 ⑤ 1990년대 중반부터 이른바 '중국 위협론', '중국 차기 초강대국론' 등이 잇달아 논의되기 시작하고, 경계감도 포함된 미국의 대중 인식 중시가 강해져, 미국에 의해 중시되는 '우리들'이라는 논리에서 '대국의식'이 가속되었다.

아울러 ⑥ 1990년대 중반부터 중국의 전통적 힘(power), 문화적 힘을 활용하면서 주변 국가들과의 관계를 개선하고 영향력을 강화시켜야 한다는 의견이 나오기 시작해서 대국의식을 자극하게 되었다.

예를 들면, 1998년 팡파이화(方拍華)의 논문은 "중국은 외교에서 문화 전략을 크게 활용하여 중화문명을 확대시켜야 하며, 그것에 의해 동아시아 이어서는 세계에 중국에 대한 불신감을 해소시켜야 한다"[17]라고 강조했다. 중일문제 전문가인 펑자오쿠이(馮昭奎)도 앞으로의 중국 외교는 '왕도(王道) 외교'로서 걸어가야 한다고 말했다. 이러한 주변 지역과의 전통적인 관계에서 떠오르는 것은, 중화제국과 주변 국가들이 조공(朝貢) 무역 등을 통해 종주국·속국의 관계를 형성했던 이른바 '책봉(冊封) 체제'이다.

동아시아를 중심으로 한 주변 지역과의 선린 우호, 인국(隣國) 파트너의 외교 실천은 '왕도 외교'의 현대판이라고 할 수 있을지도 모른다. 1998년 1월에 발표된 신치(辛旗, 평화발전연구센터)·중국전략관리연구회 공편(共編)의 「중국권(中國圈)」이라는 논문은 "냉전 이후 각 지역에서 세계 경제의 지역화·블록화가 필연적인 추세가 되고 있다. 화남 경제권, 환황해 경제권 등의 지역의 하위 범주에 속하는 경제권을 통합하면서 중일관계의 조화로운 발전을 이루어가고 동아시아 전략을 구상하는 형태로" 중국권을 형성하는 것이 "지정학적 이익, 경제의 공동 발전이라는 점에서도 바람직하다"라고 주장하고 있다.[18]

G2로서 구현된 대국(大國) 중국

'중국 대국화'론이 빈번하게 주장되었던 것은 역시 2002년의 제16차

---

17 ≪中國外交≫ 第2期, 1998.
18 ≪大公報≫, 홍콩, 1998.11.4.

당대회 이후의 일이다. 이 대회의 장쩌민 '정치보고'에서는 '중화민족의 위대한 부흥'이 화려하게 선전되었다. 거의 같은 시기에 후리핑(胡利平)은 당시의 중국에 대해 다음과 같이 논했다.

"중국은 세계 경제대국으로서의 물질적 기초를 갖추고 있으며", "국가의 실력을 눈에 띄게 증강시켜, 종합국력을 대폭적으로 상승시켰다. …… 우리나라는 이미 기본적으로 대국 외교를 체현하는 능력을 충분히 지니고 있다. …… 외교 전략은 갈수록 성숙되고 대국의식을 중시하는 시기가 다가오고 있다."[19]

이와 같은 주장은 결코 예외적인 것이 아니다. 다만 당시에는 옌쉐퉁(閻學通)과 같이 "중국은 지역대국이지만 글로벌한 대국은 아니다"[20]라는 냉정한 지적을 하는 학자도 있었다.

그리고 모두(冒頭)에서 논한 바와 같이, 이미 중국은 세계 제2위의 경제대국·군사대국이 되고, 2008년의 베이징 올림픽, 2010년의 상하이 만국박람회를 거쳐 자타가 공히 인정하는 'G2'라고 불릴 정도의 세계적인 대국이 되었다. 중국의 식자들도 자신을 '대국'으로 위치지우는 것에 어떠한 주저도 없어진 것처럼 보인다. 물론 그럼에도 베이징대학의 주펑(朱鋒) 교수가 지적하는 바와 같이 "중국은 본질적으로 취약한 국가이며, 과거 대국의 제도와 경험을 배울 필요가 있다"라는 의견도 적지 않다(北京共同).

---

19 《中國外交》, 2003.1., pp.22~23.
20 《中國外交》, 2003.5., p.28.

'대국 중국'의 자기 인식

그렇다면 오늘날 정권에도 영향력이 있는 지식인들은 '대국'으로서의 중국을 어떻게 파악하고 있을까? 다소 자유주의 성향을 지니고 있다고 말할 수 있는 베이징대학의 왕이저우(王逸舟) 교수는 "대국의 풍격(風格)을 지닐 것"을 강조하면서 다음과 같이 지적한다.

"대국 외교는 비교적 훌륭한 대국관(大局觀)을 갖고 있지 않으면 안 되고, 장점·단점에 뛰어나고 단기적 및 국부적인 이익에 좌우되지 않는다. …… 대국은 외교상 위기관리 메커니즘을 갖추고 있으며, 내부 각 부문의 협조 메커니즘도 또한 비교적 정비되어 있다. …… 대국 간의 관계에서 대국은 기타 대국에 종속되지 않으며 대국 간의 마찰 해소에 결코 환상을 갖지 않는다. …… 대국은 독립된 문화적 가치 체계와 적절한 전략 영역을 지니며(평화적인 이웃나라와의 국경과 협조적인 주변 환경 등), …… 대국 외교는 유연성이 크며, 전략 영역도 넓다. …… 대국은 중요한 국제기구 내에서 중요한 리더로서 행동하고 사무국의 요직을 차지하는 기회가 많으며, 사실상 국제적인 과제를 주도하는 역할을 담당한다."[21]

대국의 풍격을 중시하고 국제문제의 처리에 관해 리더십을 발휘해야 한다고 강조하는 왕이저우에 대해서, 저명한 경제학자이자 전략가이기도 한 후안강(胡鞍鋼)은 세계 제1위가 된다는 목표를 제시했다. 즉 "미국을 추월한다는 것은 마오쩌둥이 우리에게 제기한 '중국의 꿈' 혹은 강국

---

21 『글로벌 정치와 중국 외교(全球政治與中國外交)』(世界知識出版社, 2003), p.276.

의 꿈이다. …… 마오쩌둥이 제기한 강국의 꿈은 여전히 위대하며, 조기 실현되었다. 중국의 철강 산업은 1993년에 미국을 제치고, 일본에 이어 세계 제2위가 되었다. …… 대체로 21세기 최초의 20년은 중국에게 확실히 '많은 일을 이뤄야 하는 중요한 전략적 기회(chance)의 시기'이다. 이것은 중국이 미국에 전면적으로 쫓아가는 과정(process)이며, 일부에서 미국을 초월하고 나아가서는 주체적으로 미국을 초월하는 과정이다. 이것은 장기간에 걸친 미국에 의한 단독 지배, 서방측의 세계 정치·경제·무역 틀을 타파하는 데에 대단히 중요한 의미가 있고, 신흥 시장국의 힘이 점차로 상승기에 들어가는 것을 촉진하는 데에 대단히 적극적인 국제적 의의를 갖고 있다."[22]

좀 더 현실주의 경향을 지니고 있는 국제정치학자 옌쉐퉁은 "세계는 다극화로 향하고 있지 않다. 이른바 경성 권력(hard power)으로 측정해보면 세계는 미중의 양극화로 향하고 있다. …… 중국 고대의 현인(賢人)은 세 가지의 리더십이 있다고 보았다. 전제(專制), 패권(霸權), 왕도(王道)가 그것이다. …… 왕도는 군사력과 도덕규범이라는 두 가지로 지휘력을 발휘한다. 국제적인 기준 및 규범을 준수한다. 동맹국과 사이좋게 지내는 것뿐만이 아니라 덕에 의해 비동맹국도 우리 편으로 만든다. 중국은 왕도를 제창하지 않으면 안 된다"라고 역설하면서, 미중 양극 시대에 중국이 더욱 영향력을 증대하기 위한 전통적인 유교 통치론을 제시하고 있다.[23]

22 ≪瞭望≫ 第1期(2011), p.6.

각각이 같은 수준에서 논의되고 있는 것은 아니지만, 모두 대국화한 중국, 미국과 함께 가장 세계에 영향력을 갖고 있는 대국을 전제로 하고 나아가 무엇을 해야 할 것인가를 논의하고 있는 점은 공통된다. 이러한 맥락에서, 이와 같은 '대국 중국'의 자화상에 대해서 제3자의 눈으로 본 의미와 과제에 대해서 논하도록 하겠다.

3. 중국은 '대국'다울 수 있는가

전통에 대한 고집

이 장의 앞부분에서도 다루었지만, 중국이 '대국을 지향한다'는 것은 단적으로 말하자면 과거에 세계의 대국이라고 불리기에 합당한 높은 문화와 긴 역사를 가진 중국이 '서양의 충격'을 받아 망국의 위기에 직면했고, 거기서 부흥하여 새로운 찬란함을 세계에 보인다는 것을 의미했다. 현실은 '가난하고 약한 국가'였음에도 불구하고 중국 특유의 '허로서의 대국'이라는 개념을 활용하면서 제3세계의 리더, 미국과 소련에 대항하는 제3의 중심으로서, 세계의 도전자로서의 대국을 연출했던 것이 마오쩌둥의 중국이었다. 이것에 반해서 덩샤오핑은 '가난하고 약한 국가'라는 현실에서 출발하여 외국의 자본·인력·선진 기술을 적극적으로 활용

---

23 "국제질서, 혼란의 시대(國際秩序 亂の時代)", ≪日本經濟新聞≫, 2011.9.14.

하는 '개혁·개방'노선을 추진하고, 국제정치 측면에서는 대결을 피하는 '도광양회'를 관철했다. 그렇게 함으로써 종합국력을 대폭적으로 높이는 '실로서의 대국화'에 몰두하여 그것을 실현했던 것이 덩샤오핑(후계자도 포함하여) 시대의 중국이었다.

그리고 오늘날 중국적인 전통문화를 전면에 내세운 '중화민족의 위대한 부흥'이라는 주장이 널리 울려퍼지게 되었다. 2008년 베이징 올림픽 개막식에서 선보인 장이모우(張藝謀)에 의한 눈부신 '중화 문화' 연출에는 그러한 생각이 넘쳐나고 있는 듯했다.

이 슬로건이 정면에서 제기되었던 것은 앞에서 언급한 바와 같이 2002년의 제16차 당대회였다. 그렇지만 이 표현은 실제로는 이미 1978년 제13차 당대회의 자오쯔양(趙紫陽) '정치보고'에 아무렇지도 않게 포함되어 있었다.[24] 자오쯔양은 '전면 서구화'를 지지하고 천안문 사건에서 분당(分黨) 활동을 했다고 비판받아 실각된 지도자였다. 따라서 '중화민족의 위대한 부흥'은 입장의 차이를 초월하여 현대 중국의 엘리트에게 비원(悲願)이었다는 것을 알 수 있다.

그렇다면 '중화민족의 위대한 부흥'을 주축으로 하는 '중국의 대국화'란 무엇인가? 말할 필요도 없이 그것은 과거에 대한 고집, 전통문화에 대한 고집이다. 앞에서 언급한 옌쉐퉁이 굳이 '덕'이나 '왕도' 등의 전통적 언설을 이용하여 '대국 중국'이 취해야 하는 행동을 표현했던 것은 바로

---

24 『제13차 당대회 이래(十三大以來)』上卷(人民出版社, 1991), p.13.

그러한 것이었기 때문이다. 그런데 이것에는 결정적인 문제가 내재되어 있다(이 점에 대해서는 아래에서 논한다).

어쨌든 전통문화라는 중국의 독자성을 강조하는 논리는 필연적으로 중국 특이론(特異論)을 만들어내게 된다. 무엇보다 마오쩌둥 시대에는 소련 방식에서 결별한 '중국 사회주의' 건설론이 제시되었으며, 개혁·개방 시기에는 '중국적 특색이 있는' 사회주의라든지 사회주의 시장경제, 중국식 민주주의 등의 담론이 많이 사용되어 특이론의 온상이 되었다.

중국 모델을 국제사회는 어떻게 받아들이는가

'G2 시대'라고 불리는 바와 같이, 구미형(歐美型) 발전 모델이 끝을 보이고 있는 2008년 무렵부터 '워싱턴 컨센서스'에 대해서 '베이징 컨센서스'의 유용성이 강조되고, 또한 발전을 지속하는 '중국 모델'이 소리 높게 불리게 되었다. 그렇지만 우선 사실로서 확인하고 싶은 점은 1980년대에 시작된 중국의 경제발전·종합국력의 증대는 처음부터 어떤 특정의 '중국 모델'이 있어서 그 실천의 결과로서 실현된 것이 아니라, 시행착오 및 암중모색의 결과였다는 점이다. 1980년대 경제 개혁과 정치 개혁은 자전거의 두 바퀴와 같은 것이었다. 천안문 사건의 경험으로부터 정치 개혁을 사실상 정지시키고 권위주의 체제를 유지하면서 경제의 시장화, 세계무역기구(WTO) 가입에 의한 세계화(globalization)에 열심히 매진했다. 그런데 그것이 한국, 타이완 및 동남아시아 등에서 추진되어온 '개발독재' 방식의 경제성장 노선과 기본적인 특징에서 어느 정도의 차이가 있는 것일까?

물론 '중국 모델'을 둘러싸고 중국 국내에서 찬반양론의 격렬한 의견이 교차되고 있다. 예를 들면, 상하이교통대학(上海交通大學) 샤오궁친(蕭功秦) 교수와 같이 "중국의 현재 모델은 강한 국가와 약한 사회"의 결합체라는 적확(的確)한 지적도 보인다. 논쟁의 상세한 내용을 소개하는 것은 피하겠지만, 비교적 객관적인 요약으로서 프란시스 후쿠야마(F. Fukuyama)의 견해를 소개해보도록 하겠다. 그는 과거에 『역사의 종말(The End of History)』을 발표하여 세계적으로 이슈를 불러 일으켰던 인물로서, 다음과 같이 특징짓고 있다. 즉 "정치 방면에서 권위주의적이며, 경제 방면에서는 국영기업에 의존한 중국의 발전 모델"로 "대규모의 경제정책 결정을 신속하게, 그리고 상당히 효과적으로 행할 수 있다는 점에서 구미(歐美)의 자유주의적인 경제 체제보다도 우위에 서 있으면서도 최고지도자에 대한 견제와 균형(check and balance)이 이루어질 수 없다는 점에서나 성장 우선의 경제운영으로 인해 위기를 맞을 가능성이 있다."[25]

그러나 어쨌든 '중국 모델'론을 강조하면 할수록 중국의 독자성을 역설하면 할수록, 역설적이게도 '초대국 중국'은 특수한 대국으로서 인식되고, '보편적인 대국'으로서 세계에 받아들여지는 것을 저해하게 된다. 예를 들면, 옌쉐퉁도 지적하고 다른 지식인도 많이 활용하고 있는 '왕도·패도론'으로 '중국은 왕도를 걷는다'라는 점을 마치 멋진 길로서 역설하지

---

25 ≪讀賣新聞≫, 2011.9.25.

만, 이것도 중국을 최상위로 위치지우고 중화적 문화의 수득도(修得度)에 의해 상하의 계층화를 행하며, 가장 낮은 단위의 주체를 '이적(夷狄, 야만인)'으로 규정하는 이른바 '화이(華夷) 질서론'을 전제의 틀로 삼고 있다. 그와 같은 권위주의적인 질서관이 과연 오늘날의 국제사회에서 수용될 수 있을까?

혹은 인류의 진보에 따라 인간의 존엄, 표현의 자유 등 '보편적 가치'와 국제 규칙, 환경 보전 등의 '국제 공공재'를 존중하고 옹호하는 사고방식과 '중국적 특색'은 어떻게 관련되어 있는 것일까?

'중국 모델'을 이행기의 모델로서 이해하면서도 보편적 모델로서는 대단히 회의적인 입장을 취하는 우징롄(吳敬璉)은 국제 공공재로서의 규칙을 중시하여 다음과 같이 지적하고 있다. 즉 "중국은 전지전능한 국가가 사회를 관리할 수 있다는 사고방식을 수십 년에 걸쳐서 개혁하고 있는 과정에 있다. 시장의 힘을 조금씩 더해서 경제성장을 실현해왔던 것이다. 그렇지만 최근 그 발걸음이 멈추어지고, 퇴화되고 있다는 느낌마저 든다. …… 우리가 지향해야 할 것은 국가자본주의가 아니다. 공정한 규칙에 기초한 사회경제를 더욱 받아들여야 한다".[26]

적극적으로 체제 내 정치개혁을 중시해온 위커핑(兪可平)도 「중국 모델과 사상 개방」에서 "중국의 길 혹은 중국 모델의 가치는, 민족국가가 현대화를 향하는 길을 확대하고 인류 발전의 법칙과 규율에 관한 인식을

---

26 ≪朝日新聞≫, 2012.1.6.

풍요롭게 하고 글로벌 시대의 인류 문명의 다양한 발전을 촉진했다. 그렇기 때문에 단순하게 '중국의 길'은 다른 발전도상국을 위해서 선택해야할 발전의 길을 제공했다고 할 수는 없다. 중국의 국정(國情)은 대단히 특수하며, 이와 같은 국정(國情)의 기초 아래에 있는 '중국 모델'은 아마도 그 어떤 국가도 간단하게 모방할 수 없는 것이다."[27]

'미래의 초대국'에 요구되는 것

중국 지식인의 대다수에게, 1세기 남짓에 걸쳐 '위대한 중화(中華)의 굴욕'을 감수해왔다는 속박으로부터 오늘날 결국 탈출의 빛을 보게 되었는지도 모른다. 그 때문에 1인당 경제 수준에서는 '도상국'에 머물고 있는 현실도, 심한 환경오염·빈부 격차·오직(汚職), 취약한 사회보장 등의 심각한 모순도, 나아가서는 지구 온난화, 물·에너지 자원·식량 문제 등 세계가 예상을 훨씬 넘는 글로벌화를 하고 있는 현실에 대해서도 아직 눈길을 돌릴 여유가 없는지도 모른다.

그런데 2011년은 이른바 '신해혁명 100주년'에 해당하는 해인데 중국 국내에서도 신해의 유산으로서 자유평등, 박애의 정신, 이른바 '보편적 가치'를 어떻게 받아들여야만 하는가에 대한 논의가 왕성히 전개되었다고 한다. 단순한 대국 간 균형론, '대국의 풍격'론, 그리고 중국의 독자성을 강조하는 대국론이 아니라 인류 사회가 직면하고 있는 다양한 문제에

---

27 ≪北京日報≫, 2008.11.19.

진지하게 마주하여 그 해결을 위해서 다른 국가들, 사람들과 손을 잡고 헌신적인 노력을 시도하는 국가가 '미래의 초대국'에 적합하다고 할 수 있을 것이다.

역사 속의 중일관계

'역사에서 배워서 교훈으로 삼는다'는 것은 무엇을 의미하는가?

중국과 일본에게 '역사를 둘러싼 문제'는 종래에는 ① 중국공산당의 대일(對日) 역사관을 어떻게 받아들일 것인가, 그리고 ② 극동 재판에서 결정된 '일본의 아시아 침략 전쟁론'을 어떻게 받아들일 것인가 하는 것을 둘러싸고 계속 논의되어왔다. 양자 모두 '일본 = 악인'인데 전자는 중국공산당만이 강하게 '정의'를 구현하고 있으며, 이 가운데에 국민당이나 기타 정치 행위자(actor)는 부정되어야 할 존재이든지 종속적인 존재에 불과하다고 본다. 이것에 반해서 후자는 연합군 및 모든 반(反)파시즘 투쟁이 '정의'를 구현했다는 것이다. 오늘날 일본에서 그 전쟁의 동기는 반드시 '침략적'인 것은 아니었다고 주장하는 사람도 존재하지만, 대부분의 사람들은 적어도 결과로서 '침략 전쟁'이었다는 것을 받아들이게 되었다.

그러나 오늘날 역사 인식에 대한 일본의 태도에 대해서 중국의 자유주의 경향의 지식인을 포함하여 공산당의 대일관(對日觀)과는 다른 시각에서 '비판적인 목소리'가 들리고 있다. 일본인의 대다수는 1972년 국교정상화 때에 마오쩌둥·저우언라이로부터 '전쟁 배상의 포기'를 정식적인 성명으로서 받아들이고, 그 관용적인 모습에 감동하고 중국과의 관계 개선, 우호 협력에 공헌을 맹세했다. 필자 자신도 대학원생 시절이었던 당시에 중일 국교정상화와 관련한 일련의 뉴스를 뚫어지게 보며 '전쟁 배상의 포기'를 명확하게 선언한 저우언라이의 거대한 도량(度量)에 깊은 감명을 받았던 것을 오늘날까지도 선명하게 기억하고 있다.

그 이후 '오래된 우물을 파는 사람'뿐만 아니라 중국의 경제발전, 교육 지원, 사막의 녹화(綠化) 등 환경 개선 등을 위해 헌신적으로 공헌한 '새로운 우물을 파는 사람'이 점차 나타난 것은 주지하는 바와 같다. 그렇지만 이러한 사실은 풍화되고 잊히게 되었다. 중국 당국이 강하게 추진한 '반일 애국주의 교육'에 영향을 받아 '과거의 침략자 = 일본'의 부활이라는 견해가 서서히 중국에 침투되고 있다. 앞으로의 중일관계를 생각하는 데에서 결코 간과할 수 없는 일이다.

물론 대일관이 전면적으로 악화되고 있는 것은 아니며, 오늘날의 중일 긴장의 상황 아래에서도 이성적으로 관계를 수복하고 건전한 관계로 되돌아가야 한다는 목소리가 많다는 것도 확실하다. 그렇기 때문에 역사를 어떻게 고려할 것인가를 되물어볼 필요가 있다.

무엇보다 '역사로부터 배우고 교훈을 삼는다'라는 것은 무엇을 의미하는가? 저명한 역사학자 카(E. H. Carr)는 명저 『역사란 무엇인가(What Is

History?)』에서 "역사란 현재와 과거 간, 역사가와 역사적 '사실' 간의 끝날 줄 모르는 대화이다"라고 말했다. 역사의 평가 가운데에 과거에는 '선인'이었던 인물이 돌연히 '악인'이 되거나, '악인'이었던 인물이 거꾸로 '선인'으로 평가받는 사태가 자주 출현한다. 중국사에서는 특히 그러한 인물 평가의 변전(變轉)이 빈번하게 보인다. 장제스, 마오쩌둥, 류사오치, 린뱌오(林彪) 등 모두 그러하다. 새로운 1차 자료의 발견을 통해서 어떤 역사적 사건이 종래와는 완전히 다르게 해석되는 것도 불가사의한 일은 아니다. 그 때문에 카가 말하는 것처럼 역사의 '진실'에 접근하고자 하는 역사가의 시도는 '끝날 줄 모르는 대화'인 것이다.

'악인론'으로는 역사를 설명할 수 없다

중일관계사를 되돌아보면, 자주 '역사로부터 배워서 교훈으로 삼는다'라는 표현이 사용된다. 거기에 이론(異論)은 없다. 그런데 '역사로부터 배워서 교훈으로 삼는다'라는 것이 의미하는 것은 무엇인가? 예를 들면 많은 일본인들도 "중일전쟁은 침략전쟁이며, 잘못된 전쟁이었다. 그것을 확실히 반성하고 두 번 다시 그와 같은 오류를 범하지 않도록 결의하겠다"라고 마음속으로 맹세한다. 그것이 '역사로부터 배워서 교훈으로 삼는다'는 것이라고 생각한다. 그것 자체는 바른 자세이다. 그렇지만 그와 같이 '확실히 결의한다'라는 것만으로 '역사로부터 배운다'는 것이 될 수 있을까?

중일전쟁이나 진주만의 미일 개전, 나아가서는 이른바 '문화대혁명'

등은 지금 생각하면 대부분의 사람들이 확실히 '잘못되었다'라고 판단할
수 있는 '어리석은' 전쟁이나 사건이다. 그럼에도 그것은 현실에서 일어
났고, 대다수의 사람들을 비극에 휘말리게 하는 참상을 만들어냈다. '왜
이런 일이 일어났는가?', '왜 비극을 방지하지 못했는가?'라는 점을 확실
히 묻고 생각하는 것이 실제로는 그와 같이 간단한 일은 아니다.

　예를 들면 누군가 특정의 인물이 악인이며, 음모를 기도하고 그러한
사건이 일으켰다고 하는, 이른바 '악인론'으로 설명하는 것은 간단하다.
그렇지만 과연 그것으로 이러한 전쟁이라는 역사의 인과관계를 바르게
설명할 수 있을까? 그렇게는 생각되지 않는다. 아니 이와 같이 '악인'을
만들어 모든 이유를 거기에 귀착시키는 방법은, '역사를 교훈으로 삼는
다'라고 하는 의미에서는 위험하기조차 하다.

　확실히 '역사 문제'에서 일본의 애매한 태도에 불만이 남아 있다는 것
은 알고 있다. 그렇지만 일본인으로서 국내에서 '우익'이라고 불리는 사
람들의 주장이 전혀 합리적이지 못하며 이해할 수 없는 것이라고는 생각
하지 않는다. 일본인 가운데에는 과거, 실제로 아시아 민족이 평등하고
함께 풍요로운 평화를 향유할 수 있는 '동아시아 공동체'를 지향하며 생
애를 바쳤던 인물들이 있었던 것도 확실하다. '일본의 침략'이라는 한마
디로 그들의 존재 그 자체까지 말살해도 좋을 것인가? '도쿄(東京) 재판'
판결에 대해서도 '너무 했다'는 의문을 품는 것도 불가사의한 것이 아니
다. 난징(南京) 학살 사건에서 '30만 명 학살'설은 객관적으로 당시의 상황
으로 보아서 아무리 그래도 너무 과장되었다는 의문이 남아 있다. 그렇

지만 그것을 '의연하게' 발언함으로써 즉시 '군국주의자', '침략 긍정자'라는 딱지가 붙게 될 가능성이 있는 것도 사실이다. 그리고 불만을 품으면서도 침묵을 지키기로 작정해버리는 사람도 있다. 그렇기 때문에 지난(至難)한 일이지만 실제로 '역사로부터 배워서 교훈으로 삼는다'라는 착실한 노력이 필요한 것이다.

중일 공동 역사 연구

'역사로부터 배워서 교훈으로 삼는다'라는 것에서 두 가지 점을 지적하고 싶다. 첫째는 중일 간에 '쟁점'이 되고 있는 사건과 문제에 관해서 중일 쌍방이 보관하고 있는 제1차 자료를 서로 제공하고, 중일의 역사학자가 '실사구시(實事求是)'의 정신에 입각하여 공동 연구를 추진하고, 역사적인 사건과 문제에 관한 확실한 사실관계, 인과관계, 전모(全貌)를 해명하고 그 과정(process), 결론, 평가를 중국과 일본의 역사가들 사이에서 공유하는 것이다. 이것은 주로 역사가의 일이며, 부분적으로는 이미 그와 같은 작업이 시작되고 있다. 그렇지만 상당히 제한적이다.

역사적 사건, 문제의 사실관계, 인과관계, 전체상을 고려하는 것은 그정도로 쉬운 일이 아니다. 그것은 주로 ① '역사 사건의 배경'이 되는 국제 및 국내적인 정치, 경제, 사회를 둘러싼 전체적인 상황의 이해, ② '역사 사건'에 직접 관련되어 있는 당시의 정치적·경제적·사회적인 상황의 이해, ③ 중요 인물의 사상 경향, 행태(behaviour), 목적과 전략, 상대국 및 그 중요 인물과의 관계, 상대측에 대한 인식을 둘러싼 이해, ④ 당시의 정책결정 시스템의 특징, ⑤ 역사에서 '우발성'의 의미에 대한 이해 등에 의해 이루어지는 것이라고 할 수 있다.

역사를 둘러싼 중일관계의 진정한 상호 이해는 역사가들의 이러한 착실한 공동 작업에 의해 처음으로 길이 열리게 되는 것이다. 물론 '가해자'와 '피해자' 등의 감정과 입장의 차이, 현재의 정치 체제의 상이함 등에 의한 쌍방의 역사 이해에 대한 심각한 저어(齟齬: 괴리)나 대립도 용이하게 상정할 수 있다. 또한 제1차적인 역사 자료의 개시 자체가 쉽지 않다는 것도, 전후 50년 직후의 중일 역사 공동 연구 제창이 큰 벽에 부딪혀 결국 교착상태에 빠진 경위로부터도 예상할 수 있다.

그러나 국교정상화로부터 40년을 넘어 '국가 교류' 우선의 시대로 진입함에 따라 폭 넓게 민간 교류가 실현되었다. 바로 지금 '진정한 상호 이해'가 요구되고 있으며, 필요해진 시대이다. 중일을 둘러싼 객관적인 환경도 크게 변화되었다. 바로 그렇기 때문에 중일 역사 공동 연구를 통해서 가능한 한 공통된 '역사 인식'을 함께 갖고, 그것을 조금씩이라도 민간 단위로 확대하고 양국의 국민 수준에서 역사를 공유하는 것이 중요해질 것이다.

언젠가 어떤 형태로든 공표하게 될 것이지만, 중일관계가 실로 최악의 냉각된 상태에 있었던 2012년 말부터 2013년 3월까지 근현대 관계사를 주제로 중국과 일본의 역사 연구자가 매월 한 차례 모여서 '중일 역사 대화' 포럼을 행했다. 이를 통해 얻은 매우 중요한 사실은 참가한 중국 측 역사가의 대다수가 이미 마르크스주의적인 교조주의에 의한 역사의 이

해로부터 탈각하여 자료를 기반으로 한 실증주의적인 방법으로 역사 사건을 분석하고 해석하는 경향이 매우 강해진 점이다. 물론 공산당 선전부(宣傳部) 계통은 이러한 경향에 '불쾌감'을 보이고 있는 듯한데, 그 흐름은 멈춰지지 않고 향후에도 계속 강화될 것으로 생각된다.

상하이(上海), 광둥(廣東)의 주도적인 역사학자의 사고는 분명히 탈(脫)교조주의, 협소한 민족주의를 벗어나는 것이며, 근대화론 혹은 보편적인 인류사관(人類史觀)에 의한 역사 해석의 방법을 취하고 있다. 물론 '일본 군국주의'와 '중일전쟁', '위안부 문제', '충칭(重慶) 대폭격' 등을 둘러싸고 격렬한 논쟁도 이루어졌다. 그렇지만 이와 같은 중국의 1급 역사가들과의 대화는 계속되었고, 이러한 작업을 통해서 역사에 대한 상호 이해의 기반은 형성되지 않을까 하고 실감할 수 있었다. 이와 같은 역사의 상호 이해를 위한 작업 자체가 '어리석은 역사의 비극'을 두 번 다시 반복하지 않기 위한 중일 간의 정신적·지적인 기반이 될 것이다.

쑨원을 지원했던 미야자키 도텐(宮崎滔天)과 이누카이 쓰요시(犬養毅)

두 번째로, 중일관계를 말할 때 수많은 사람들은 흔히 "중일관계는 2,000년의 우호·협력의 시대와, 50년의 전쟁·불행의 시대가 있었다. 50년의 불행했던 시대만을 보지 말고, 더욱 대국적으로 양국 관계를 봄으로써 중일의 전향적인 미래를 생각할 수 있다"라고 주장한다. 그렇지만 필자는 이 사고방식도 일면적이며, 중일관계에서 사람 간 연계의 진정한 중요성을 이해하지 못하고 있는, 안이한 이야기 방식이라고 생각한다.

중일관계를 사람과 사람의 연계로부터 살펴본다면 국가 단위에서의 '우호인가 전쟁인가'라는 시각만으로 판단하는 것은 불가능하다. 당(唐)·나라(奈良) 시대 중일 우호의 상징으로서 자주 언급되는 '감진(鑑眞)의 도항(渡航)'에 관해서 당시의 당나라 현종(玄宗) 황제는 오히려 강하게 반대했지만, 감진 자신의 강한 의지와 그를 둘러싼 중일 관계자의 예사롭지 않은 협력에 의해 실현되었다는 것이 진상이다. 근대 아시아라는 실로 '전쟁·불행의 시대'에서 중일 간에 상대를 존경하고 그 사람들을 위해서 목숨을 걸고 지원한 훌륭한 인간관계가 만들어졌던 사실을 살펴볼 수도 있다.

예를 들면 '중국 혁명의 아버지'라고 불리는 쑨원의 '아시아주의'에 감명을 받고 그를 지원했던 일본인이 적지 않았다. 그 가운데에서도 미야자키 도텐은 자신의 전 재산을 던져서 몇 번이고 중국 대륙에 건너가 최전선에서 쑨원이 주도했던 혁명에 참가했다. 2012년 6월, 필자는 구마모토현(熊本縣) 아라오시(荒尾市)에 있는 '미야자키 도텐 생가·기념관'을 방문했다. 현대의 일본인에게는 믿을 수 없는 일이겠지만 실로 미야자키 형제는 아시아의 혁명을 위해 전 재산을 던지면서까지 동분서주했고, 미야자키 도텐은 신해혁명에 몸을 바쳤다.

우메야 쇼키치(梅屋庄吉)는 재정 방면에서 쑨원을 지원했다. 또한 후에 총리가 되는 이누카이 쓰요시(犬養毅)는 1895년 일본에 망명한 쑨원과 만나서 그 이후 죽음에 이를 때까지 다양한 형태로 쑨원을 계속 지원했다. 이누카이는 당시 '중국통의 정치가'로 평가받았으며, 1915년 '대화(對華)

21개조 요구'를 제기했던 오쿠마(大隈) 내각의 대중(對中) 자세를 "중국의 독립권을 침탈하고 있다", "군대에 의한 위협은 배일(排日) 운동에 불을 지핀다"라며 통렬하게 비판했다. 1931년 군부의 폭주에 의한 '만주(滿州) 침략'을 총리로서 날카롭게 비판하고, 만주 사변에 대해 중국과의 대화를 통한 평화적 해결을 강하게 주장했다. 그 때문에 이른바 '5·15 사건'으로 불리는 군부에 의한 이누카이 총리 암살 사건이 일어나, 중일 양측에게 귀중한 인재를 잃어버리게 되었다.

중일 우호의 가교가 된 우치야마 간조와 오카자키 가헤이타

중국의 대문호(大文豪)이자 항일 운동의 지적 지도자였던 루쉰(魯迅)과 우치야마 간조(內山完造)의 관계도 또한 '훌륭한 인간적인 인연'을 보여주었다. 간조는 약(藥)을 판매하는 상인으로 중국에 건너갔는데, 결국 상하이에서 중국인도 일본인도 자유롭게 교류할 수 있는 살롱 '문학만담(文學漫談) = 우치야마쇼텐(內山書店)'을 열었다. 우치야마 간조는 루쉰과 서로 알게 된 1927년부터 루쉰이 사망할 때까지 10년 동안 친구이자 후원자(patron)였으며 어떤 경우에는 일본 헌병으로부터 그를 지켜주는 '생명의 보호자'이기도 했다. 간조는 1948년 63세의 나이에 일본에 귀국하여, 그 직후인 2월부터 고령을 무릅쓰고 1년 5개월에 걸쳐서 중일 우호를 위해 홋카이도(北海島)부터 규슈(九州)까지의 '중국만담 전국 행각(行脚)'을 행했다. 1949년 6월 중일 무역촉진회를 결성하고, 이듬해 10월 1일에는 갓 설립된 중일 우호협회의 초대 이사장 직책을 맡아 취임한 인물이다.

전임 전일공(全日空) 사장, 중일 각서(覺書) 무역사무소 대표, 중일 경제 협회 상임 고문 등을 역임한 오카자키 가헤이타(岡崎嘉平太)와 저우언라이의 개인적인 신뢰관계는 1972년 중일 국교정상화 실현의 무대 뒤에서 실질적인 견인력(牽引力)이었다고 말해진다. 오카자키 가헤이타는 중일 관계사를 고려하는 데에서 각별한 의미를 제기하고 있다. 그는 중일전쟁의 한 가운데에 일본 육군의 요직인 국책은행 상하이화흥은행(上海華興銀行)에 이사로 취임했고, 그 이후 1942년 11월, 대동아전쟁 발발 후에 설치된 대동아성(大東亞省)의 참사관이 되었으며, 이듬해 1943년에는 왕자오밍(汪兆銘) 정권(난징 국민정부)하에서 상하이 영사관의 참사관으로서 다시 상하이에서 활약하는 등, 일본의 입장에서는 '중국 침략의 선봉대장'이라고 할 수 있는 존재였다. 실로 이 시기의 그는 중국 측에서 본다면 '악인'이었다.

저우언라이가 그 사실을 알지 못했던 것은 아니다. 그렇지만 그가 중일전쟁 시기 자신의 행동을 진지하게 반성하고 그것을 극복하기 위해 전후 헌신적으로 중일 경제 교류, 국교정상화 활동을 실천한 것이 저우언라이의 마음에 깊은 감명을 주었을 것이다. 실로 '역사를 실제로 교훈으로 삼은 사람'의 전형이라고 할 수 있다.

오카자키는 저우언라이에 대해 "저우언라이는 나와 실제로 형과 동생의 관계, 깊은 우정으로 맺어져 있다. 저우언라이는 매우 드물게 보는 덕을 갖춘 큰 인물이었다"라고 말하며, 전쟁 배상에 대해 저우언라이가 "일본의 침략을 중국 인민은 증오하고 있다. 그렇지만 그것은 중일 2,000년의 교류에 비하면 불과 수십 년의 불행에 불과하다. 중국이 전쟁 배상금을 청구하면 일본 인민을 고통스럽게 만들게 된다. 그것은 바람직한 것이 아니다"라고 말한 것을 밝혔다. 그리고 오카자키는 1978년에 중국이 개혁·개방노선으로 전환한 초기에 재정난으로 어려움을 겪고, 대일 플랜트 계약의 일방적 파기가 계속되어 일본 재계에서의 중국 불신감이 높아지고 있던 가운데 "바로 지금 저우언라이 총리의 은의(恩義)에 보답할 때이다"라고 주장함으로써, 당시의 오히라(大平) 내각에 '제1차 엔 차관(대중 ODA) 공여'를 결단하도록 만들었다.

내몽골 자치구의 사막 녹화(綠化)에 나선 도오야마 세이에이

국교정상화 이후의 일이기는 하지만, 더욱 서민적이고 검소하며 숭고한 생활방식으로 일관했던 중일관계의 공로자는 돗토리대학(鳥取大學) 전임 명예교수 도오야마 세이에이(遠山正瑛)이다. 그는 1980년대부터 내몽골 자치구 사막의 녹화에 나섰고, 또한 황하(黃河) 상류 유역에서 포도 재배를 위한 토양을 만드는 데에 진력했다. 1991년에 95세의 고령에도 불구하고 NGO '일본 사막 녹화 실천 협회(日本砂漠綠化實踐協會)'를 설립하고 그 이후 내몽골 자치구 엔고베이 사막에 거주하면서 동 지역의 녹화에 말 그대로 생애를 걸었다.

그는 "사막의 녹화는 중국에 대한 은혜를 갚는 것이기도 하다. 옛날의 일본은 중국으로부터 여러 가지를 배웠고, 그것을 각 분야에서 살렸다. 반세기 전의 침략으로 일본은 엄청난 죄를 졌다는 것을 스스로 통감하고 있으며, 나의 중국에서의 사막 녹화는 사죄의 의미도 있다"라고 말했다 (CRI online 2009.11.25.).

필자가 1991년 무렵 고향인 오카야마현(岡山縣) 쓰야마시(津山市)의 강연회에서 함께 했을 당시 그는 아직 그다지 유명하지는 않았지만, 태도가 부드럽고 수수하면서 강한 신념을 갖춘 훌륭한 분이라는 인상을 받았다. 그 무렵 NHK 보도 스페셜에 등장한 도오야마가 최후에 정신이 멍해질 것 같은 사막 녹화에 나서면서 부드러운 표정으로 "꺾이지 않고, 초조해하지 않으며, 포기하지 않는다"라는 말을 남긴 것을 지금도 강한 인상으로 기억하고 있다. 현재 도오야마의 뜻은 내몽골과 산시(陝西), 닝샤(寧夏) 등의 녹화 사업에 찬란한 한 페이지를 남기고 있다.

불행한 시대 속에서 자란 인연 자체가 역사적 재산

중일 간에 보이는 이러한 사람과 사람 간의 깊은 관계는 결코 예외적인 사례가 아니다. 항간의 사람들 사이에도 이러한 경우를 찾아볼 수도 있다. 그리고 그것이 중일관계사에서 대단히 커다란 역할을 수행하고, 중요한 의의를 지녀온 사실을 후세의 우리들은 확실히 받아들여야 할 것이다.

이와 같은 사례를 소개하면, 그 가운데에는 "일본 정부는 나빴지만 일본 인민은 좋았다"라는 '정권·인민 이분론', 혹은 이와 같은 주장에 의해 일본의 역사적 범죄를 덮어 가리려 하는 '은폐론' 등의 반론을 가하는 사람도 있다. 필자가 말하고자 하는 것은 우선 과거의 역사를 파악하는 인식의 입각점이다. 아마도 "정권은 나빴다"라고 판단하는 순간에 정권 가운데에 '좋은 사람'도 있었다는 것이 버려지게 된다. 동시에 "인민은 좋았다"라고 하는 순간에 인민 가운데에 '나쁜 사람'이 있었다는 것도 버려지게 된다. 혹은 '은폐론'에 대해서는 필자의 주장 자체가 어떤 문제였는가, 무엇을 귀중한 가치로 삼아 혹은 교훈으로서 기억에 남기지 않으면 안 되는가를 객관적으로 역사의 사실로부터 가능한 한 밝히고자 하는 '개방론'이라고 확실히 해두고자 한다.

'불행한 시대', '전쟁의 시대'라는 형식적이고 표면적인 말로 표현하는 것이 아니라, 이와 같은 시대임에도 불구하고 그 가운데에서 자라난 사람의 마음을 감동시키는 중일 간의 견고한 인연 자체가 중일관계사 가운데 자랑스럽게 여기고 지켜야 하는 귀중한 역사적 재산인 것이다. 국가를 초월한 사람과 사람 사이의 중요한 관계가 생겨나고 국가의 관계에 영향을 초래하게 되는 상황은 다분히 중일 이외에 별로 사례를 찾아볼 수 없는 것은 아닌가? 역사는 실제로 풍부한 내용을 갖고 있는 것이며, 그 때문에 '역사로부터 배우는' 우리도 다양한 시각을 지니고 있을 필요가 있는 것이다. 그것은 반드시 미래의 중일관계에 실제로 구현될 것이라는 점도 부언하고 싶다.

중일관계는 새로운 단계로

중국과 일본이 국교정상화를 실현한 지 2012년에 정확히 40년이 되었다. 확실히 30년 전에 비해서 믿을 수 없을 정도로 '중국의 존재감'은 중대되었고 중일관계도 그 규모나 다양한 분야에서의 교류가 확충되어 각각 질적으로 심화되고 있다. 특히 경제 영역에서는 쌍방향적인 상호의존 관계가 진전되고 있다. 그렇지만 정치 체제, 역사 인식, 영토·영해, 안전보장 등의 중요한 부분에서 양자의 대립·알력은 계속되고 있으며 상호불신·상호오해는 도리어 심화되고 있다. 말하자면 심각하게 '뒤틀린 관계'가 만들어지고 있는 것이다.

마지막으로 이제까지 논한 것과 같은 국교정상화 이후의 중일관계에 입각하면서, 현재의 중일관계를 어떻게 받아들여야만 할 것인가, 어떻게 미래를 다시 바라봐야 할 것인가를 생각해보도록 하겠다. 현 단계의 중일관계를 살펴보면, 과거의 40년간과는 다른 중요한 변화가 몇 가지의 '핵심적인 부분'에서 나타나고 있다. 필자가 제2장에서도 언급했지만, 오히려 새로운 단계에 들어섰다는 인식을 가져야 한다고 생각한다.

첫 번째의 특징은 말할 필요도 없이 상당히 급격한 '중국의 대두'에 의해 중일관계의 종합적인 힘의 균형(balance)이 역전된 것이다. 반복하게 되지만, 2010년 GDP에서 중국이 일본을 제치고 세계 제2위가 되고, 그 이후에도 고성장을 계속하는 것이 그것을 상징하고 있다.

군사력에서는 그 이전에 이미 일본을 초월했다. 외교 방면에서도 '미중 G2 시대의 도래'라고도 말해질 정도로 국제사회 가운데 중국의 존재감이 높아지고 있다. 이것과는 대조적으로 일본은 성장의 둔화, 저출산·고령화 사회로의 돌입 등에 의해 '잃어버린 10년, 20년'을 방황하고 정부와 국민 모두 상대적으로 '내향적인 사고'를 강화하며 'Japan as No. 1(일

등으로서의 일본)'이라고 일컬어졌던 1980년대가 실로 거짓말이었던 것처럼 국제적인 존재감이 저하되어버렸다.

둘째는 이제까지의 중일관계에서 일본 이니셔티브의 기둥이 되었던 '중국의 개혁·개방을 지원하는 일본의 대중 엔 차관(ODA, 공적개발원조)'이 '무상 부분'을 제외하고 2008년에 종료되어, 그것에 따라 양국 간 관계에서 '일본의 우위성'도 사라지고 있다는 점이다. "ODA를 매개로 하여 선진국 일본이 후진국 중국을 지원한다"는 것에서 발생하는 일본의 '위로부터 내려다보는 시선'이 없어지게 된 것 자체는 좋은 것이다. 그렇지만 그와 같은 변화가 이번에는 거꾸로 중국의 '위로부터 내려다보는 시선'을 강화한다면 중일관계는 '제로섬 게임'의 딜레마에 빠지게 되며, 상호신뢰·공정·대등한 입장에 입각한 중일관계의 구축을 지향하고 '역사를 교훈으로 삼는' 것이 어려워진다.

'역사 문제'가 일본을 더욱 철저히 공격하기 위한 수단으로서 사용된다면, 중일관계는 '센카쿠 문제'의 뒤틀린 상황을 더욱 복잡화·심각화시키게 될 것이다. 중일관계의 관련자들은 이러한 상황을 회피하고, 극복하기 위한 지혜를 내지 않으면 안 된다.

세 번째로 또한 일본은 현상적으로 보일 정도로 '하락세'인 것은 아니고, 중국에게 '불가결하며 유의미한 일본'이 충분히 계속 존재하고 있다는 것도 역설하지 않으면 안 된다. 일본이 양적으로는 중국에 뒤처지게 되었지만 사회의 다양한 질적인 측면에서는 중국을 능가하고 있다. 법에 기초한 공정성이 보장되는 사회, 공평한 세금 제도, 충실한 의료·환경보호·복지·교육 제도, 건강·사회치안 관리의 충실함 등 일본은 질적으로는 여전히 세계적으로 상당히 높은 수준을 계속 유지하고 있다.

물론 저출산·노령화 문제를 안고 있는 한편으로 국가 재정이 더욱 어려워지고 있는 일본이 이와 같이 사회적으로 높은 질적 수준을 유지하는 것은 쉽지 않다. 그렇지만 그러한 문제를 국가의 주요 과제로서 다루고 있는 과정(process) 자체가 일본이 '성숙한 사회'에 들어갔음을 보여주는 것이라고 할 수 있다. 이것은 중국의 발전을 고려하는 데에 반드시 중요한 의미를 갖게 될 것이다.

네 번째로, 그렇지만 중일관계에는 또한 새로운 흐름이 발생하고 있다. 이제까지의 중일관계는 기본적으로 국가와 국가가 주도하는 관계였다. 물론 오늘날에도 국가 주도는 부정할 수 없다. 그렇지만 앞으로의 양국 관계를 고려하는 데에 복수의 비(非)국가 행위자(actor)의 존재가 의미를 갖게 되며, 그 중요성이 갈수록 강해지고 있다.

예를 들면, 다양한 분야에서의 전문가 간 교류의 의의, 또한 중국에서는 아직 충분히 자유롭지는 않지만 그럼에도 NGO 활동이 활발해지고 있으며, 일본 NGO와의 교류도 추진되고 있다. 선행되고 있는 경제 교류로 중일 공동 경영, 공동 기업(起業) 등도 보이고 있으며, 중국인 '화교(華僑)'와도 유사한 중국에 정착하고자 하는 일본인 '화교(和僑)'도 형성되고 있다. 직접 상대국을 방문하여 장기간 체류하는 학생 등 젊은이들도 증가하고 있으며, 자신의 머리·눈·피부 감각으로 상대를 생각하는 사람들도 증가하고 있다.

중일 우호를 요구하는 시민

2012년 가을의 대규모 반일시위 이후 일본 기업과 상점을 습격한 사람들의 과격한 행동을 강하게 비판하고, 이성을 되찾고 중일관계를 개선하자고 호소하는 많은 지식인들이 중국에 등장했다. 예를 들면, 반일시위 직후인 10월 5일 자신의 블로그에 "중일관계에서 이성을 되찾자"라고 호소한 추이웨이핑(崔衛平) 교수는 그 직후 같은 생각을 갖고 있는 동료들과 서명 활동을 하고, 중일관계의 수복에 나섰다. 그녀는 블로그에서 "최근 중일 문화 교류가 제한되고, 일부 도시에서는 일본과 관련된 서적의 출판·발행이 영향을 받았다. 이것은 어리석은 행위이며 안타깝다. ······ 우리는 정부가 주권과 관련된 실무를 처리할 때에 민중의 의견에 귀를 기울일 필요가 있으며, 민중을 소홀히 해서는 안 된다고 인식하고 있다. ······ 영토, 국가 주권 등의 국제적 실무에 관한 문제는 양국 정부만의 책임이 아니다. 민간의 교류 루트를 더욱 많이 개발하고 상호 이해를 증진하고 자손 세대를 위해 평화로운 미래를 창출시키지 않으면 안 된다"라고 주장했다.[1] 이러한 목소리가 비공식적이기는 하지만 중국 국내로부터 나왔던 것이다.

일본에서도 재일 중국인과 일본 젊은이들이 공동으로 중일관계의 개선을 위한 움직임을 보였다. 2012년 9월부터 10월에 걸쳐서 필자가 주재자의 1명으로서 관련되었던 중일 국교정상화 40주년 기념 연속 심포지

---

1 ≪中國內外動向(旬刊)≫ 第28號(2012), p.15.

엄의 도쿄(東京), 나고야(名古屋), 교토(京都), 후쿠오카(福岡) 4개 대회에서 각 회의장은 참가자가 넘쳐 났으며, 중일관계의 회복과 개선을 바라는 뜨거운 목소리가 흘러나왔다. 위와 같은 중요한 특징은 부정할 수 없는 객관적 사실이며, 그러한 사실을 냉정하게 받아들이고 이해함으로써 오늘날의 '뒤틀린 중일관계'를 수복해가는 실마리가 발견될 것이라고 생각한다.

새로운 중일관계를 구축하기 위하여

그렇다면 어떻게 해야 할 것인가? 네 가지 사항을 제기하고자 한다.

첫째, 중일 간의 다층적인 상호의존 관계, 다중적인 이익공유 구조를 구축하여 '제로섬'적인 무력행사는 자신도 뼈아픈 타격을 받는다는 인식을 공유한다. 경제에서는 이미 '플러스섬'의 관계가 만들어지고 있는데, 다른 영역 특히 안보 영역에서도 이러한 관계를 구축해나갈 필요가 있다. 최초부터 신용할 수 없어 경계해야 하는 국가, 적대적인 관계에 있는 국가라고 단정하고 그것을 전제로 한 대결 구도를 만드는 것은 '안보의 딜레마'에 빠져버린다. 미국을 포함한 미중일의 안보 대화 포럼을 만들고, 마찰과 대립이 있다고 해도 군사적인 상호 억지의 메커니즘을 구축하기 위한 노력을 게을리 해서는 안 된다.

둘째, 정부 간 단위에서는 실리적인 사고를 특히 최우선시하고 "도발하지 않고, 도발에 응하지 않는다"라는 자세를 확실히 하여 그것을 상대측에도 항상 발신한다. 어떤 이유에서든지 일단 전투 행동이 일어난다면 과거에 부정적인(negative) 의미로 사용되었던 '정냉경열(政冷經熱)' 상황마저도 유지할 수 없으며, 중일 간의 경제 교류에도 심각한 영향을 초래하게 될 것이다. 2012년에는 '센카쿠 국유화, 도(都)의 매수' 문제가 떠올랐는데, 이것은 중국뿐만 아니라 타이완에 대해서도 상당히 자극적인 '도발'이 되었다. 만일 타이완이 중국과 함께 공동으로 이 문제에 나선다면 일본의 강경 자세는 완전히 실패하게 되어버릴 것이다.

전국정치협상회의 위원, 해군 정보화 전문가위원회 주임 인줘(尹卓) 소장(少將)은 ≪양성만보(羊城晚報)≫의 인터뷰에서 중일 양국이 개전할 것이라는 설을 다음과 같이 부정했다.

> 기자: 센카쿠 열도[중국명: 댜오위다오(釣魚島)] 사건에 의해 중일이 개전할 것이라는 설이 있는데, 이것을 어떻게 보고 계십니까?
>
> 인줘 소장: 중일이 개전한다는 결론에는 동의할 수 없다. 미국의 태도를 볼 때 중일이 연대한다면 양국에게 이익이 되며, 싸운다면 서로에게 상처를 입히게 될 것이라는 점을 알 수 있다. 중국의 최대 위협은 미국이다.[2]

셋째, 중일 정부 간의 '위기관리 틀'을 구축하고 일상적으로 기능시킨다. 특히 상호의 입장을 주장하는 '장(場)'으로 삼지 않으며 입장의 차이는 있다고 해도 '상호 억제', '분쟁 미연 방지'를 중시하고, 그 실현을 목적

---

2 ≪中國網(China Net)≫(일본어판), 2013.3.11.

으로 한 정보의 교환, 솔직한 의견 교환 등을 행한다. 상호불신이 강한 현재 상황에서 이러한 틀을 구축하는 것 자체가 쉽지는 않지만, 대국적(大局的)인 시각에 서서 그 필요성을 인식하고 그것을 위한 노력을 진전시켜야 한다.

넷째, 미디어를 통해 안이한 반중(反中), 반일(反日) 분위기를 선동하는 보도를 가능한 한 진정시키고 센카쿠 열도 문제와 민족주의(nationalism)의 유착을 가능한 한 피하는 노력을 한다. 특히 위기관리의 틀에서는 비공식 미디어를 포함한 정세의 동향을 확실히 파악 및 분석하고 '충돌 회피'를 위한 사전 대응을 게을리 하지 않도록 해야 한다. 말할 필요도 없이 중국과 일본 모두에게 이념, 경제 이익, 국제적인 전략 등 다양한 측면으로부터 중일관계가 협력적·협조적이 되는 것을 바라지 않는 세력이 존재하고 있다. 중일 대립 자체가 그들의 이점(merit)이 된다고 생각하고 있는 그룹이다. 그렇지만 직면하는 위기뿐만 아니라 중장기적인 기간(span)으로 보아도, 그리고 세계 추세의 측면에서 보아도 평화, 안정, 상호의존, 상호협력은 역사의 커다란 추세이다.

상호불신을 해소하고 낙관적인 중일관계의 미래를 전망한다

장기적인 기간을 갖고 더욱 큰 틀에서 중일관계의 향후를 고려해보면, 어떻게 전망할 수 있을까? 중일관계에 장기간 관련되어온 사람으로서 말할 수 있는 것은, 그럼에도 쌍방의 일방적인 주장이 대부분이며 속내를 밝힌 대화가 지나치게 적고, 상호 오해가 대단히 많으며, 바른 상호이해,

상호신뢰를 심화시키고자 하는 노력이 아직 부족하다는 점이다. 또한 중일관계는 정태적이 아니며 동태적으로 봐야만 한다. 그 위에서 중일의 새로운 '지혜'로서 제4장에 논했던 '하나의 도서, 각자가 표현'이라는 아이디어를 중일관계 당사자들은 전향적으로 검토하길 바란다.

그것에 입각하여 마지막으로 중일관계의 미래에 대해서 생각해보도록 하겠다. 크게는 세 가지의 시나리오가 상정될 수 있다. 첫째는 대립의 시나리오이다. 영토 및 영해 문제의 처리를 그르치고, 중국의 군사력 확대에 따른 '중국 불신', '중국 위협론'이 높아져서 미일 안보의 강화를 초래한다. 이것에 대해 중국도 고압적으로 대하는 상황이 계속적으로 강해질 경우이다. 중일 대립은 그것에 멈추지 않는다. 거의 의심할 바 없이 미중 대립으로 확산될 가능성이 높으며, 중국 주변 국가들의 '대중(對中) 불신, 위협론'과 합쳐져서 대립이 구조화되어간다. 이른바 '신(新)냉전' 형성에 의한 아시아·태평양 지역의 불안정화 시나리오이다. 일본, 중국뿐만 아니라 미국에도 이러한 전망을 갖고 있는 사람들이 있다.

둘째는 '일본 고립화'의 시나리오이다. 협조적·상호보완적인 의존적 관계를 무시한 이른바 현실주의(realism), 권력 정치(power politics)의 논리만으로 본다면 미국과 중국의 대립은 제1의 시나리오를 유도하게 될 것이다. 그렇지만 제2차 세계대전 이후와는 달리 현대는 눈부신 기세로 세계화(globalization)가 추진되어 '제로섬' 관계로는 설명할 수 없는 복잡한 상호의존 관계가 심화되어 형성되고 있다. 미중은 현실주의적인 대립을 심화하면서도 상호의존적인 현실을 중시하고, 어떤 점에서 화해를 할 가능성이 충분히 있다. 시진핑(習近平)이 국가주석에 취임한 후 그를 최초로 방문했던 해외의 고관은 미국의 루(J. Lew) 재무장관이었다. 루는 오바마(B. Obama) 대통령의 '특별 대표' 자격으로 방문했는데, 미중은 대결하면서도 협조를 위한 적극적 자세를 잊지 않는다.[3]

1970년 전후의 일본을 제외한 미중 접근은 현실주의적인 선택이기도 했다. 만약 장래에 중국이 일본과 대립을 견지하면서도 미중 대결로부터 미중 공존을 강화하고 미중 접근이라는 단계로 발전한다면, 일본은 의지해야 할 곳을 상실하고 일거에 '고립화'의 길을 걷지 않을 수 없게 될 것이다. 중국의 군사력이 현재보다도 훨씬 증강되고, 그 역량이 미국에 상당히 접근하게 된다면, 미국은 태평양 지역에서 중국에 대한 일정한 양보를 하게 될지도 모른다. 그렇게 해서 오키나와에 있는 군사 기지의 능력을 괌으로 후퇴시키고, 중국이 1990년대부터 주장해왔던 '제2열도선' 내에서 중국 해군의 우위성을 인정하여 태평양 해역의 세력범위를 미중이 공유(share)하는 것으로 결의하면 어떻게 될까? 일본은 대중(對中) 대결 구도 가운데 미국에 버림받는 일은 없다고 해도 냉대 받을 가능성이 출현하며, 이것은 일본에 최악의 시나리오이다.

일본의 미래를 역사적인 시야와 국제적 입장 및 역할이라는 측면에서 본다면 제3의 시나리오, 즉 공존공영의 시나리오가 생겨난다. 그렇지만 그 전제로서 무엇보다도 중일 간에 상호 말뿐이 아닌 신뢰관계가 조성되

---

3 ≪日本經濟新聞≫, 2013.3.20.

고, 또한 자신의 목표 실현에 상대의 존재 및 역할이 중요하다는 인식이 심화되는 것이 중요하다.

이를 위해서 일본은 새로운 '창조적인 빛'을 보여주지 않으면 안 된다. 현재의 상황을 냉정하게 조감해본다면 중일관계는 결코 용이하게 개선될 가능성이 적다. 일본도 중국도 끈기 있게 계속 노력하는 것이 요구된다. 중국은 다시 한 번 개혁·개방의 원점을 떠올리고 되돌아갔으면 한다. 그것은 중국이 지향하는 것이 무엇인가 하는 것이다. 그것은 국제사회를 향해서 이미 빈번하게 주장해온 '부강한 대국', '책임 있는 대국'에서 '존경받는 대국'을 지향하는 것일 것이다. 그리고 국내적으로는 불공평, 부조리한 차별을 없애고 문자 그대로 '조화로운 사회'의 실현을 지향하는 것일 것이다.

협조 및 협력의 구조를 다시 구축하자

일본은 국력이 다소 쇠퇴했다고 해도 여전히 GDP 5조 5,000억 엔이 넘는 세계 제3위의 경제대국이며, 앞에서 언급한 바와 같이 '성숙한 대국'으로 발전해가는 과정에 있다. 국가, 경제의 재생을 향해서 다양한 시도에도 진지하게 대처하기 시작했다. 지속적인 인구 감소, 산업 공동화(空洞化) 경향이 있으며, 경제 고성장의 재생은 전망되지 않고 있다. 그렇지만 오히려 일정한 경제성장을 유지하면서 의료, 복지, 교육 등 사회 자본에 더욱 충실을 기하고 있으며 또한 사람들의 풍요로움, 보람의 충실 등에 주력하는 '성숙한 대국'이 될 가능성은 충분히 있다.

만약에 중국이 수량적으로 추월한 일본은 더 이상 중시해야 할 상대가 아니라고 생각하게 된다면, 그것은 중대한 오류일 것이다. 이와 같이 생각하는 중국의 지식인은 확실히 적지 않다. 그렇지만 필자 나름대로 정리한다면 오늘날의 그리고 앞으로의 중국은 제1장에서 언급한 '네 가지의 딜레마'에 직면하고 있다. 그 극복을 위해서 일본의 존재는 큰 의미를 갖고 있다.

첫째, 경제성장 노선과 그것이 만들어낸 '사회적 그림자' 사이의 딜레마이다. 이것에 관해서 후진타오 지도부는 '조화로운 사회'의 실현을 제창해왔지만 미해결의 상태 그대로 시진핑 정권에 그 과제를 남겼다. 그 귀중한 참고가 되는 사회 자체가 미국도, 싱가포르도 아니고 실제로는 일본이라고 생각한다. 재차 반복하지만 일본은 조세 제도, 의료보험 제도, 보통교육 제도, 에너지 절약 대책, 순환형 사회 시스템 등의 충실에 의해 또한 자연환경 보호의 중시, 법제도의 충실 등에 의해 장기간에 걸쳐 '조화로운 사회'를 실현해왔다. 또한 1960~1970년대의 일본은 현재의 중국과 같은 사태에 직면했고 그것을 극복해온 경험과 지식을 갖고 있다.

둘째, 대국화와 국제협조 사이의 딜레마이다. 그리고 셋째로 중국 특이론(特異論)과 보편주의 사이의 딜레마이다. 이러한 딜레마에 관해서 일본도 고도 경제성장기에 '경제적 동물(economic animal)', '일본식 경영' 등 '일본 특이 사회론'이 만연했지만 결국 국제협조, 보편주의로의 융합을 주로 삼으면서 거꾸로 일본 특이론의 훌륭한 측면을 충분히 활용하여 국제사회에 적응해왔던 것이 참고가 된다.

또한 넷째, 개방사회와 일당(一黨) 체제 사이의 딜레마에 관해, 일본도 '전후 55년 체제'라고 불리는 자민당(自民黨)에 의한 사실상의 일당체제가 1991년까지 계속되었다. 그럼에도 '표현의 자유', '야당 세력의 역할 증대' 등 안정적·점진적으로 실질적인 민주화가 진전되었다. 이러한 일본의 경험은 물론 모든 것이 아니라고 해도, 대다수의 중요한 부분에서 앞으로의 중국에 특히 장래 '성숙한 사회'로 향하기 위해 큰 참고가 될 것이다.

한편으로 일본은 '성숙한 대국'을 지향하기 위해서도 일정한 경제성장을 유지해야 할 필요가 있는데, 거기에서 중국의 존재 및 역할은 중대하다. 첫 번째는 말할 필요도 없이 일본이 제조업의 생존자로서 비교적 염가로 우수한 노동력을 확보할 수 있는 중국의 중요성이다.

두 번째로는 일본에 거대한 '시장'으로서의 중국이다. 그리고 세 번째는 긍정적(positive)이며 창조적이며 우수한 젊은 중국인 인재들의 활용이다. 중일관계란 일본 측에서 보아도, 이와 같이 분명히 상호의존적인 것이다.

오늘날 일본은 TPP(환태평양경제동반자협정)에 참가할 의지를 공식적으로 표명했는데, 중국과 일본의 식자 사이에서 중일 대립이 더욱 악화되는 것은 아닌가 하는 목소리도 나오고 있다. 그렇지만 만일 TPP 참가가 실현된다고 하더라도, 일본경제 재흥의 관건은 중국과의 관계를 어떻게 전향적으로 만들 수 있는가에 달려 있다. 그것을 위해서 TPP 교섭을 한편으로 추진하면서 중일 혹은 한중일 간에 자유무역협정(FTA)도 병행해서 추진하면 좋을 것이다.

즉 중국과 일본의 쌍방에게 상대측이 필요불가결한 존재라는 인식을 확실히 갖고 상호 신뢰관계를 키우고 강화해가는 것 자체가 중요하다는 인식을 기본적인 입각점으로 삼아야 하는 것이다.

또한 중일 쌍방이 협력적·협조적인 관계를 발전시킨다면 쌍방에게 뿐만 아니라 아시아, 국제사회에게도 대단히 의의(意義)가 있으며 건설적이다. 거꾸로 말하자면 양국의 대립, 충돌은 이러한 모든 것에 손해가 막대한 것이다. 협력한다면 '이익'이 증폭되고, 대립한다면 '손실'이 막대하게 되는 것은 확실할 것이다. 이상과 같은 상호보완적인 관계가 양국 사이에 형성되어 발전해간다면, 장차 우리들은 '조화로운 중일관계'를 볼 수 있게 될 것이다.[4]

---

4 중일관계에 대한 좀 더 포괄적인 내용과 논의에 대해서는 다음을 참고하기 바란다. 야마네 유키오(山根幸夫) 외 엮음, 『근대 중일관계사 연구 입문(近代日中關係史硏究入門)』增補版(硏文出版, 1950); 왕윈성(王芸生) 지음, 하타노 겐이치(波多野乾一)·나가노 이사오(長野勳) 편역, 『중일 외교 60년사(日中外交六十年史)』全4卷·復刻版(龍溪書舍, 1987); 톈환(田桓) 엮음, 『전후 중일관계사 연표, 1945~1993(戰後中日關係史年表 1945~1993)』(中國社會科學出版社, 1994); 모리 가즈코(毛里和子)·장윈링(張蘊嶺) 엮음, 『중일관계를 어떻게 구축할 것인가?: 아시아의 공생과 협력을 모색하며(日中關係をどう構築するか: アジアの共生と協力をめざして)』(岩派書店, 2004); 모리 가즈코(毛里和子), 『중일관계: 전후에서 새로운 시대로(日中關係: 戰後から新時代へ)』(岩波新書, 2006); 다카하라 아키오(高原明生)·핫토리 류지(服部龍二) 엮음, 『중일관계사, 1972~2012(日中關係史, 1972~2012)』第1卷·政治(東京大學出版會, 2012); 고쿠분 료세이(國分良成)·가와시마 신(川島眞) 외, 『중일관계사(日中關係史)』(有斐閣, 2013); 아마코 사토시(天兒慧), 「중일관계: 취약한 기본구조의 행방(日中關係: 脆弱な基本構造のゆくえ)」, 모리 가즈코(毛里和子)·소노다 시게토(園田茂人) 엮음, 『중국 문제: 핵심어로 독해하기』, 백계문·이용빈 옮김(한울아카데미, 2014 근간) 등을 참고하기 바란다. _ 옮긴이 주

20XX년, 중국인민해방군의 센카쿠 상륙

있을 수 있는 '질문'

센카쿠 열도를 둘러싼 문제가 단번에 중일관계의 가장 중대한 이슈가 되었다. 불과 수년 전까지만 해도 영토, 영해를 둘러싸고 중일전쟁이 일어날지도 모른다는 이야기는 거의 웃음꺼리밖에 되지 않았다. 그렇지만 오늘날에는 "혹시 그렇게 된다면 ……" 등의 현실감이 나타나고 있다. 니시오 간지(西尾幹二)·아오키 나오토(青木直人)의 『센카쿠 전쟁(尖閣戰爭)』 (祥伝社新書, 2010), 오이시 에이지(大石英司)의 『센카쿠 상실(尖閣喪失)』(中央公論新社, 2012) 등이 출판되어 일정한 주목을 받았던 것은 그와 같은 현실감을 보여주는 것이라고 할 수 있다. 본문에서 소개했지만 중국 국내에서도 '중일 개전'의 가능성이 높아졌다는 주장이 적지 않다.

'센카쿠 문제'를 둘러싸고는 다양한 논의와 해석이 있을 수 있다. 필자도 이미 이 문제에 관해서는 몇 가지의 논고(論考)를 발표해왔다.[1] 그런데

이 보론에서는 특히 대담하게 '중국의 군 내지는 민간단체의 센카쿠 상륙에 수반되는 무력충돌'이라는 사태를 상정하고 어떠한 조건, 전제가 있을 때에 그리고 어떠한 형태로 무력충돌의 가능성이 존재하는가, 어떻게 하면 이와 같은 사태를 회피할 수 있는가 등의 과제에 대해서 가능한 틀을 상정하면서, 또한 구체적으로 전체적인 가정의 동향을 묘사해보고자 한다.

포클랜드 분쟁이라는 참고 사례

군이 이와 같은 작업을 해야겠다고 결단을 내린 것은 센카쿠 문제가 확실하게 점차 대단히 위험한 수역(水域)이 되고 있다는 점, 바로 이 점을 중일 간의 많은 사람들이 '심각하며 절대로 회피하지 않으면 안 되는 사태'라고 인식하고 어떻게 해서 대립을 회피할 것인가를 진지하게 생각하길 바라기 때문이다. 그런데 양국 간 내지는 복수의 국가 사이에서 영토, 영해 분쟁에 관한 역사적 사례는 어떠한 것이 있었을까? 이러한 분쟁을 둘러싸고 양국 간에 압도적으로 힘의 격차가 있는 경우와 달리, 힘이 비교적 팽팽한 국가 간의 경우 해당 지역을 실효 지배하고 있는 국가에 대해서 상대방 국가가 군사력을 사용하여 그 상황의 전환을 시도하려는 행

---

1 예를 들면, 아마코 사토시, 「센카쿠 열도를 둘러싼 국가·이익의 상극: 안정에서 불안정으로의 전환의 논리(尖閣諸島をめぐる國家·利益の相克: 安定から不安定への轉換の論理」, 우에키 치카코(植木千可子)·혼다 미키(本多美樹) 엮음, 『동북아시아의 '영구 평화'(北東アジアの「永い平和」)』專門硏究シリズ 第4卷(勁草書房, 2012) 등을 참조하기 바란다.

동은 역사상 발생하지 않았다.

다만 참고가 되는 분쟁은 존재한다. 1982년 남(南)대서양 상의 포클랜드 제도(諸島)의 영유를 둘러싸고 영국과 아르헨티나 사이에 일어난 분쟁이다. 영국이 식민지화하고 있던 동 섬에 대해서 1930년대부터 아르헨티나는 자국령이라고 주장하며 반환을 요구해왔다. 교섭은 장기간에 걸쳐 계속되었고 일시 조건부 반환으로 합의에 이를 가능성도 있었지만, 기본적으로는 교착 상태였다. 1981년에 갈티에리(L. Galtieri) 정권이 성립되고 1982년에 들어서 민중의 불만을 딴 데로 돌리기 위해서, 이 문제를 부각시켜 민중을 끌어들인 후 포클랜드 제도를 둘러싼 문제는 과열 상태에 빠지게 되고, 탈환의 기운이 높아졌다. 그리고 3월, 아르헨티나의 민간업자가 상륙하여 동 섬에 국기를 게양하고 영국 정부에 의해 퇴거된 일을 계기로 아르헨티나군이 진공하여 분쟁이 발발했다. 최신형 미사일도 사용된 이 전투에서 양국 모두 많은 희생자가 나왔고 2개월 남짓의 격전 끝에 영국이 승리를 거두었다. 현대화된 서방측 국가들 간 최초의 군사적 분쟁으로서도 주목을 받았다. 이 분쟁에 의해 영국과 아르헨티나는 국교를 단절했고 이후 국교가 다시 회복된 것은 1990년이었다. 그 이후 분쟁은 발생하지 않고 있지만, 양국 모두 이 지역의 영유권을 주장하고 있으며 최근 대립이 다시 심각해지고 있다.

서사제도(西沙諸島)를 둘러싼 중국·베트남의 대립

중국의 도서(島嶼)를 둘러싼 영토 분쟁으로는 1974년 1월 서사(西沙, 파

라셀) 제도 분쟁이 있다. 1973년 9월에 남베트남 정부가 중국과 분쟁 중인 남사(南沙)제도에 대해서 자국의 포크토이 성(省)으로 편입하는 취지를 발표한 것에 항의, 대항하여 1974년 1월 11일 중국 정부는 서사제도가 자국 영토라는 것을 재차 주장하는 성명을 발표했다.

그때까지는 서사제도의 동부를 중국이, 서부를 남베트남이 실효 지배했다. 그렇지만 1971년 중국군이 서사제도에 함대를 파견하고 다수의 시설 건축을 한 이래 군사적인 긴장이 높아졌다. 베트남 전쟁에서 남베트남군의 패배가 농후해지자 미군 철수의 틈을 타고 중국이 공세를 시작했다. 1월 15일에 남베트남은 자신이 실효 지배하고 있던 융러 군도(永樂群島)에 중국 국기가 게양되어 있는 것을 발견하고 해군을 출동시켜 위협함으로써 분쟁이 발발했다. 19~20일에 본격적인 전투가 시작되었고, 중국군의 완승으로 서사는 중국의 완전한 지배지가 되었다. 서사 분쟁은 도서의 영유를 둘러싼 분쟁일 뿐만 아니라 주변 해역의 지배권으로까지 확장된 점에서 새로우며, 대륙붕 자원의 확보라는 전략적인 노림수가 명백했다.

이상과 같은 사례로부터 이 사이 군사력의 급격한 증강, 특히 해군력의 증강, 해양권익 확대의 강한 의도, 국위(國威)의 발양, 그것에 응한 국민 단위에서의 민족주의의 고양을 고려하여 '센카쿠 영유권 문제'를 본다면 군사 분쟁의 발생은 일어날 수 있는 시나리오로서 상정하고 어떻게 대응해야 할 것인가를 생각해둘 필요가 현실로 다가왔다고 말할 수 있다.

1. 전제 조건

국가가 자신의 군사력을 행사하는 경우에는 반드시 어떤 의도가 존재한다. 이러한 맥락에서 중국 당국의 군사력 행사에는 세 가지의 의도가 있는 것으로 여겨진다.

① 정치적인 목적을 실현하기 위한 위협
② 대상(이 경우에는 센카쿠 열도)의 탈취
③ 내정의 혼란·정권에의 불만을 외부로 향하게 하기 위한 무력행사

①의 경우는 시기적으로도 행동 범위에서도 처음부터 엄격하게 한정된 것이다. 중국은 전통적으로 군사력을 정치외교의 수단으로서 사용한 사례가 흔히 있다. 최근의 사례는 1979년의 중국·베트남 분쟁, 1995년 및 1996년의 타이완 해협 위기 등이다. 그렇지만 이 두 가지의 군사력 행사는 모두 상대측에 강한 '반중(反中) 감정', '대중(對中) 불신감'을 유발했으며, 어느 정도로 효과적이었다고는 말하기 어렵다. 일본을 상대로 센카쿠 열도에 대해서 ①의 의도로 무력을 행사하는 것은 예상되는 마이너스 효과가 매우 크기 때문에 가능성은 적다.

다만 다른 정치적인 목적, 예를 들면 ㉠ 대미(對美) 관계: 센카쿠에 대해서 중국이 군사 행동을 일으킬 경우, 미국이 정치적 혹은 군사적으로 어디까지 개입할 것인가를 판별한다. 혹은 일본에 대해서 대단히 강경한

입장을 보여주는 것을 통해 미국의 안이한 개입은 큰 희생을 불러온다고 인식시켜 아시아·태평양에서 중국의 세력 확대를 미국에 어느 정도 이해시킨다. ⓛ 대(對)타이완 관계: 센카쿠를 둘러싸고 중국은 타이완과의 연대를 강화하고 공동 행동을 함으로써 '타이완에 대한 통일'을 가속시킨다는 노림수라는 의미에서, 일본에 대한 '도발적인 군사 행동'은 있을 수 있다. 실제로 '타이완 문제'는 센카쿠를 둘러싼 중일 대립에 직접 겉으로는 드러나지 않지만 사실상 중대한 의미를 포함하고 있다고 생각된다(이에 대해서는 뒤에서 언급한다).

② '센카쿠 열도 탈취'는 당연히 중국 측에도 커다란 피해가 상정된다. 그것을 각오하고서 감히 무력행사에 나서게 된다면 그 근거는 무엇인가? 센카쿠 열도 일대의 지배권을 장악함으로써 한 가지로는 해저자원 등의 해양권익 확보가 가능하다. 둘째로는 아시아·태평양 해역에서의 주도적인 해역권(海域圈) 확대를 위한 핵심적 지역의 확보가 가능하다.

첫 번째에 관해서는 일본 측의 동중국해 해저자원 개발에 대한 관심이 낮은 점도 있어서 중국의 동 지역에서의 해저자원 개발은 실질적으로 진행되어 확대되고 있다. 따라서 실제로는 이 점이 이유가 되어 무력행사를 결단할 가능성은 높지 않다고 생각된다.

다만 해양 에너지 자원의 잠재성은 아직 충분히 밝혀져 있지 않다. 만약 여기에 풍부한 자원이 존재하는 것이 판명된다면 어떻게든 선행적으로 나서서 이를 확보하려고 생각한다고 해도 불가사의한 것은 아니다. 또한 중국은 자신의 배타적 경제수역(EEZ, 유엔 해양법 조약에 기초하여 연안에서 200해리의 범위에서 설정되는 경제적인 주권이 미치는 수역)까지 자국의 수역이라고 주장하고 있으며, 또한 대륙붕 연장론[국제사법 재판소는 대륙붕을 연안국의 영토가 선반 형태로 자연스럽게(physical) 연장되는 구역이라고 규정]이 주장되기도 한다. 이러한 주장이 국내에서 받아들여진다면, 중국 당국이 적어도 이 범위 내에서 군사 행동을 일으키는 것을 국내적으로 제어할 수 있는 요건은 적다. 그렇지만 어쨌든 센카쿠 열도 그 자체의 탈취라기보다도 해당 지역의 영해권 확보가 실질적인 목적이 될 것으로 여겨진다.

두 번째에 관해서는 해상교통로(Sea Lane), 나아가서는 좀 더 군사적으로 자유로운 항해권의 확보, 아시아·태평양 지역에서의 제해권의 확대라는 의미를 지닌다. 센카쿠 열도를 실효 지배하게 되면, 태평양 진출을 위한 대미(對美) 전략적 관계는 비교우위의 방향으로 변화하게 될 것이다. 최근 중국 당국은 EEZ의 영해도 안전보장 영역이라고 주장하고 있다. 1982년에 덩샤오핑의 지시를 받아 류화칭(劉華淸)[2] 당 중앙군사위원회 부주석에 의해 작성된 「해군 건설 장기 계획」에서 제2열도선 내의 제해권 확보, 항공모함 건조의 실현에 따른 전략적인 전개라고 할 수 있을지도 모른다(29쪽 참조). 중국이 실로 류화칭의 '구상'에 따라 해양권익의 확대, 주변 해역으로의 적극 행동에 따라 해군력 강화의 길을 걷고 있는 것을 고려해보면, 센카쿠 열도를 둘러싼 중국의 강경 자세가 향후에도

---

2 류화칭(劉華淸, 1916~2011)은 후베이성(湖北省) 출신이며 '중국인민해방군 해군' 사령원(司令員, 사령관), 제14기 중국공산당 중앙정치국 상무위원, 당 중앙군사위원회 부주석, 국가중앙군사위원회 부주석 등을 역임했다. _ 옮긴이 주

강화될 것이라는 것은 부정할 수 없다.

'분쟁'의 도화선(trigger)

이와 같은 시각에서 중국의 군사행동 가능성을 고려하는 최대의 결정 요인은 역시 미국의 태도일 것이다. 장래 다양한 요인에 의해 미중 간에 아시아·태평양 해역의 군사적 균형(balance)에 변화가 일어나, 중국해군의 동 지역에서의 전략적 전개의 확대를 미국이 묵인하고, 센카쿠 열도를 둘러싼 미국의 대일(對日) 지원이 약화되는 사태가 발생하게 된다면 실제로 군사행동이 발생할 가능성은 있다. ①에서 언급한 바와 같이, 센카쿠 문제에 타이완과 중국 간의 연대가 추진되어 안전보장 면에서 접근하게 된다면 제2열도선의 확보는 대단히 높은 현실성을 갖게 된다.

무엇보다 미국의 대중(對中) 온건파 학자로 알려진 케네스 리버설(K. Lieberthal)마저도 최근 ≪아사히신문≫에서 미중 양국 간에 불투명감과 불신이 쌓이고 있으며, '장기적인 상호불신'이 형성되고 있다는 엄중한 견해를 제시하고 있다.[3] 미중관계는 이제까지 없던 강력한 다수의 대화 파이프(pipe)가 형성되어 순조롭고 비약적으로 발전하고 있다고 하지만, 양국 간의 관계는 그 정도로 단순한 것이 아니다.

③에 관해서 중일 간의 특이한 역사적 배경을 고려한다면 국내정치의 안정화를 외교에 의해 회피하는 절호의 대상은 일본이다. 특히 센카쿠

---

3 ≪朝日新聞≫, 2012.7.21.

열도에 불을 지펴 일본으로부터의 반격을 유발하여 해당 지역에서 중일 전쟁의 사태가 발생한다면, '반일(反日) 민족주의'는 단번에 격렬하게 고조되고 정권 위기의 회피에 대단히 효과적인 수단이 될 것이다. 중일관계에서 중국이 강한 의지로 일본보다 우위에 서고자 하고 그것에 의해 국내의 민족적 결속을 강화하고자 할 때, 부분적인 군사 행동을 포함하는 대일(對日) 강경 행동은 상정할 수 있는 범위 내에 있다.

이상의 가능성은 논리적인 정리이며, 현실에서는 물론 순수하게 하나의 이유만으로 일어나는 것은 아니며, 복수(複數)의 이유가 얽혀서 발생할 것이다. 현재 필자가 예상하는 가장 있을 수 있는 가능성은 국내정치의 불안정화가 진전되고 '자원(資源) 민족주의' 혹은 '대국(大國) 민족주의'가 고조되어 반일(反日) 기운이 조장되고 현저해지며, 동시에 경제적인 이권 혹은 안전보장 전략상의 이익이 부각될 될 때이다. 즉 ②와 ③이 연동될 경우에 군사 행동을 결단할 가능성이 현실적으로 가장 크다. 가장 우려할 만한 전개는 일본 측이 안이하게 자극, 도발 행동에 나서서 중국뿐만 아니라 타이완 사람들의 반일 감정을 부채질하고 중국·타이완 사이에 어떤 형태의 연대가 발생할 때이다.

그러나 또한 염두에 두어야 할 가능성이 있다. 즉 위에서 언급한 지적은 중앙 단위의 의도, 목적 등의 합리적 선택을 전제로 한 분류였는데, 현실에서 일어날 수 있는 가능성으로서 그 밖에도 중앙정부의 의도라고 반드시 판단할 수 없는 상태에서 실력을 행사하는 사태가 발생하는 가능성이다.

2013년 1월 말에 일어난 중국 함선의 '레이더 조사(照射) 사건'은 어쩌면 현장에서의 '위기'를 관지(關知)한 순간적인 행동이었을지도 모른다. 거기에 이제까지 중국의 연해 상에서 발생했던 대외 '분쟁', '충돌'의 사례를 되돌아본다면 현실에서는 두 가지의 가능성이 예상된다. 첫째는 중앙에 반발하는 지방과 단체(해군, 국가해양국 선박 등)에 의한 성가신 사건으로서 실력 행사가 발생할 가능성이다. 물론 이 경우 중앙의 집행부에 반대하는 세력이 지방에 그 어떤 메시지를 보내고 이것에 호응하여 지방이 움직이는 경우도 포함된다. 예를 들면, 1978년 4월 대량 어선단(漁船團)의 센카쿠 영해 침범 사건은 「중일 평화 우호조약」을 체결하고 경제발전을 위해 일본으로부터 강력한 지원을 받고자 시도했던 덩샤오핑의 의도에 반발하는 일부 세력의 의도적인 침범으로 볼 수 있다.[4]

두 번째로는 현장의 제1선에서 중일 양국 부대 간에 극도로 긴장된 상황이 지속적으로 발생하여, 그 가운데 우발적인 사건으로서 '분쟁'이 일어나고 이것이 확대되어 쌍방의 무력충돌이 전개되는 것이다. 현재까지 중일 간에 이러한 '분쟁'이 무력충돌로 확대되는 징후는 보이지 않고 있다. 그렇지만 중국과 필리핀 사이에서는 1990년대에 소규모의 무력충돌이 일어났고, 2012년 4월에도 스카보러 섬[Scarborough Shoal, 중국명: 황옌다오(黃岩島)]에서 중국의 순시선과 필리핀의 군함이 맞서는 전개가 계속

---

4 1978년 10월, 당시 부총리였던 덩샤오핑은 일본을 방문하여 「중일 평화우호조약」의 비준서를 교환했다. 이는 중국의 국가지도자로서는 최초의 방일이었다. _ 옮긴이 주

되어 무력충돌의 위험성을 내포한 상태로 사태가 추이되고 있다.

2. 센카쿠 분쟁에 관련된 행위자

그렇다면 행위자(actor)의 관점에서 센카쿠 분쟁의 전개를 생각해본다면, 어떠한 동향을 묘사할 수 있을까? 고려해야 할 행위자로서 최소한 필요한 것은 ① 중국, ② 일본, ③ 미국, ④ 타이완, ⑤ 관련 국제기구일 것이다. 행위자의 동향을 분석할 경우, 일본이 중국에 선행하여 무력행사에 나서는 것은 상정하기 어렵다. 따라서 우선 중국 행위자에게 어떠한 움직임이 있을 수 있는가를 살펴볼 필요가 있다. 센카쿠에 관련된 행위자로서는 다음과 같은 것이 상정될 수 있다.

중국 측 행위자

① 당 중앙정치국 상무위원회, ② 인민해방군 지도부, ③ 외교부 지도부, ④ 국가발전계획위원회, ⑤ 상무부, ⑥ 당 중앙대외연락부, ⑦ 국가해양국, ⑧ 의제의 내용에 따라 당 중앙타이완판공실(黨中央臺灣辦公室), ⑨ 지방 군구[軍區, 특히 난징(南京) 군구], ⑩ 의제에 따라서는 몇 개의 관련 기득권 이익집단(중국에너지 자원 국유기업 등), ⑪ 매스 미디어(인터넷 미디어를 포함), ⑫ 민족주의적 민간단체[보조연맹(保釣連盟), 반일(反日) 단체 등] 등이다.

주지하는 바와 같이 중국의 정책결정은 ①의 정치국 상무위원회에서 이루어진다. 몇 가지 추측 정보가 밝혀지고 있는 것처럼 대일 중요 정책 결정의 경우 10여 개 관계 기관의 책임자가 참가하며, 토의 이후 찬반 여부를 묻는 방식으로 결정된다. 이것은 당 중앙정치국 상무위원회의 지도하에 있고, 다양한 사안(issue)에 대응하여 설치되는 비공개 조직인 당 중앙외사영도소조[黨中央外事領導小組, 조장(組長)은 제18차 당대회 이전까지는 후진타오, 현재는 시진핑으로 여겨진다]의 주재하에 열린 회의로 여겨진다. 이 회의가 정치국 상무위원회와 어떠한 관계에 있는가는 확실하지 않지만, 여기에서의 결정이 가장 중요한 의사로서 정치국 상무위원회에 상의되어 최종 결정이 이루어지는 것으로 보아도 좋을 것이다.

다소 오래된 이야기지만, 1998년 장쩌민 국가주석이 방일했을 때 정책결정에 관한 귀중한 말을 비공식적으로 들었다. 당시 외교부는 대일 (對日) 유연 노선으로 중일관계를 적극적으로 발전시켜야 한다는 주장이 주류였다. 그렇지만 관련 기관 책임자 회의에서는 대일 강경파가 다수를 차지하고 외교부, 대외무역부(현재의 상무부)의 온건파가 일소되었다고 한다. 관련 기관 책임자 회의는 비공식적인 것으로 아마도 외사영도소조의 지도하에 있든지, 영도소조의 확대회의에 대항하는 것이 아닐까 한다. 당시 방일한 장쩌민이 '역사 문제'를 재삼 반복하고 일왕(日王)과의 회견에서도 '군복'을 착용하고 임했던 이면에는 위와 같은 의사결정이 있었던 것으로 추측된다.

이것에 입각해서 보아도 대일 자세에 관해서는 중국 정책결정자의 입장은 결코 유연하지 않고 낙관을 허락하지 않는다. 또한 일단 결정된 경우 다른 행위자의 이론(異論)이 정책결정과정에 반영될 여지는 거의 없다. 그렇지만 다양한 유력 조직[②~⑦뿐만 아니라 각 싱크탱크, 대학 등 유력 식자(識者)]이 최종적으로는 ①로 연결되고 있다.

예를 들면 2012년 9월 11일에 일본 정부 각의에서 결정된 '센카쿠 국유화'에 대해서 어떠한 반론, 반격을 어떤 타이밍에서 어느 정도까지 행할 것인가에 대한 검토와 결정은 최종적으로는 ①의 정치국 상무위원회에서 행해지는데, 정보가 다양한 채널로부터 올라오고 분석되어 관련 기관 책임자 회의에서 실질적인 검토가 이루어진다. 이 경우 일본의 '국유화' 행동에 대한 반발이 일어나고 일반 민중, 특히 젊은이의 대중적인 반일 행동도 예측되는데 우선 당 중앙이 주도권(initiative)을 장악하고 사태의 추이에 대응할 수 있는 것만으로도 일반 민중의 행동을 통제하에 두는 것은 아닐까 한다. 거꾸로 말하자면, 그러한 조직·개인에 접근하여 일본 측의 메시지를 확실히 전하는 것이 중요할 것이다.

일본 측 행위자

여기에서는 ① 수상(首相: 총리), ② 방위성(防衛省: 국방부), ③ 외무성(外務省: 외교부), ④ 해상보안청(海上保安廳), ⑤ 해상보안청 이시가키(石垣) 연락사무소(제11관구 해상보안 본부), ⑥ 각 정당·정치가, ⑦ 강경 민족주의 그룹, ⑧ 매스 미디어 등일 것이다.

①~③은 내부적인 주장의 차이는 있지만 정부로서의 의사결정이 내려

진 경우 일체적인 행동과 대응을 하게 된다. 중요한 것은 총리의 확실한 리더십 아래에서 위에서 언급한 바와 같은 '사태에 대한 대응'을 신속하고 냉정하며 확실하게 행하는 것이다.

④~⑤의 가장 중요한 점은 대국적(大局的)·거시적 시야라는 것보다도 시시각각으로 변화하는 현장의 상태에 어떻게 효과적으로 대응할 것인가이다. 2012년 8월 16일, 센카쿠 열도에 홍콩의 활동가가 상륙한 것 등을 계기로, 해상보안청은 영해의 경비 강화를 위해 순시 함정 8척을 새롭게 배치했다. 또한 센카쿠 열도를 관할하는 제11관구 해상보안 본부에 나하(那覇) 해상보안부를 설치하고 경비 체제의 강화를 도모했다.

여기에서 특히 유의해야 할 것은 현장 ⑤와 중앙 ④ 간의 상황 인식, 위기감, 구체적인 대처 등에 대해 항상 차이가 있고 마찰이 발생할 가능성이 높다는 점이다. 따라서 중요한 것은 우선 사전에 중국 측의 정보를 가능한 한 적확하게 파악하면서 현장의 상황에 입각하고 동시에 중국, 홍콩, 타이완 등의 전체적인 상황에 관한 정보를 교환하고 다양한 전개의 시뮬레이션을 확실히 하는 것이다. 그리고 그 위에서 사태 발생 이후에는 중앙과의 강력한 연대하에 '사태 발생 후'에 제시된 행동을 신속하게 실행으로 옮기는 것이다.

⑥~⑧의 행위자, 각 정당, 정치가, 민족주의 단체, 미디어에 관해서는 각각의 주의(主義), 주장은 있다고 해도, 이 문제가 각각의 입장과 수준, 이해(利害)를 초월한 국가적 과제라는 점을 충분히 인식하고 협력적인 발언, 행동을 중시하고 제각각인 책임 의식이 따르지 않는 스탠드플레이

(stand play)는 단호히 삼가는 것이다. 특히 각 정당, 정치가, 민족단체 등의 행위자는 미디어 관계로부터의 정보 접근이 많고, 그런 의미에서는 미디어의 이러한 사람들, 나아가서는 일반 서민의 대중(對中) 감정, 사회적 분위기를 양성한다는 의미에서 중요한 역할을 담당하고 있다.

안전보장, 외교의 측면에서 한정하여 고려한다면 특히 경시할 수 없는 중요한 행위자가 2개 있다. 바로 미국과 타이완이다. 이 두 행위자에 대해서 대략적으로 살펴보도록 하겠다.

미국 측 행위자

미국 측 행위자를 고려해보면 ① 대통령, ② 국가안전보장회의, ③ 국무부 및 국무장관, ④ 국방부, ⑤ 의회, ⑥ 매스 미디어가 될 것이다. 미국의 대외정책에서 인식하지 않으면 안 되는 점은 항상 이상주의적인 발상(민주주의적 가치의 공유 등)과 현실주의적인 발상(power politics) 사이를 왔다 갔다 하며, 일본이 미국과 가치를 공유하고 있기 때문에 미일동맹을 맺었다고 해서 항상 일본을 위해서 공동보조를 취한다고는 할 수 없다는 것이다. 미국이 희생을 각오하고 일본과 공동보조를 취한다면 미국에 구체적인 이점(merit)이 보여야만 한다.

2010년 9월 7일의 센카쿠 어선 충돌 사건의 발생 이후 클린턴(H. Clinton) 국무장관은 미일 외상(外相: 외교장관) 회의에서 "센카쿠 열도는 미일 안보의 적용 대상"이라는 종래 미국의 견해를 강조했다.[5] 게이츠(R. Gates) 국방장관도 미일 안보조약의 동 열도에의 적용에 관해서 "동맹국으로서의 책임을 충분히 수행한다"라고 일본 지지의 입장을 명확히 했다. 그렇지만 오바마 대통령을 위시한 미국 수뇌는 미국의 군사적 개입에 관해서는 미묘하게 발언을 회피하고 있다. 미국이 일본과 함께 중국과 싸우는 것이 중대한 이점(merit)이 있는 행동이라고 인식하지 않는 한 실질적인 참전은 어렵다. 물론 중국 측은 미국에 대해서 유연한 전술을 취하며 '미일 분단' 작전에 나서게 될 것이다. 멀린(Michael Mullen) 미 합참의장은 2010년 9월 23일 기자회견에서 중국 어선 충돌 사건에 대해 "동맹국인 일본을 대단히 강력하게 지지한다"라고 논하면서도 중일 간의 긴장 상태를 "대단히 주의 깊게 지켜보고 있다", "정치적·외교적인 노력에 의해 긴장을 완화하는 것을 기대한다"라고 말했다.[6]

제2장에서도 다룬 바와 같이, 현재의 오바마 정권이 제1기와 비교해서 국제전략상 중국에 경계감을 강화하고 있는 것은 확실할 것이다.

타이완 측 행위자

중일 '센카쿠 대립' 문제에서 미국 행위자보다 나으면 낫지 못하지 않는 중요성을 가지면서도 일본에서의 주의가 현저하게 부족한 것이 타이완 행위자이다. 이는 중일관계뿐만 아니라 동아시아, 이어서는 아시아·태평양의 안전보장 전략에 대단히 심각한 사태를 초래할 수밖에 없는 중

5　≪朝日新聞≫, 2010.9.24.

6　≪時事≫(Washington), 2010.9.24.

요성을 지니고 있다.[7]

타이완의 중요한 행위자는 ① 총통(總統: 대통령) 및 국가안전보장회의, ② 각 정당(국민당, 민진당 등), ③ 양안(兩岸) 관련 조직(양안해협기금회, 대륙 문제위원회 등), ④ 매스 미디어 등이다.

①의 마잉주(馬英九) 총통은 무엇보다 "센카쿠는 타이완(중국)의 영토"라는 강경한 자세를 갖고 있는 인물이지만, '중국에 잡아먹히게 되는 것'을 강하게 우려하여 집권 제1기에서는 이 문제의 논의를 통제해왔다. 또한 "통일문제를 대륙과 논의하지 않는다"라는 자세를 취하며 타이완 자신의 주체성 강화를 제창하고, 그 의미에서 일본·타이완 관계의 중요성, 일본·타이완 관계의 강화를 주장해온 인물이다. 그의 기본적 입장은 일본으로서도 환영해야 하며 연대해야 하지만, 이번의 센카쿠를 둘러싼 일련의 움직임은 그의 입장을 어렵게 만들고 있다.

그러나 '센카쿠'를 둘러싼 타이완의 이러한 상황을 중국 측이 '절호의 기회'로 판단한다면 중국과의 연대를 모색하기 시작하는 사람들에게 적극적으로 접촉하게 될 것이다. '센카쿠 문제'가 시금석이 되어 중국·타이완 간에 통일을 가속화하는 것에도 도움이 될 수밖에 없다.

만약 그와 같은 움직임이 중국·타이완 관계 강화의 흐름을 형성한다면,

---

7 일본-타이완 관계에 대한 주요 연구로는 다음을 참고하기 바란다. 혼자와 지로(本澤二郎), 『일본 정계의 타이완방(日本政界的"台灣帮")』, 우지난(吳寄南) 옮김(上海譯文出版社, 2000); 가와시마 신(川島眞) 외, 『일본·타이완 관계사, 1945~2008(日台關係史, 1945-2008)』(東京大學出版會, 2009). _ 옮긴이 주

이것은 단순히 '센카쿠 문제'에 멈추지 않는다. 일본과 중국, 타이완 등이 우호적 협력적 관계를 유지 혹은 증진시키면서 중국·타이완 간에 접근이 추진되는 것은 환영할 만한 일이다. 그렇지만 중국과 타이완이 일본과 대결을 심화하면서 접근해가는 상황은 일본 측에 중대한 사안이다. 일본 가운데에서도 특히 감정적으로 '의연한' 사람들은 중일 대립을 다소 큰 틀에서 냉정하게 다시 놓고 견고한 전략을 짜는 발상을 지녀야 할 것이다.

3. 센카쿠 상륙의 징후에서 실천으로

전투 시의 시뮬레이션

그렇다면 센카쿠 열도 근해에서 무력충돌로 연결될 수밖에 없는 긴박한 사태란 구체적으로 어떤 상황일까? 아래에서 우선 네 가지의 일어날 수 있는 긴박한 상황을 제시해보도록 하겠다.

① 중국 어선(혹은 어민으로 위장한 사병, 민족주의 단체의 회원)이 빈번하게 센카쿠 근해, 중간선 상의 해역에서 영해 침범을 한다. 이러한 중국 어선에 대해서 일본 영해에서 입회 검사를 한다[해감(海監), 해경(海警), 어정(魚政) 등]. 이를 빈번하게 하기 시작하면 입회가 상시화된다. 이것은 2012년 9월 11일의 '일본 정부의 센카쿠 열도 국유화' 이후 빈번하게 행해지고 있으며, 우려는 적중하게 된다.

② 센카쿠 열도를 정식으로 어느 특정 구역에 편입시키는 행정적인 절

차를 취한다[남중국해의 시사(西沙), 중사(中沙), 난사(南沙)를 통합한 싼사시(三沙市)의 설치와 같이 새로운 시의 설치 혹은 타이완성(臺灣省)의 행정 구역 가운데 넣는다].

③ 중국해군 소식통으로부터의 해양권익 확대의 목소리 혹은 이것을 선동하는 것 같은 민간 단위의 민족주의를 부채질하는 목소리가 급속하게 고조된다. 국내 불안정화에 의한 정서적인 분위기 가운데 '반일(反日) 민족주의'를 자극하는 논조가 높아진다. 이로 인해 2012년 9월 이후 예상을 넘는 규모의 격렬한 반일시위가 확대되었다.

④ 해군의 함대, 전함, 전투기가 상하이(上海)~푸젠성(福建省) 라인에서 결집한다는 정보가 들어온다. 반일 민족주의에 자극되어 센카쿠 열도 근해에 대량의 어선, 보조연맹(保釣連盟) 소속 배들, 또는 어선으로 위장한 해군 선박들이 결집한다.

물론 ①~④의 상황은 결코 순서대로 징후로서 출현하는 것은 아니다. 무작위로 혹은 세 가지 중의 하나 둘의 사태, 혹은 거의 간격을 두지 않고 네 가지의 상황이 동시적으로 출현할 수도 있다. 또한 추가하자면 어떠한 의도에 의한 군사 행동인가에 의해 징후 사태의 전개도 변하게 될 것이다.

예를 들면 보론의 제1절에서 지적한 세 가지의 의도 가운데 '정치적인 목적을 실현하기 위한 위협', '내정의 혼란·정권에의 불만을 외부로 향하게 하려는 무력행사'의 경우에는 '센카쿠 탈취' 그 자체보다도 센카쿠 문제로 중국 당국의 '결연한' 태도를 호소(appeal)하고 '반일(反日) 민족주의' 감정을 높이기 위한 국내 여론, 타이완 여론을 선동하는 것이 목적이 되는 것으로, 징후 사태도 두드러지게 될 것이다. 미디어의 총동원, 센카쿠 근해에서의 어선 등에 의한 화려한 시위(demonstration) 등, ①·②·③이 동시 병행적 징후로서 나타날 가능성이 높다.

그러나 '센카쿠 열도의 탈취'의 경우에는 어떻게 효과적으로 행동할 것인가가 최우선 과제가 된다. 따라서 원칙론의 견지에서 말하자면 '정치적인 목적을 실현하기 위한 위협', '내정의 혼란·정권에의 불만을 외부로 향하게 하려는 무력행사'의 경우와는 대조적으로, 대단히 조용히 평소 상태를 유지하면서 일본 측 경비(警備)의 불의(不意)를 찌르는 형태로 틈을 타서 일거에 신속하게 노리고 있던 섬의 탈취를 지향하는 것이 상도(常道)이다. 이 경우, 징후는 파악하기 어렵다. 그렇지만 일거에 행동을 일으킬 경우에도 장기적인 지배권의 확보를 지향하는 것은 의미가 있는 것으로, 징후로서 상하이(上海)~저장(浙江)~푸젠(福建) 연해에서 해군의 움직임에 반드시 일정한 변화가 보이게 될 것으로 생각된다.

드디어 전투 행동이 개시되는 단계이다. 어떤 사태가 상정될 수 있을까? 우선 첫째로 민간 선박 혹은 해군 선박이 일본 해상보안청 경비선의 틈새를 누비고 센카쿠 열도의 어떤 섬에 상륙한다. (중국 깃발을 게양하는) 다양한 틈새를 계산하여 치밀하게 계획을 세우고 전투하지 않고 상륙하는 것을 지향한다. 그렇지만 일본 측도 이미 중국 측의 군사 행동은 상정하고 있었으며, 경비 체제도 강화되고 있다. 따라서 일본 측의 방어 행동이 없는 상태로 센카쿠의 어느 섬을 탈취하는 것은 상당히 어려울 것으로 판단된다. 그렇다고 해서 물론 불가능한 것은 아니다.

또한 전문가의 지적에 의하면, 다오위다오(釣魚島) 이외의 섬은 물을 확보할 수 없기 때문에 상주(常駐)하기에는 무리가 따르며, 따라서 군사 행동의 대상은 다오위다오로 좁혀진다고 예상된다. 이 경우 일본 측도 다오위다오 방어에 집중하고 강화하게 되기 때문에, 일본 측의 무저항 상태로 중국이 일거에 다오위다오를 탈취할 가능성은 높지 않다.

그러나 '센카쿠 열도의 탈취'를 의도한 행동은 해양권익, 해양전략(海洋戰略)의 차원에서 상당히 실질적인 의미를 갖고 있으며, 일단 결단을 내린다면 일본 측의 격렬한 저항을 상정하더라도 강행으로 실현하려는 행동에 나설 것이 예상된다.

대규모 전투가 없는 상태로 잘 상륙해서 평화 속에 수비대를 배치할 수 있다면, 일본 측은 물론 이것을 배제하기 위해 상륙하고 소규모라고 해도 전투가 시작될 가능성이 있다. 그렇지만 누구도 죽지 않는 중국 측의 무혈(無血) 상륙의 경우, 유사법(有事法)은 자위대의 출동에 애로가 되기 때문에 전투 행동을 일으키는 절차가 족쇄가 된다.

2006년, 일본 방위청은 '교전(交戰) 규정'을 개정하여 「자위대법」 제95조에 정해진 '무기 등의 방위를 위한 무기의 사용'을 근거로 자위대 대원이 무기를 사용해야 할 때 주저하지 않고 사용할 수 있게 되었고, 또한 현장의 자위관(自衛官)이 쓸데없는 정치적 판단에 내몰리지 않게 된 것으로 일반적으로 해석된다.

둘째로, 다른 가능성을 상정해보겠다. '정치적인 목적을 실현하기 위한 위협', '내정의 혼란·정권에의 불만을 외부로 향하게 하려는 무력행사'

의 경우, 센카쿠 근해에 대량의 선박이 난입하고, 혹은 공정부대(空挺部隊)에 의한 영공에서의 시위가 나타날 수 있다. 일본 해상보안청의 선박·공정부대도 가능한 한 출동한다. 따라서 중일의 선박이 난입하고 혹은 상공에서의 공정부대의 접촉 등 우연성, 우발성이 계기가 되어 분쟁이 격화되는 것도 상정할 수 있다. 해상의 경우 선박의 수량에서는 아마도 중국이 압도적으로 많을 것이다. 따라서 수(數)에서의 우위를 배경으로 상륙을 강행하여 돌파하려는 사태가 예상된다.

　일본 측은 이러한 중국 측의 움직임을 힘으로 저지하고자 한다. 그 때문에 예를 들면, 해상보안청의 '불합리한 행동'으로 중국인 희생자가 나오게 된다. 이와 같은 상황이 된다면 중국 국내에서 더욱 격렬하게 항의의 목소리가 높아진다. 또한 국제여론도 일본 측의 행동에 비판적인 논조가 현저해지게 된다. 중국 측은 압도적으로 자신이 유리한 상황이라고 판단하고 더욱 적극적인 행동에 나서게 될 것이 예상된다.

4. 예측되는 사태 악화의 시나리오

중국군의 센카쿠 상륙 시뮬레이션

　센카쿠 열도를 둘러싼 중국인민해방군(中國人民解放軍)의 무력행동이 있을 경우, 그것은 정면으로 당당히 함대를 파견하는 것이 아니라 민간어선으로 위장한 군선(軍船)에 의한 행동이라고 여겨진다. 이때 어떠한 전개를 예상할 수 있을까?

(1) 센카쿠 상륙

① 조용한 상륙: 틈을 살펴서 민간인으로 위장한 군인이 강행적으로 상륙하여 눌러앉을 경우, 일본은 대응이 어렵게 된다. 중일 분쟁이 지속된다.

② 정면으로부터의 소란스러운 상륙: 중국 측은 단기 결전으로 '집중포화'적인 공격 → 위협 포격에 의해 센카쿠 열도의 전체 도서(島嶼) 혹은 일부 도서 및 그 주변 해역을 점령하고, 그 이후 해군 및 공군에 의해 봉쇄하며 상시(常時) 경비 체제를 구축하고 기정사실화를 도모한다.

③ 민간 어선 주도의 상륙: 대량의 민간 선박이 '중화(中華) 민족주의'를 배경으로 전면에 나타난다. 그 배후에 해방군의 선대(船隊)가 결집하고 엄중히 감독한다. 일본 측은 위협밖에 할 수 없고, 그 일부의 선박이 강행하여 어느 섬에 상륙한다. 이 경우에도 중국 국내에서는 이러한 행동을 열광적으로 지지하는 기운이 높아질 것이다. 일반인을 끌어들인 강행 돌파는 일본 측도 무력으로 대항하기 어렵고 대응에 선수를 뺏기게 될 것이다.

(2) 중국군의 상륙 이후

첫째, 위 ①·②·③의 그 어떤 경우에도 중국 측의 센카쿠 일대에 대한 군사적 제압, 중국의 실효 지배가 실현된다. 이에 대해서 일본 국내에서의 맹렬한 대중(對中) 반발이 일어나는데, 중국 측이 해당 해역에서 상당히 강력한 군사 체제를 단기간에 구축하면 일본 측이 서둘러서 효과적인 반격을 하는 것도 어렵게 된다.

둘째, 이와 같은 상황이 발생하면 자위대만의 반격이 충분히 효과를 올릴 수 있을지의 여부도 의문시된다. 또한 미군의 강력한 지원이 필요해지는데, 중국 측이 실효 지배를 기정사실로 만든 뒤에 미군이 자위대와 함께 중국과의 전쟁에 돌입하는 군사 행동에 들어갈 가능성은 적다. 그렇게 된다면 중국 측 우세의 상태로 교착 상태에 들어간다.

셋째, 그 결과 외교 교섭에 들어가 일본은 대폭적인 양보를 하든지, 아니면 긴장·대립하는 상황이 상시화된다.

이상이 상정할 수 있는 일련의 흐름인데, 센카쿠 열도에서 군사 분쟁이 발생할 경우 군사적으로는 일본 측에 대단히 불리한 전제조건이 있다. 그것은 아래와 같은 점이다.

첫째, 센카쿠 열도 일대에서의 군사 충돌을 유리하게 전개하기 위해서는 제해권(制海權)과 항공 우세의 유지가 불가결하다. 이 점에서 일본 측은 큰 제약을 안고 있다. 군사전문가의 말에 의하면, 예를 들면 해상자위대(海上自衛隊)는 원방(遠方)으로부터 대함전(對艦戰)으로 싸우는 훈련은 하고 있지만 대량 출동하는 중국의 함대 및 민선(民船)과의 수상전(水上戰)에는 익숙하지 않다. 또한 기본적으로는 대잠전(對潛戰)과 방공전(防空戰)을 중심으로 하는 전투 행동이 설계되어 있다.

둘째, 만일 센카쿠 열도가 점령될 경우, 그 탈환은 육상자위대(陸上自衛隊)가 담당할 것으로 여겨지는데, 우선 육상자위대의 행동은 상륙 작전이 된다. 구체적으로는 배로 해상 기동, 다음으로 착륙 작전, 그 이후에 지상 전투에 의한 적의 격파, 점령이 일반적인 작전 추이이다.

이 경우 앞의 두 가지 작전의 전개에서 장비도 없고 능력이 갖추어져 있지 않으며, 또한 본래 임무에 입각하여 헬리본(heliborne) 훈련 이외에는 하고 있지 않다. 그러한 것은 급하게 명령을 받아도 할 수 있는 것이 아니며, 또한 헬리본 훈련은 하고 있지만 헬리콥터의 항공 거리로 인해 센카쿠 열도에 도달하는 대수는 한정되어 있다.

셋째, 물론 미 해병대는 그러한 행동을 실천에 옮길 수 있지만 아마도 미국은 참전하여 상륙 작전을 취하지는 않을 것이다. 이것은 기본적으로 일본이 수행해야 할 역할이며, 필리핀의 사례처럼 영유권 문제에서 미국의 실천 행동은 기대할 수 없기 때문이다. 위에서 중일 간에 전쟁 사태가 발생할 경우 현상(現狀)에서 상호의 전력(戰力) 비교, 법규상의 속박, 준비 태세 등으로부터 일본이 사태를 유리하게 전개할 수 있는 요소는 대단히 적다는 것을 지적할 수밖에 없다.

고려되는 일본의 대응

그렇다면 사태에 대해서 어떠한 대응을 해야 할 것인가? 사태에의 대응에는 크게 나누어 세 가지의 단계가 있다.

(1) 사태 발생의 미연 예방 대응

① 중일 간의 다층적인 상호의존 관계, 다중적인 이익공유 구조를 구

축하고 중국과 일본 쌍방에서 '제로섬'적인 무력행사는 자신도 뼈아픈 타격을 받는다는 인식을 공유하도록 만든다. 경제 분야에서는 이미 이러한 관계가 있지만, 기타 영역 특히 안보 영역에서도 이러한 관계를 구축할 필요가 있다.

다만 처음부터 몇 가지의 부정적인 현상으로 인해 신용할 수 없는 경계해야 할 국가, 적대적인 관계에 있는 국가로 단정하고, 그것을 전제로 한 대결의 구도를 만든다면, '안보의 딜레마'에 빠진다. 미국도 포함하는 미중일의 안보 대화 포럼을 만들고, 마찰·대립은 있어도 군사적인 상호 억지 메커니즘을 구축하기 위한 노력을 게을리 해서는 안 된다.

② 그러나 미연에 중국의 무력행동 저지를 위해서 가능한 한 미군과 자위대의 방위협력 체제를 만드는 것도 중요할 것이다. 예를 들면, 동중국해에서의 공동 순찰, 시시각각 변화하는 현지의 동향을 점검하고 정보를 공유하는 틀을 만드는 것 등이다.

③ 또한 특히 중일 양국 정부 간 단위에서는 실리적인 사고를 중시하고 도발하지 않으며, 도발에 편승하지 않는다는 자세를 확실히 하고 그것을 상대측에게도 항상 발신하는 것이다. 어떠한 이유가 있다고 해도 일단 전투 행동이 일어난다면 중일 쌍방 사이에서 종래에 없는 강력한 상호불신, 혐중(嫌中)·혐일(嫌日) 감정이 높아지고 모든 중일 간의 교류에 심각한 손실을 초래하게 될 것이다. 과거에 부정적인 의미로 사용되었던 '정냉경열(政冷經熱)' 상황마저도 유지할 수 있는가의 여부, 그리고 중일 간의 경제 교류에도 심각한 영향을 가져오게 될 것이다.

④ 긴장을 완화하고 중일 간의 관계 개선을 도모하기 위해서 국제여론과 국제기구를 활용하는 것도 한 가지 방안이라고 할 수 있다.

2010년 9월의 '센카쿠 근해 어선 충돌 사건'은 일본이 '센카쿠 주권'을 정면에 내세웠는데, 중국이 이것에 대해서 과잉 반응을 보이고 단기간의 경제·문화 교류를 포함한 집중적이고 격렬한 반격·공세에 나선 것에 의해, 그 이후에도 심각한 감정적 대립이 계속되고 있다. 또한 2012년에는 '센카쿠 국유화, 도(都)의 매수' 문제가 떠올랐는데, 이것은 중국뿐만 아니라 타이완에 대해서도 상당히 자극적인 '도발'이 되고 있다. 타이완이 중국과 공동으로 이 문제에 대처하게 된다면 일본의 강경 자세는 완전히 실패하게 되어버릴 것이다.

⑤ 중일 양국 정부 간에 '위기관리 메커니즘'을 구축하고 일상적으로 기능하도록 한다. 특히 상호의 입장을 주장하는 '장(場)'으로 삼지 않도록 하며 입장의 차이는 있더라도 '상호 억제', '분쟁 미연 방지'를 최우선시하고 그 실현을 목적으로 한 정보의 교환, 솔직한 의견 교환 등을 한다. 상호불신이 강한 현실에서 이러한 틀을 구축하는 것 자체가 쉽지는 않겠지만, 중국과 일본은 대국적(大局的)인 관점에 입각하여 그 필요성을 인식하고 이를 위한 조치를 추진해 나아가야 할 것이다.

⑥ 미디어에 의한 안이한 반중(反中), 반일(反日) 분위기를 선동하는 보도를 가능한 한 신중하게 하고, 센카쿠 열도 문제와 민족주의의 유착을 가능한 한 피하는 노력을 한다. 특히 위기관리 틀에서는 비공식 미디어를 포함한 동향을 추적하여 분석하고 사전 대응에 게을리 하지 않도록 한다.

(2) 사태 발생 이후의 대응

① 중국의 정규 해군을 사용한 단기적·집중적인 공격의 경우나 대량의 민간 선박을 전면에 내세운 인해전술(人海戰術)적인 공세의 경우에도, 일본 측은 사태의 발생을 가능한 한 일찍 파악하고 최초의 단계에서 신속하게 행동을 개시하여 중국 측의 상륙 행동을 저지하고 도서(島嶼)의 실효 지배를 견지하는 체제를 단기간에 구축하는 것이 가장 중요하다.

② 만일 1개 혹은 몇 개의 작은 섬에서 중국 국기가 세워지는 사태가 발생할 경우, 대단히 단기간에 강행 돌파하더라도 가급적 신속하게 상륙한 중국 관계자를 배제하고 원상회복 조치를 취하는 행동이 중요하다.

③ 중국 측이 본격적으로 '센카쿠 탈취'의 의도로 행동을 일으킬 경우, 대량의 해군을 출동시켜 대규모의 위협 행동에 나서게 될 것으로 예측된다. 그것에 대비하는 의미에서 항공모함의 파견 등을 포함한 미군의 구체적인 행동에 의한 지원 체제를 가급적 신속하게 구축한다. 혹은 사전에 그러한 사태에 대비하는 미일 연대의 틀을 작성해두는 것이 필요할 것이다.

④ 그 위에서 외교 교섭에 들어간다.

(3) 분쟁 처리와 향후 전망

마지막으로 만약 '위기적 사태'가 발생하여 사태의 혼란을 최소화하고 그 위에서 관계 개선을 향해 나아갈 수 있도록 하기 위해 향후 어떠한 문제를 염두에 두어야 할 필요가 있을까? 우선 몇 가지 제약 요인을 정리해보도록 하겠다.

①단기간의 원상회복에 대해서는 제도상의 어려움이 존재한다. 예를 들면, 위기관리를 위한 「무력행사 대처 기본법」이 없다. 무력행사에 관해서는 어디까지나 신변의 위험이 절박하다고 판단되는 때 등 자위, 방위적인 상태로 한정되어 있다.

②만약 조용한 상륙이 실현되고 평화 속에 중국 측의 실효 지배가 시작된다면, 일본 정부가 억지로 전투 행위를 결단하더라도 중일전쟁을 강하게 우려하는 국내 여론이 대두할 가능성이 있다. 그렇게 될 경우 대응방법을 좀처럼 찾아내기 어렵게 된다.

물론 위에서 논한 바와 같이, 「자위대법」 95조의 개정에 의해 더욱 신속하게 무기 사용이 가능해지기는 했다. 그렇지만 '위기', '위기관리' 등이라고 해도 상당히 다양한 상황을 상정하지 않으면 안 된다. '위기' 자체의 다양성, 예를 들면 현장에 있는 사람들의 생명에 위험이 다가오고 있는 위기, 그리고 생명의 위험은 없지만 센카쿠 열도가 거의 제압되는 상태가 되어버리는 '위기' 등이 고려된다. 시간적인 차이의 문제, 예를 들면 '위기'의 발생에 신속하게 대응하고 상황을 관리하는 경우, 혹은 '위기' 상황이 교착되고 그 대응 및 관리에 긴 시간이 필요해지는 경우 등이다. 이러한 사태를 상정하면서 그것에 대응할 수 있는 법적·물리적 정비를 서두를 필요가 있다.

③만일 '센카쿠 분쟁'이 발발하여 미국의 개입이 어려운 상황이 만들어질 경우는 일본에게 바람직하지 않다. 예를 들면, 미국이 개입하고자 해도 자국의 경제 등 국익에서 엄중한 사태를 초래하게 된다면, 미국이

일본을 위해서 군사 개입을 하는 것은 쉽지 않다. 중국은 이미 대량의 미국 국채를 매입하고 있다. 미중 간의 경제 영역에서의 상호의존성도 미국의 행동을 주저하게 만든다. 이 문제에서 미국 요인(factor)은 대단히 크지만, 미국이 반드시 일본이 기대하는 바와 같은 군사적 지원을 행할 것인가는 의문의 여지가 있다. 중국도 미국의 적극적 개입을 막기 위해 다양한 주장과 미끼를 미국 측에 던지게 될 것이다.

2012년에 발생한 중국·필리핀 간의 영토 분쟁에 관해서 미국은 이미 그 어떤 입장에도 서지 않는다고 명언했다. 아마도 미국은 동중국해에서 위협의 의미로 미일 공동 순찰(patrol), '항공모함 외교'까지만 하고 전투에는 참가하지 않을 것이다. 그렇지만 최소한 공동 순찰, '항공모함 외교'를 취하게 된다면 그 효과는 적지 않다. 그 때문이라도 중국의 센카쿠 열도에 대한 '일본의 실효 지배 타파'의 군사적 행동은 미국의 아시아·태평양 지역에서의 안전보장 전략을 크게 훼손시키게 된다.

재차 확인해두어야 할 점은, 미국의 행동은 '센카쿠 분쟁'을 억제하기 위해 결정적인 중요성을 갖고 있다는 점이다. 여기에서 미국이 일본을 저버리면, 미국 자신이 무너지고 혹은 아시아·태평양 지역의 국제질서를 크게 불안정하게 만든다는 점을 충분히 설명할 필요가 있을 것이다. 이 점은 미국에 대해서뿐만 아니라 한국, 타이완, 동남아시아, 호주 등 아시아·태평양 국가들에 대해서도 크게 발신해야 할 것이다. 이미 언급했지만, 타이완을 중국 측에 붙게 한다면 해양 전략의 전개에서 압도적으로 중국에 유리한 상황이 출현한다. 그렇게 되면 동중국해, 나아가서는 아시아·태평양 지역에서의 지정학적인 균형은 일거에 변화되어버린다. 이러한 사태는 절대로 피하지 않으면 안 된다.

④ 일본 국내에서의 비이성적인 대(對)중국 도발적 여론이 일본 측의 국익을 훼손시키지 않기 위한 이성적 행동을 어렵게 만들 가능성이 있다. 그 파급 효과로서 앞에서 논한 바와 같이 타이완이 중국과 연대하게 되는 것이다. 이시하라(石原) 발언에서 가장 머리가 아픈 것은 이 점이다.

⑤ 일본의 경제계도 중일 센카쿠 전쟁은 결코 바라지 않는다. 재삼 논하고 있는 바와 같이, 중일의 경제 상호의존은 심화되고 있고, 중국이 일본의 금융 자산을 갖게 되었다. 그 금액은 아직 그다지 크지는 않지만 약 3조 달러라고 알려져 있다. 만약 위기가 발생한다면 '주식의 공매도' 가능성에 의한 불안감이 높아지고, 시장이 멋대로 움직이기 시작하여 혼란을 초래하는 사태가 일어날 수 있다.

현상유지가 최선의 방책

마지막으로 조금 큰 틀에서 센카쿠를 둘러싼 향후 두 가지의 과제에 대해서 간단하게 다루고자 한다.

첫째로 일본 측에 대해서 생각해본다면 군사적 공격이라는 경험하지 못한 사태(제2차 세계대전 이후)에 대해서 정치인을 위시한 각계의 지도자, 일반 국민 사이에서 상당한 동요와 감정적인 반발이 예상된다. 그것을 미리 분석하고 정책결정과정에 어떻게 반영할 것인가? 그 위에서 중일관계를 마이너스로부터 플러스 관계로 전환시키는 틀을 어떻게 전개할 것인가가 요청된다.

둘째로 중국 측에 대해서는 '센카쿠 문제'가 △ 이미 광범위한 반일 민족주의 문제로 발전하고 있는 점, △ '주권·영유권'의 문제로서 돌출되기 시작하고 있는 점, 또한 △ 국내의 사회적 불만, 정치체제 비판의 문제로 결부될 가능성을 갖고 있고, △ 처리의 방법을 그르친다면 중일관계의 향후는 상당한 손실(damage)을 입게 된다. 그리고 중일관계의 극적인 악화는 중국 경제 자체에도 상당한 타격을 초래할 것이다. 중국이 경제발전을 지속시키고 정치체제의 안정도를 높이며 민중의 정서적 민족주의를 억제하기 위해서는, 중일관계의 악화를 방지하는 것이 무엇보다 중요하다. 중국 측의 당과 정부 관계자는 이 점을 확실히 인식할 필요가 있다.

위와 같은 맥락에서 생각해보면, '센카쿠 문제'는 현상유지가 최선의 선택이다. 그렇지만 1970년대부터 2010년까지의 객관적 상황과는 커다란 변화가 오늘날 발생하고 있다. 현상유지 자체를 위해 큰 노력을 기울이지 않으면 안 되는 상황에 처해 있는 것이다. 본론에서도 논했지만, 여기에는 각 관계국 및 관계자의 '창조적인 지혜'가 요구된다.[8]

---

8 이 밖에 센카쿠 열도/댜오위다오 문제를 군사적인 관점에서 좀 더 구체적으로 다루고 있는 최근의 서적으로는 다음을 참고하기 바란다. 후쿠야마 다카시(福山隆), 『센카쿠를 빼앗아라! 중국의 해군전략을 폭로한다: 마한의 이론으로 독해하는 중국의 해양력(尖閣を奪え! 中國の海軍戰略をあばく: マハン理論で讀み解く中國のシーパワー)』(東京: 潮書房光人社, 2013). _ 옮긴이 주

지은이 후기

상세한 내용은 이미 제2장에서 논했지만, 오늘날의 중일관계는 새로운 단계에 진입한 것으로 보인다. 그런데 다양한 분야에서 떼어내려고 해도 떼어낼 수 없을 정도로 깊이 연결된 것이 중일 양국 간의 관계이다. 그럼에도 쌍방의 상대국에 대한 감정, 이미지의 심각한 악화, 상황에 따라서는 무력충돌도 일어날 수 있을 정도로 긴장된 '센카쿠 문제' 등이 새로운 단계의 전망을 어렵게 만들고 있다. 중일 양국의 정부·국민은 이러한 상황을 냉정하게 받아들이면서 어떻게 하면 양국 관계의 개선, 미래의 발전을 도모할 수 있을까를 진지하게 고려하지 않으면 안 된다.

핵심적인 것은 쌍방 모두 자신의 주장을 일방적으로 반복하는 데에 머물지 말고, 상대방의 주장에도 귀를 기울이고 혹은 국제사회를 의식하면서 중일관계의 마땅히 있어야 할 모습을 고려하고 전망하는 것이라고 할 수 있다. 이는 중국 측에 특히 요청하고자 하는 점이다. 일본, 아시아의 이웃 국가들 혹은 국제사회 가운데에서 높아지고 있는 '중국 위협론'은 누군가 혹은 어떤 국가가 의도적으로 반중(反中) 감정을 선동하고 확산시킨 결과가 결코 아니다. 대단히 단순하게 외부로부터 본다면 '외적(外敵)으로부터의 방위'의 범위를 훨씬 초월하는 기세로 급증하는 군사력, 그것을 밑받침하는 적극·강경으로 전환되고 있는 외교에 대해서 중국 이외의 국가들은 위협을 느끼게 된 것이다. 특히 시진핑(習近平) 정권은 미국 이외를 내려다보는 'G2론'을 토대로 하여 '도광양회(韜光養晦)'의 포기, '해양강국'의 건설을 추진하고자 하는 것처럼 보인다.

그러나 실질적인 '포함(砲艦) 외교'는 앞으로의 시대에는 통용되지 않는다. 이것으로 국제사회가 중국을 존경하고 신뢰하는 진정한 초강대국으로 인정할 수는 없을 것이다. 과거에 덩샤오핑(鄧小平)이 자주 강조했던 "국가의 크고 작음을 불문하고 평화, 평등, 공정, 호혜를 추구한다"라는 외교 지침은 어디로 간 것일까? 더 나아가 앞으로의 세계는 아마도 '미중 양극화'로 수렴되어갈 정도로 단순하지 않을 것이다. 미국과 중국 모두 '초강대국'의 자리를 계속 유지하기에는 국내외에 난제를 과도하게 안고 있다. "세계는 다극화를 향해 나아가고 있다"라고 1990년대의 중국 당국이 반복해서 주장했는데, 그 편이 'G2론'보다 가능성이 높을지도 모른다. 진정으로 세계를 주도하는 대국이 되고자 한다면, 그러한 객관적인 추세에 입각하면서 세계의 사람들이 납득하는 새로운 '외교 철학'이 요구된다는 것을 통감하지 않으면 안 된다.

일본 측에 대해서 말하자면 오늘날 아베(安倍) 정권은 큰 과제를 안고 있으면서도 상당히 순조로운 스타트를 보여주고 있는 것처럼 보인다. 중국이 대일(對日) 강경 자세를 견지하고 있는 한, 그것에 굴복할 수는 없다.

미국, 동남아시아, 러시아, 중동을 역방(歷訪)하고 당사국과의 우호협력을 발전시키는 것과 동시에, 일본의 국제사회에서의 역할, 적극적인 공헌의 의사를 전하는 것은 중요하다. 그러한 의미에서 아베 정권이 추진하고 있는 외교를 평가하고자 한다. 그렇지만 향후의 중요한 과제로서 고려해두어야 할 필요가 있는 점은 아래의 세 가지 사항이다.

첫째, 이러한 중국 이외의 국가와의 관계 개선·강화를 추진하는 것은 일본의 외교 기반을 강화하는 것이 되며 중요하지만, 그것으로 일본이 솔선하여 반(反)중국 포위망의 형성을 추진하고 있다는 인상을 절대로 주어서는 안 된다는 점이다. 어디까지나 강대화하는 중국에 대한 균형 잡기(balancing)의 의미, 즉 중국과의 '대등'한 대화, 교섭을 위한 환경 조성의 의미라는 점, 가장 중요한 것은 중일 쌍방이 납득할 수 있는 관계의 개선·강화라는 점을 마음에 깊게 새길 필요가 있다. 중국 측의 대일(對日) 유연 자세의 신호(signal)가 느껴진다면 신속하게 결단하고 교섭을 추진하여 중일 정상회담의 실현에 나서야 할 것이다.

둘째, 현재 중일관계에 최대의 장애가 되고 있는 문제는 본론에서도 반복하여 논했던 센카쿠를 둘러싼 '주권 문제'인데, 중국 측은 이것을 제2차 세계대전의 '역사 문제'와 관련지음으로써 한국, 타이완, 그리고 미국의 찬동을 얻어 일본에 대한 공격을 강화하고자 한다. 아베 정권을 지지하는 사람들이 '극동재판 판결', '야스쿠니(靖國) 문제'에서 특히 강한 불만을 갖고 있는 것은 잘 알고 있다. 그렇지만 일본 외교에서 미묘하며 중대한 단계에 있는 현재의 역사 문제에 관한 언동은 신중히 할 필요가 있을 것이다. "야스쿠니 참배는 국내문제로 해외로부터 이러쿵저러쿵 할 이야기는 아니다"라는 주장은 국내적으로는 통용되더라도 미국을 포함해 국제적으로는 아직 납득되지 않는다. 이 상태로 '의연하게' 내달린다면 알맞은 비판거리를 제공하는 것이 되며, 일본의 '외교적인 고립화'를 초래할 우려가 있다. '역사 문제'에 관해서는 일본 국민 사이에서 합의 형성을 지향해 더욱 논의를 실시하여 마무르는 것, 그리고 완전한 합의에는 이르지 못하더라도 어느 정도의 합의가 형성된다면 그것을 해외, 특히 중국, 한국에도 폭넓게 호소하고 일본인의 사고방식을 이해시키도록 노력하는 것이 선결 사항이다. 항상 하는 말이지만 일본은 발신력(發信力)이 약하다. 시간이 걸릴지도 모르겠지만, 그것이 가능해지면 처음으로 우리는 '역사 문제'를 어두운 유산으로서가 아니라 미래의 의미가 있는 재산으로 만들 수 있을 것이다.

셋째, 이제부터의 중일관계를 고려할 경우 다양한 비공식 네트워크를 강화·발전시키고, 그 위에서 그러한 네트워크의 정보와 의견이 직접·간접적으로 정책결정자(기관)에 도달하고, 정책에 반영될 수 있는, 의사소통의 파이프를 개척하고 충실하게 만드는 것이다. 말할 필요도 없이 중일관계는 경제, 안전보장뿐만 아니라 사람들의 일상적인 관심, 생활양식(life style), 문화, 사회 등 모든 분야에서 서로 겹쳐져 얽혀 있는 '떼어낼 수 없는 관계'가 되고 있다. 그렇지만 동시에 '뒤틀어진 관계'이기도 하다. 정부 토대만으로 일을 처리할 수 있던 시대는 지나갔다. 이러한 인식 위에서서, 쌍방이 상호 이해, 호혜, 신뢰 증진, 협력 확대를 위해 노력하고 그것을 토대로 한 새로운 '양웅(兩雄) 병립'의 창조적인 양국 관계의 실현을 지향해야 한다. 그것 자체가 21세기적인 과제이기도 한 것이다. 이 점을 충분히 인식할 뿐만 아니라 중국 측에도 메시지로서 반복하여 전해야 할 것이다.

2006년 9월의 제1기 아베 정권의 등장으로부터 2010년 9월의 '중국 어선 충돌 사건'까지 필자는 중일관계의 전도(前途)에 커다란 희망을 한 껏 품기 시작했었다. 그렇지만 '충돌 사건' 이후 일거에 양국 관계는 냉각되고 대단히 불안정해져 버렸다. 그 이후 대학의 업무 이외에 중일 문제를 생각하고, 쓰고, 말하는 것이 필자의 일상에서 가장 큰 비중을 차지하는 일이 되었다. 그 정도로 관심도 높지 않았던 '센카쿠 문제'에 관여하게되어 중국 측, 타이완 측과도 논쟁하게 되었다. 2012년 9월, 10월에는 상호이해의 '장(場)'을 어쨌든 닫아서는 안 된다는 의사를 강하게 갖고 인간문화연구기구의 지원을 얻어 동료들과 함께 "중일 국교정상화 40주년 기념 연속 심포지엄: 중일 '역사의 변하는 눈'을 어떻게 고려할 것인가, 미래를 어떻게 열어나갈 것인가"를 주제로 도쿄(東京), 나고야(名古屋), 교토(京都), 후쿠오카(福岡)에서 대규모 심포지엄을 개최했다. 중일관계에 다양한 형태로 관련되어 있는 중국계, 한국분을 포함한 50명이 넘는 등단자(登壇者)에 의한 풍부한 생각, 의견 교환은 실로 성과가 큰 것이었다. 필자는 이것을 그 상태로 책의 형태로 출판하여, 가능한 한 많은 사람들이 읽어줄 것을 생각하고 같은 해 11월부터 이듬해 3월까지 출판 작업에 전력을 경주했다. 그리고 3월 말, 편자로서 『중일 '역사의 변환기'를 전망한

다(日中「歷史の變わり目」を展望)』(勁草書房)를 결국 간행할 수 있었다.

그러나 거기에서는 필자가 그동안 말해왔던 중일관계의 견해와 사고 방식을 충분하게 전개하지 못했다. 이미 다양한 미디어, 잡지, 포럼, 강연회 등에서 필자 나름대로의 분석과 의견을 얘기해왔는데, 이것을 정리하고 새롭게 고찰을 추가하여 가능한 한 신속하게 교착상태에 빠진 중일관계를 타개하는 일석(一石)을 세상에 던지고 싶다는 생각이 강해졌다. 시간적으로나 육체적으로도 힘든 작업이었지만, 게이소쇼보(勁草書房)의 출간 업무와 병행하여 이 책의 출판 작업을 하기 시작했다. 초고가 거의 완성되었을 무렵에 항상 신세를 지고 있는 치쿠마쇼보(筑摩書房)의 나가타 시로(永田士郎) 신서(新書) 편집장에게 상담을 해보았다. 언제나 포인트를 짚어내는 날카로운 코멘트와 몇 군데 커다란 수정 요구를 받으면서도 출판에 관해서는 대단히 전향적인 대응을 해주셨다. 그 이후 나가타 씨의 적절한 조언과 질타를 받으면서 개정, 가필 작업을 추진했다. 비교적 빠르게 간행할 수 있었던 것은 말할 필요도 없이 나가타 씨 덕택이다. 나가타 씨에게 마음으로부터 사의를 표하고자 한다.

끝으로 현재의 중일관계를 우려하고 미래의 더욱 좋은 관계를 모색하고 있는 일본·중국의 많은 분들이 이 책을 읽고 건설적인 의견·비판을 주신다면 필자로서는 감사할 따름이다.

2013년 초여름

아마코 사토시

중일관계사 약년표(1972~2014)

1972년

9. 다나카 가쿠에이(田中角榮) 총리 방중, 중일 국교정상화, 「중일 공동성명」 발표

10. 중국 측으로부터 일본 우에노(上野) 동물원에 팬더 두 마리 증정

1973년

1. 주중 일본대사관 개설

2. 주일 중국대사관 개설

6. 고베-텐진 우호도시 제휴(제1호, 참고: 2013년 8월 말 현재 351개)

1974년

1. 오히라 마사요시(大平正芳) 외무대신 방중, 「중일 무역협정」 서명

4. 「중일 항공협정」 서명

7. '중화인민공화국 전람회' 오사카, 도쿄에서 개최됨, 입장객 수는 약 400만 명

11. 「중일 해운협정」 서명

1975년

3. 정기편을 이용하여 집단으로 방중하는 '중일 우호의 날개(日中友好の翼)'가 시작됨

8. 「중일 어업협정」 서명

1978년

5. 상하이 바오산(寶山) 제철소 건설 의정서 및 기술원조 계약서 조인(장기무역 최초의 협정)

8. 소노다 스나오(園田直) 외무대신 방중, 「중일 평화우호조약」 서명

10. 덩샤오핑 부총리 방일(중국 국가지도자 최초의 방일), 「중일 평화우호조약」 비준서
   교환

1979년
5. 「중일 우호의 배」 600명 일본 방문
9. '일본-중국 청년 친선교류' 사업 개시(일본 청년 30명, 중국 청년 30명 등 상호 방문)
12. 오히라 마사요시 총리 방중(대중 경제협력 개시); 일본의 대중 정부개발원조(ODA)
   의 총액(2011년까지): 엔 차관: 3조 3,165억 엔, 무상 자금협력: 1,566억 엔, 기술협
   력: 1,772억 엔

1980년
4. 베이징-친황다오 간 철도 확충사업에 일본이 유상 자금협력 실시
5. 화궈펑 총리 방일(중국 총리의 최초 방일)
7. 화궈펑 총리 방일(오히라 마사요시 총리의 장의 참여)
12. 아이치공업대학(愛知工業大學)과 난징공학원(南京工學院), 우호대학(友好大學) 협
   력에 조인. 중일 대학 간 교류의 개막

1982년
5. 자오쯔양 총리 방일
9. 스즈키 젠코(鈴木善幸) 총리 방중

1983년
11. 후야오방 총서기 방일('중일 우호 21세기 위원회' 설립 결정)

1984년
3. 나카소네 야스히로(中曾根康弘) 총리 방중
9. 중일 우호 21세기 위원회 제1차 회의(도쿄); 일본 청년 3,000명이 중국 측 초대로 각
   지 방문
10. 일본으로부터의 무상 자금협력·기술협력에 의해 중일 우호병원, 베이징에 완성

1985년

3. 중국 청년대표단 100명 방일(대표: 후진타오 중국공산주의청년단 제1서기)

1986년

11. 나카소네 야스히로 총리 방중

1988년

2. 일본으로부터의 무상 자금협력에 의해 창춘시 '중일 우호 정수장' 완성

7. 베이징시 지하철 건설 사업에 일본이 유상 자금협력 실시

8. 다케시타 노보루(竹下登) 총리 방중

1989년

4. 리펑(李鵬) 총리 방일

1990년

1. 황토고원 치산(治山) 기술 훈련 계획에 일본이 기술협력 실시

3. 무상 자금협력에 의해 신장 위구르자치구 호탄시 아동복지교육센터 완성

1991년

5. 일본으로부터의 무상 자금협력에 의해 중일 청년교류센터, 베이징에 완성

8. 가이후 도시키(海部俊樹) 총리 방중

9. 베이징시 지하철 제2기 건설사업에 일본이 유상 자금협력 실시

1992년

4. JET프로그램(어학지도를 행하는 외국청년 초빙사업)에 4명이 중국으로부터 처음으로 참가; 장쩌민(江澤民) 총서기 방일

9. 국교정상화 20주년 기념행사로서 국립과학박물관에서 '러우란(樓欄) 왕국과 유구한 미녀'전 개최

10. 일왕 및 일왕후 최초 방중

1993년

8. '베이징 서우두(首都) 공항' 정비사업에 일본이 유상 자금협력 실시

1994년

3. 호세가와 모리히로(細川護熙) 총리 방중, 「중일 환경보호협력 협정」 체결; 일본으로
   부터의 무상 자금협력에 의해 둔황(敦煌) 석굴문화재 연구-전시센터 개설

1995년

1. 한신(阪神)-아와지(淡路) 대지진 발생 당시 중국이 긴급원조 물자 제공
4. 중일 의학교육 센터 임상의학 교육 프로젝트에 일본이 기술협력 실시
5. 난징 성벽 보존 수복 협력사업 개시(3년간); 무라야마 도미이치(村山富市) 총리 방중
8. 무라야마 도미이치 총리, 전후 50주년 총리 담화 발표
11. 장쩌민 국가주석, 첸치천(錢其琛) 부총리 겸 외교부장 방일(APEC 출석, 오사카)

1996년

2. 중국 윈난성 지진의 발생 당시 일본이 30만 달러 긴급 원조
5. 일본으로부터의 무상 자금협력에 의해 '중일 우호환경보전센터', 베이징에 건립
7. 중국 안후이성 등의 홍수 재해에 일본이 95만 달러 긴급 원조

1997년

9. 하시모토 류타로(橋本龍太郎) 총리 방중
10. 베이징시 소방훈련 센터에 일본이 기술협력 실시
11. 리펑 총리 방일

1998년

11. 장쩌민 국가주석 방일, 「평화와 발전을 위한 우호협력 파트너십의 구축에 관한 중
    일 공동성명」 발표 및 「청소년 교류를 더욱 발전시키기 위한 틀에 관한 협력 계획」
    에 서명
12. 항저우(杭州)-취저우(衢州) 고속도로 건설사업에 일본이 유상 자금협력 실시

1999년

1. 일본에 대한 단체 관광여행 해금
7. 오부치 게이조(小渕惠三) 총리 방중
10. 일본으로부터의 유상 자금협력에 의해 '상하이 푸둥(浦東) 국제공항' 개항

2000년

3. 환경 모델도시 사업(구이양, 충칭, 다롄)에 일본이 유상 자금협력 실시
4. '중일 지적 교류 지원사업' 개시(2007년에 '중일 연구교류 지원사업'으로 개칭)
5. 5,000명의 중일 문화관광 교류 사절단 방중
9. 일본, 중국인 단체 관광객에의 비자 발급 개시
10. 주룽지(朱鎔基) 총리 방일, 도쿄국립박물관에서 '중국 국보전' 개최

2001년

10. 고이즈미 준이치로(小泉純一郎) 총리 방중(APEC 출석, 상하이)
11. 리하빌리테이션(rehabilitation) 전문직 양성 프로젝트에 일본이 기술협력 실시

2002년

1~12. 중일 국교정상화 30주년으로서 '일본의 해, 중국의 해' 실시
3. 베이징시 환경정비 사업에 일본이 유상 자금협력 실시
4. 고이즈미 준이치로 총리 방중(보아오 아시아 포럼 출석, 보아오)
9. 중일 국교정상화 30주년 기념식전, 1만 3,000명의 방중단 방중; 중국 국가관광과
   일본 국토교통성 공동 주최 관광우호 교류활동 '세세대대의 우호, 중국에서 만납시
   다'를 베이징에서 개최; 중일 국교정상화 30주년 기념행사로서 도쿄국립박물관에서
   '실크로드와 황금의 길'전 개최
10. 제1차 중일 경제 파트너십 협의, 베이징에서 개최

2003년

3. 내륙부 인재육성 사업에 일본이 유상 자금협력 실시
5. 심각해지는 중국의 사스(SARS) 감염에 대해서 일본 측에서 민간 지원을 행함

12. '신(新)중일 우호 21세기 위원회' 제1차 회의, 다롄에서 개최

2005년

5. 리자오싱(李肇星) 외교부장 방일(ASEM 외교장관 회의 출석, 도쿄)

7. 도쿄국립박물관에서 '견당사(遣唐使)와 당(唐)의 미술'전 개최

8. 고이즈미 준이치로 총리, 전후 60주년 총리 담화 발표

12. 중국의 은련(銀聯) 카드, 일본에서 서비스 개시; 중일 기상재해 협력연구 프로젝트 에 일본이 기술협력 실시

2006년

3. 중일 관광교류의 해 개막

4. 중서부 지역 재생산 건강(reproductive health), 가정 보건 서비스 제공능력 강화 프 로젝트에 일본이 기술협력 실시

5. 중일 21세기 교류사업 개시(중국 고교생 대표단 제1진 200명 방일)

6. 간쑤성 HIV/AIDS 예방대책 프로젝트에 일본이 기술협력 실시

10. 아베 신조(安倍晋三) 총리 방중, 「중일 공동 프레스 발표」 선언, '전략적 호혜관계' 를 제기

12. 중일 역사 공동연구 제1차 전체회의(도쿄); 왁친 예방가능 감염증의 감시(survei- lance) 및 통제 프로젝트(control project)에 일본이 기술협력 실시

2007년

4. 원자바오(溫家寶) 총리 방일, 「중일 공동 프레스 발표」 선언, 고위급 경제대화 발족

5. '21세기 동아시아 청소년 대교류 계획(JENESYS)' 개시

6. 신장 천연초 생태체 보호와 목축민 정주 프로젝트에 일본이 기술협력 실시

8. 태행산(太行山) 지구의 다양성이 있는 삼림 재생 사업에 일본이 풀뿌리 기술협력 실시

12. 후쿠다 야스오(福田康夫) 총리 방중; 제1차 중일 고위급 경제대화 개최[다카무라 마 사히코(高村正彦) 외무대신 외 관계 각료의 방중]; 중일 무역 총액[2,367억 달러, 대 (對)홍콩 무역 제외]이 처음으로 미일 무역 총액(2,142억 달러)을 상회

2008년

3. 일본으로부터의 무상 자금협력에 의해 산성비 및 황사 모니터링 네트워크 정비(전국 34개 지역)

4. 제1차 중일 메콩 정책 대회(베이징), 일본-중국-메콩 지역의 3자가 함께 이익을 얻는 호혜관계를 구축해야 한다는 인식에 일치

5. 후진타오 국가주석 방일, '전략적 호혜관계'의 포괄적 추진에 관한 중일 공동성명 발표: 쓰촨성 지진 발생 당시 일본이 각국에 앞서 구조대 파견

6. 동중국해에서 중일 간의 협력에 대한 「중일 공동 프레스」 발표

7. 후진타오 국가주석 방일(주요 선진국 정상회담 등에 참석, 홋카이도)

8. 후쿠다 야스오 총리 방중(베이징 올림픽 개회식 참석), 베이징 올림픽에 일본 선수 약 340명 참가

9. 중국 시안시에서 대기환경 개선에 일본이 시민 참가 풀뿌리 기술협력 실시

10. 아소 타로(麻生太郎) 총리 방중(AESM 정상회담 및 「중일 평화우호 조약」 체결 30주년 기념 환영회 참석)

12. 원자바오 총리 방일(한중일 정상회담 참석, 후쿠오카)

2009년

4. 아소 타로 총리 방중

6. 내진 건축 인재육성 프로젝트에 일본이 기술협력 실시

7. 일본, 중국인 개인 관광객에 대한 비자 발급 개시

12. 시진핑(習近平) 국가부주석 방일

2010년

3. 상하이 만국박람회에 일본관, 일본산업관 등 참여

5. 원자바오 총리 방일

10. 도시 폐기물 순환이용 추진 프로젝트에 일본이 기술협력 실시

2011년

3. 동(東)일본 대지진 발생 당시 중국이 구조대 파견

5. 원자바오 총리 방일(한중일 정상회담 참석), 후쿠시마 등 동일본 대지진 피해 지역 위문함
12. 노다 요시히코(野田佳彦) 총리 방중

2012년
1~12. 중일 국교정상화 40주년으로서 '2012 중일 국민교류우호의 해' 실시
2. '2012 중일 국민교류우호의 해' 개막식 및 중국에서 '활기찬 일본' 전시회 개막식
5. 노다 요시히코 총리 방중(한중일 정상회담 참석)

2013년
1. 야마구치 나쓰오 일본 공명당 대표, 시진핑 중국 공산당 총서기와 회담(25일)
4. 중국 해상감시선 8척 센카쿠 열도 주변 해역(일본 영해)에 진입(센카쿠 열도 국유화 이래 최대). 일본 해상보안청 순시선 20척 이상 경계에 나섬. 동시에 중국 군용기 (전투기 포함) 40기가 일본 방공식별구역 침범, 일본 항공자위대 F-15J 전투기 긴급 발진(23일)
5. 센카쿠 열도 방위작전을 지휘하는 방위성 통합막료감부 특수작전실장 구로사와 아키라 1등 육좌, 교통사고로 사망. 일본 내부에서 중국에 의한 암살설 부상(3일)
8. 일본 '언론 NPO' 여론조사, 중일 양국 국민 중 상대에 대해 "좋지 않은 인상을 가지고 있다"는 응답 90% 돌파(5일)
11. 중국, 센카쿠 열도/댜오위다오를 포함한 방공식별구역 설정(23일)
12. 아베 총리, 야스쿠니 신사 참배. 양제츠 국무위원, "공공연한 도발이자 역사 정의와 양심에 대한 난폭한 유린"이라고 비판

2014년
1. 중국 해관총서, 2013년 중국 최대 수입국은 일본이 아닌 한국이라고 발표(10일)
2. 중국 전인대 상무위원회, 매년 9월 3일을 '중국 인민 항일전쟁 승리 기념일'로, 12월 13일을 '난징 대학살 희생자 국가 추모일'로 각각 결정(27일)
3. 베이징 중급인민법원, 중국 내 일제 강제징용 피해자가 낸 손해배상 청구소송을 사상 처음으로 받아들여 심리 개시, 유사한 소송 이어질 전망(18일)

4. 창완취안(常萬全) 중국 국방부장, 헤이글 미국 국방장관과의 회담에서 "중국 정부는 영토를 보호할 필요가 있다면 무력을 사용할 준비가 되어 있다"라며 일본과의 센카쿠 문제를 논하며 위협을 가함(8일); 일본 방위성 통합막료감부(統合幕僚監部), 영공 침범의 우려가 있는 중국 항공기에 대해서 일본 항공자위대 전투기가 긴급 발진한 횟수가 2013년에 415회로 2012년의 206회에 비해 109회가 증가하여 과거 최고 기록을 경신했다고 발표(9일); 중국 상무부, 2014년 1분기 일본의 대중국 직접투자가 전년 동분기 대비 47.2% 감소했다고 발표(17일)

5. 중국 상하이에서 일본과 중국의 민간 지식인 및 정책 브레인들의 참석하에 센카쿠 문제/댜오위다오 문제를 포함하여 냉각되고 있는 중일관계를 풀어나갈 타개책을 모색하기 위한 비공개 포럼이 개최됨(10일)

자료: 주중(駐中) 일본대사관 홈페이지의 관련 항목 등을 참조하여 옮긴이가 작성함

옮긴이 후기

　　2013년 여름에 필자가 일본 도쿄를 방문했을 때 이 책을 잠시 살펴보게 되었다. 무엇보다 갈수록 악화되고 있는 중일관계의 현재 상황을 역사적·학술적·정책적인 측면에서 매우 잘 소개하고 있다는 점이 주목되었다. 이 책의 지은이 아마코 사토시(天兒慧) 교수는 와세다대학 현대중국연구소 소장으로서 현재 일본의 중국연구를 총체적으로 지도하는 연구거점의 간사장(幹事長)을 맡고 있으며, 합리주의적인 관점과 실사구시적인 태도로 정평이 나 있는 학자로서 국내에도 잘 알려져 있다.

　　중국의 실질적인 최고지도자 덩샤오핑(鄧小平)이 아직 생존해 있던 1995년 당시 베이징(北京)을 처음 방문한 이래, 필자는 그동안 수차례에 걸쳐서 칭다오(靑島), 톈진(天津), 지난(濟南), 쉬저우(徐州), 츠비(赤壁), 주장(九江), 양저우(揚州), 쑤저우(蘇州), 항저우(杭州), 우시(無錫), 허페이(合肥), 난징(南京), 상하이(上海), 우한(武漢), 푸저우(福州), 광저우(廣州), 선전(深圳), 난닝(南寧), 구이양(貴陽), 충칭(重慶), 청두(成都), 시안(西安), 옌안(延安), 란저우(蘭州), 인촨(銀川), 바오터우(包頭), 타이위안(太原), 창춘(長春),

선양(瀋陽), 홍콩(香港), 타이베이(台北) 등을 주로 기차의 4등석[硬座] 혹은 5등석[無座]에 앉아 이동하며 방문한 바 있다. 이를 통해서 이른바 양안삼지(兩岸三地)로 일컬어지는 '중국 대륙·타이완·홍콩'의 상호 관계를 발바닥으로 느끼며 중화권의 사로(思路, 발상)를 살펴볼 수 있었다.

또한 도쿄의 방위청[防衛廳, 현 방위성(防衛省)]과 일본방위대학(日本防衛大學)으로의 방문을 계기로 시작된 필자의 일본에서의 경험도 어느덧 30여 차례가 넘는 교류 속에서 오키나와[沖繩, 가데나(嘉手納)], 후쿠오카(福岡), 시모노세키(下關), 고베(兵庫), 교토(京都), 오사카(大阪), 나라(奈良), 세키가하라(関ヶ原), 나고야(名古屋), 요코스카(橫須賀), 요코하마(橫浜) 등을 아우르게 되었다. 그 과정에서 중일관계의 이모저모를 베이징과 도쿄(정치), 상하이와 오사카(경제), 난징과 나고야(역사), 그리고 시안과 교토(전통)의 동향을 서로 대비하면서 한반도를 비추어 볼 수 있는 다소 울퉁불퉁하지만 다양한 형태의 복합적인 '거울들'을 나름대로 체득할 수 있었다.

한반도의 '지정학적 위치(geopolitical topos)'는 중일관계의 향배와 변동에 의해 외교적·정치적·경제적으로 직접적인 영향을 많이 받는다. 특히 베이징과 도쿄 사이의 감정적 대립과 충돌이 심각해지면, 그 흐름은 평양에도 왜곡된 형태로 투사되어 잠재적으로 한반도의 통일 비용(즉 한국 전체 국민의 조세 부담)을 걷잡을 수 없이 증폭시키는 결과를 초래할 수도 있다. 갈수록 악화되고 있는 중일관계에 의해 한반도를 위시한 동북아시아 전체가 크게 요동치고 있는 이러한 흐름 속에서, 좀 더 포괄적인 시각으로부터 중일관계의 복잡한 흐름을 국내의 독자들에게 전략적으로 소개할 필요가 있다는 생각에 이르게 되었다.

그리고 작년 여름 나고야에서 잠시 머무는 동안, 필자는 관련 작업을 대부분 신속하게 끝마치게 되었다. 이제 우리는 중국을 잘 알아야 하되 중국만 알아서는 안 되며, 일본을 잘 살펴보되 일본만 살펴서는 안 되는 '복합적인 국제정치'의 현실에 직면하고 있다. 마치 『전국책(戰國策)』의 「한책(韓策)」 가운데 '귀기소이귀자귀(貴其所以貴者貴)'라는 중요한 격언이 소개되어 있듯이 말이다. 모쪼록 이 책의 번역·출간을 통해, 악화일로에 있는 중일관계의 냉엄한 틈바구니 속에서 창조경제의 지속적인 발전과 '스마트 외교(smart diplomacy)'를 구현함으로써 한반도의 평화와 통일의 실현에 작은 디딤돌이 될 수 있기를 기대해본다.

무엇보다 어려운 여건 속에서도 이 책이 세상에 나올 수 있도록 물심양면으로 지원해주신 도서출판 한울의 김종수 사장님을 비롯한 모든 분들에게 진심으로 감사의 말씀을 전하고 싶다. 아울러 국내 독자들의 이해를 돕기 위해서 부록에 〈중일관계사 약년표(1972~2014)〉를 작성하여 실었다. 이를 통해서 복잡다단한 중일관계의 거시적인 흐름을 어느 정도 파악할 수 있기를 기대해본다.

또한 분주하신 일정 가운데에서도 각별히 「추천의 글」을 집필해주신 일본 아이치대학 국제중국학연구센터(ICCS) 다카하시 고로(高橋五郎) 소장님, 중국 상하이사회과학원(SASS) 국제관계연구소 왕청즈(王成至) 박사님, 그리고 동북아역사재단 정책기획실장님이신 홍면기 박사님께도 감사의 말씀을 전해드리고자 한다.

마지막으로 일반 독자의 입장에서 바쁜 가운데 번역 초고의 내용을 분담하여 읽고 소중한 조언을 해주었던 김동욱(서울대 정치외교학부 정치학전공, 서울대 한반도문제연구회 회장), 이가람(서울대 정치외교학부 외교학전공), 허상우(서울대 정치외교학부 외교학전공) 세 후배들에게도 고마움을 전한다.

2014년 4월

여의도 외백(外百)에서

소중한 사람과 함께

이용빈

현재 중국공산당 중앙정치국 위원 및 중앙정책연구실 주임으로서 중국의 국내외 주요 정책을 총체적으로 조율하고 있는 왕후닝의 자작시(自作詩) 「상천하제일관(上天下第一關: 천하 제일관에 오르다)」의 마지막 구절인 '흉랑고래권패기(洶浪古來卷敗旗), 장성하일단해류(長城何日斷海流)'를 옮긴이가 직접 필사한 것이다. 왕후닝(王滬寧), 『정치의 인생(政治的人生)』(上海人民出版社, 1995), p.140.

지은이 **아마코 사토시(天兒慧)**

1947년 출생. 중국정치, 현대중국론, 현대아시아론, 동아시아 국제관계론 전공. 와세다대학(早稻田大學) 졸업, 히토쓰바시대학(一橋大學) 대학원 박사과정 수료(사회학 박사). 류큐대학(琉球大學), 공립여자대학(共立女子大學), 아오야마가쿠인대학(靑山學院大學) 조교수 및 외무성(外務省) 전문조사원으로서 베이징 주재 일본대사관에서 근무함. 와세다대학 대학원 아시아태평양연구과 교수, 동 대학 학과장 및 아시아태평양연구센터 소장을 지냈으며, 현재 와세다대학 아시아연구기구 현대중국연구소 소장(인간문화연구기구 현대중국지역연구 간사거점 거점 간사장).
역서: 『중국외교의 신사고』(東京大學出版會) 외
저서: 『중화인민공화국사(中華人民共和國史)』(岩波新書), 『중국: 변용하는 사회주의 대국』(東京大學出版會), 『현대 중국: 이행기의 정치사회』(東京大學出版會), 『현대 중국의 구조변동④ 정치: 중앙과 지방의 구도』(東京大學出版會), 『아시아의 21세기』(紀伊國屋書店), 『아시아 연합을 향한 길』(筑摩書房), 『동아시아 공동체의 구축① 새로운 지역형성』(공편, 岩波書店) 외

옮긴이 **이용빈**

중국 베이징대 국제정치학과 대학원 수학, 서울대 외교학과 대학원 수료. 서울대 국제문제연구소 간사, 세종연구소 연구조교, 삼성경제연구소 공공정책실 연구분석원, 국회 정무위원회 수습연구원, 인도 방위문제연구소(IDSA) 객원연구원 역임. 미국 하버드대 HPAIR 연례 학술대회 참석. 일본 국립오사카대「팔레스타인 아랍어」연수과정 수료. 이스라엘 국회(크네세트), 미국 해군사관학교 및 일본 게이오대 초청방문. 미국 하와이대학 동서문제연구소(EWC), 일본방위대학(日本防衛大學), 중국공산당 중앙당교(中央黨校), 타이완 국립정치대학(NCCU), 홍콩중문대학(CUHK) 학술방문. 현대중국연구소 및 한림대만연구소(HITS) 객원연구원, 홍콩국제문제연구소 연구원.
역서: 『시진핑』(2011), 『중국의 당과 국가』(2012), 『현대 중국정치』(제3판, 2013), 『중국 근대 해양방어 사상사』(2013), 『중국인민해방군의 실력』(근간, 2014) 외
주요 연구: "中東における中國の影響力擴大と變貌する中洋國際政治," *ICCS Journal of Modern Chinese Studies*, Vol.2, No.1(2010); "Chasing the Rising Red Crescent: Sino-Shi'a Relations in the Post-Cold War Era," in Anchi Hoh and Brannon Wheeler, eds., *East by Mid-East: Studies in Cultural, Historical and Strategic Connectivities* (Sheffield, UK and Bristol, US: Equinox Publishing, 2013) 외

한울아카데미 1695

중국과 일본의 대립 시진핑 시대의 중국 읽기

지은이 ㅣ 아마코 사토시
옮긴이 ㅣ 이용빈
펴낸이 ㅣ 김종수
펴낸곳 ㅣ 도서출판 한울
편   집 ㅣ 김현대

초판 1쇄 인쇄 ㅣ 2014년 6월 10일
초판 1쇄 발행 ㅣ 2014년 6월 20일

주소 ㅣ 413-756 경기도 파주시 파주출판도시 광인사길 153 한울시소빌딩 3층
전화 ㅣ 031-955-0655
팩스 ㅣ 031-955-0656
홈페이지 ㅣ www.hanulbooks.co.kr
등록번호 ㅣ 제406-2003-000051호

Printed in Korea.
ISBN 978-89-460-5695-4 03340(양장)
ISBN 978-89-460-4877-5 03340(반양장)

* 책값은 겉표지에 표시되어 있습니다.